天津市哲学社会科学规划项目研究成果（重点项目，TJJX18-009）

教育与语言

—

高校体育与学生发展核心素养研究

万海波　李　恒　王　茹 著

人民日报出版社
北 京

图书在版编目（CIP）数据

高校体育与学生发展核心素养研究 / 万海波，李恒，王茹著．—北京：人民日报出版社，2020.12

ISBN 978-7-5115-6786-4

Ⅰ．①高… Ⅱ．①万… ②李… ③王… Ⅲ．①体育—教学研究—高等学校 Ⅳ．①G807.4

中国版本图书馆 CIP 数据核字（2020）第 239555 号

书　　名： 高校体育与学生发展核心素养研究
GAOXIAO TIYU YU XUESHENG FAZHAN HEXIN SUYANG YANJIU

作　　者： 万海波　李　恒　王　茹

出 版 人： 刘华新

责任编辑： 林　薇　王奕帆

封面设计： 中联华文

出版发行： 人民日报出版社

社　　址： 北京金台西路 2 号

邮政编码： 100733

发行热线：（010）65369509　65369512　65363531　65363528

邮购热线：（010）65369530　65363527

编辑热线：（010）65369526

网　　址： www.peopledailypress.com

经　　销： 新华书店

印　　刷： 三河市华东印刷有限公司

法律顾问： 北京科宇律师事务所　010-83622312

开　　本： 710mm×1000mm　1/16

字　　数： 270 千字

印　　张： 16.5

版次印次： 2022 年 1 月第 1 版　　2022 年 1 月第 1 次印刷

书　　号： ISBN 978-7-5115-6786-4

定　　价： 95.00 元

序

党的十九大报告指出，要全面贯彻党的教育方针，落实立德树人根本任务，发展素质教育，推进教育公平，培养德智体美全面发展的社会主义建设者和接班人。“这对广大教育工作者来说就是要解决‘教育要培养什么样的人、怎么培养和落实’的问题，从当前的国际趋势、党的教育方针的落实和素质教育改革的需要三个方面来看，本质上就是学生发展核心素养研究的问题。”①

《“健康中国2030”规划纲要》指出，建立健全健康促进与教育体系，提高健康教育服务能力；将健康教育纳入国民教育体系，把健康教育作为所有教育阶段素质教育的重要内容；建立高校健康教育推进机制，构建相关学科教学与教育活动相结合、课堂教育与课外实践相结合的健康教育模式。

“以上方针政策要落实到具体的教育教学过程中，还需要将它们进一步具体化、系统化和细化，转化为学生应该具备的、适应终身发展和社会发展需要的素养要求，进而贯穿到各学段，融合到各学科，最后体现在学生身上。”②

经合组织（OECD）率先于21世纪初提出了核心素养的指标体系。OECD的DeSeCo项目建构了并列交互型的核心素养体系，这个体系共有9个二级指标，分为人与自己、人与工具和人与社会三个维度，维度间的关系是相互交融的。经合组织（OECD）提出的核心素养指标体系为制定高校体育学生发展核心素养的指标体系提供了重要的参考依据。

---

① 廖英莉．高校落实立德树人根本任务实践体系及实践路径研究［J］．才智，2020（15）：141.

② 钟启泉．基于核心素养的课程发展：挑战与课题［J］．全球教育展望2016，（1）：3.

“基于国际经验，立足我国国情，以林崇德（北京师范大学资深教授）为带头人的研究团队，受教育部委托，于2013年围绕着学生发展核心素养展开了一系列研究。”①“该研究主要从核心素养的内涵解析、国际研究经验的总结梳理、国内现实需求的实证调研、中华优秀传统文化的传承与启示、核心素养的实践探索等五个方面展开，取得了丰硕的研究成果，为我国深入开展学生核心素养相关研究打下了坚实的理论基础，为本研究的设计和实施提供了重要的理论依据。”②

在经合组织（OECD）提出核心素养的指标体系之后，联合国教科文组织（UNESCO）、欧盟、美国、日本、新加坡等国际组织、国家也相继对核心素养展开了研究，构建了各自独特的核心素养的内容框架和指标体系。其中最有代表性的有美国彩虹型以“21世纪技能”为代表的整体系统核心素养模型、日本同心圆型“21世纪型能力”核心素养结构模型和同为同心圆型的新加坡21世纪素养结构模型。以上是国际组织、国家基于核心素养的理论体系建构，在实践探索中，他们发展了一系列较好的方式与模式，包括基于核心素养的教育质量评估、课程教学改革、教师专业发展，以及学习环境创设等。

我国的林崇德等对学生发展核心素养做了重要的基础研究，台湾地区对核心素养展开了研究，构建了核心素养的内容框架和指标体系。国内其他学者对学生发展核心素养的研究从划分不同学段、不同学科，从基于学生核心素养发展的教学改革，从基于学生核心素养的课程理念、课程体系等方面进行理论与实践研究。目前，关于体育学科与核心素养的研究资料只有寥寥几篇，其中有于素梅对体育学科核心素养培育与框架体系构建之研究③、姜勇对体育与健康学科核心素养内涵特征与构成之研究④、赵凤霞对体育核心素

① 林崇德. 21世纪学生发展核心素养研究［M］. 北京：北京师范大学出版社，2016（1）：22.

② 林崇德. 学生发展核心素养：面向未来应该培养怎样的人［J］. 中国教育学刊，2016（6）：1-2.

③ 于素梅. 中国学生体育学科核心素养框架体系建构［J］. 体育学刊，2017，24（4）：5-9.

④ 姜勇，马晶，赵洪波. 基于具身认知的体育与健康学科核心素养意蕴与培养路径［J］. 体育学刊，2019，26：80-93.

养模型构建之研究。①

综上所述，国内外的学者们对学生发展核心素养做了诸多有价值的研究。但总体来说还处于基础研究阶段，相关的研究还不深入，需要进一步细化，特别是有关高校体育与学生发展核心素养的研究还处于起步和探索阶段。与此同时，我国新一轮的教育改革提出了明确要求，各个学科需从自身学科价值和特性出发，构建具有学科特征的学生核心素养体系，并且，高校体育始终贯穿于整个高校教育阶段，是全面开展素质教育的重要组成部分。因此，加快和深入开展高校体育与学生发展核心素养的研究刻不容缓。

通过模拟高校体育对学生发展核心素养影响因素的变化，建立定量分析模型，对其进行定性分析，建构适应我国现阶段社会需要、适应时代发展和我国文化特色的以学生发展核心素养为中心的高校体育课程体系，将对丰富核心素养理论、构建高校体育与学生发展核心素养的理论研究具有重要的学术价值。

本研究将核心素养融合到高校体育，使学生发展核心素养的研究得到进一步具体化、系统化和细化，使之转化为学生应该具备的、适应终身发展和社会发展需要的素养要求，对围绕学生发展核心素养进行高校体育改革的推进具有重要的应用价值。

总之，对深入开展高校体育与学生发展核心素养的相关研究，是深化和推进当前高等教育课程改革、增强我国高等教育国际竞争力的迫切需求，是落实十九大报告精神和《"健康中国2030"规划纲要》的重要举措，对提高我国未来的国家竞争力具有至关重要的战略意义和长远价值。

本书以机制设计理论（博弈论和社会选择理论的综合运用）作为方法论指导，以高校体育对学生发展核心素养影响因素为研究对象，以实现高校体育课程体系建构为研究目标，提出有关高校体育对学生发展核心素养影响因素的理论构想与初步框架，采取自上而下与自下而上相结合的整合型思路，将高校体育如何影响学生核心素养发展和如何构建高校体育课程体系加以研究。通过分析梳理国内外核心素养相关研究的文献和理论，并依据党的政策方针、战略布局和我国社会发展需要，明确学生发展核心素养的重要性。通

① 赵凤霞，程传银，张新辉，李菊红．体育核心素养模型构建研究［J］．体育文化导刊，2017（1）：154-159.

过分析高校体育相关研究的文献和理论，了解当前高校体育的课程体系设置以及对学生的影响。结合高校体育开展现状，提出高校体育对学生发展核心素养的影响因素理论构想与初步框架。运用系统工程理论，通过模拟高校体育对学生发展核心素养影响因素的变化，建立定量分析模型，结合现行高校体育课程体系产生的影响，确立以学生核心素养为基本框架的高校体育课程体系。

本书通过逻辑演绎、经验借鉴和实证分析三条技术路线进行研究。逻辑演绎主要是在宏观上提出问题、分析问题，进而解决问题；经验借鉴主要是通过分析梳理相关理论研究与文献资料，获取有效经验，找出解决问题的着手点；实证分析主要是在高校体育对学生发展核心素养影响因素的基础上，通过访谈、实地考察等方法，围绕学生核心素养开展高校体育教学，制定出以学生核心素养为基本框架的高校体育课程体系。

本书突破了单一理论的研究视角，整合核心素养理论与高校体育理论交叉研究。综合运用教育学、体育学、管理学、人力资源学、博弈论和社会选择理论等多学科理论，提出有关高校体育对学生发展核心素养的影响因素的理论构想与初步框架，采取自上而下与自下而上相结合的整合型思路，构建围绕以学生发展核心素养为中心的高校体育教学体系。

本书运用系统工程理论，通过模拟高校体育对学生发展核心素养影响因素的变化，建立定量分析模型，结合现行高校体育课程体系和教学质量评价体系产生的影响，对其进行定性分析，确立最优的以学生发展核心素养为基本框架的高校体育课程体系。

本书主要用于指导高校体育教学以发展学生的核心素养为目标深入开展，从课程的内容、结构和教学方法手段的运用做到有的放矢，以期获得良好的教学效果，培养大批的健康骨干辐射到整个社会，为落实和推进“健康中国 2030”战略做出重要贡献。

本书总体框架包括：1. 梳理国际组织与世界主要国家（地区）基于学生核心素养研究的经验与成果；2. 整理我国基于学生核心素养研究的进展状况与阶段成果；3. 归纳并提出我国学生发展核心素养的内涵与特征；4. 阐述高校体育的功能与价值；5. 研究高校体育对学生发展核心素养的影响因素；6. 构建高校体育学生发展核心素养指标体系；7. 构建基于学生发展核心素养的高校体育课程体系；8. 基于学生发展核心素养的体育教师专业发展。

第一章主要对核心素养的研究背景、国内外研究现状、概念内涵进行梳理和界定，旨在理清核心素养的内涵和理论构架，进一步形成对核心素养的准确认识和定位。

第二章主要阐述了高校体育功能与人的全面发展。主要内容包括学校体育发展历程、人的全面发展及其特性、学校体育的功能、学校体育与学生的发展以及从中华人民共和国成立至今学校体育的纲领和指导性文件。

第三章结合核心素养概念提出的历史背景，详解了核心素养内涵的历史演变；对不同地区组织和国家对核心素养内涵的分析进行了总结归纳，在党的教育方针政策的指导下，提炼出适合我国国情的学生发展核心素养的主要特征。

第四章高校体育课程与核心素养，主要讲述了学校课程的系统构架、体育课程的系统构架、体育学科核心素养的整体分析、基于核心素养的高校体育课程体系建设、校本体育课程的开发与管理以及基于核心素养的高校体育教师专业发展。

第五章对高校体育与学生发展核心素养的指标体系与框架构建进行了理论研究，提炼出高校体育与学生发展核心素养的关键要素，进而构建高校体育与学生发展核心素养的框架指标体系。

第六章讲述了高校体育核心素养的培养，主要从教学改革和教学策略对体育核心素养的培养进行了论述。

参加本书编写工作的是天津商业大学体育教学部的部分老师，最终由万海波对本书进行串编定稿，王茹编写第二章、第四章、第六章第二节，李恒编写序、第一章、第三章、第五章、第六章第一节。

我们在编写本书时，尽力运用辩证唯物主义和历史唯物主义观点，结合我国核心素养研究实际情况，反映国内外教育研究的新成果，阐述所要研究的基本观点，使其成为一个比较完整的体系。但因我们水平有限，书中不当之处在所难免，希望读者批评指正。

目 录
CONTENTS

第一章

绪　论

第一节　问题的提出

一、什么是核心素养

我们从整体和部分对核心素养进行理解和阐述。从整体来讲，核心素养指的是社会中的人能够立足于社会应该具备的能够使自身实力过硬的最主要和最关键的能力；从部分来讲，我们可以将其拆解为核心和素养进行解释，核心指的是事物中的关键部分，素养则是各种能力的总和。在学校我们谈到核心素养就要提及如何培养学生的核心素养，这也是现阶段我国高校应该着重考量的最为关键的问题。随着我国社会经济的迅猛发展和世界经济的全球化，社会对人才的要求也逐渐发生变化，现阶段的人才应该具备更为复杂、更为综合的能力，这种复杂综合的能力即我们所研究的核心素养。

在高校中人才的培养随着社会的变迁而发生变化，新时代中国梦背景下对人才的需求是高校如何培育学生核心素养的指南针。在人才培养过程中根据其专业特点和社会需求充分了解和把握核心素养培养目标和规律，在唯物主义视角下进行可持续发展的人才培养，以核心素养为中心，着眼于理论研究、着眼于对实际问题的思考、着眼于人的社会实践和新的发展目标。

培养高校学生核心素养应该是新时代实现人的现代化的主要导向，是社会对高校教学培育专业人才的内涵有更深和更顺应时代发展规律把握的表现，这是了解社会可进一步持续发展规律之上在高校教育领域对大学生培养的主要把握，是对大学生的现代化素质体现与学习的明确指示，着眼于目前高等学校学生培养的特定环境，直接指向学生适应所有发展条件、适应全部发展环境，合理应对将来社会基本所有可能的核心素养。

二、大学生核心素养的理解与思考

理解大学生核心素养要求我们从实践出发，立足于我们当前的社会形势，充分考虑到21世纪新经济形势、“互联网+”背景下对人才的要求的根本动能。大学生核心素养的研究是在前人对一般素养的研究基础上进行总结提炼，挖掘出大学生能够有效应对复杂多变的社会形势和21世纪经济社会全球化的素养中的核心部分，进而通过高校教学提升大学生核心素养的养成和发展。

宏观层面大学生核心素养是世界不同国家地区、组织和团体多元化文化的发展和升华。进入21世纪后“互联网+”不断深入全球的每一个角落，伴随而来的是外部文化对本地文化的冲击，以及不同种族文化的相融与不相融、理解与偏见、信任与怀疑等诸多问题。全球文化多元化的发展、交流与融合不可避免也无须避免。文化对社会的冲击，进一步思考是对国家、民族和人民的冲击。习近平总书记说人民有信仰民族有希望国家才有力量，社会公民的信仰最为关键的就是对本民族文化的信仰，在外来文化的猛烈冲击下，文化自信是高校在人才培养过程中的重中之重。怎么才能让高校学生在复杂的国际社会文化中传承本民族的文化特色、融合外来文化的精髓是高校教育急需解决的问题。

人类社会经历了第一次工业革命、第二次工业革命以及以计算机互联网为主体的科技的迅猛发展，每一次革命每一次发展都是社会的不断进步，同时对社会中的人提出了新的要求和挑战，陈旧的知识和能力不再适应新的社会，多元化的文化和能力是社会发展对高校学生提出的要求，也是对高校教学提出的新的挑战。这种多面的要求对学生的素养也提出了更高的要求，学生进入社会之后如何能够更快、更高效地融入社会，并且能够发挥自身知识能力和科学技术的本领，发现问题解决问题，可以将自身的知识与能力、过程与方法、情感态度与价值观由分化进行整合，高校教学完成人才培养目标的转变，由知识型人才转变为核心素养型人才，是摆在高等教育面前的又一难题。

“互联网+”信息时代的到来对人们获取知识、学习知识以及运用知识都有着深刻的改变，学生的学习不再局限于课本，知识的获取不再局限于课堂，学生一定程度上拥有了如何去自主学习、自主分辨信息和文化的能力；同时“互联网+”时代对高校的教育形式也提出了新的挑战，面对更加复杂的教育环境，如何才能在诸多信息和文化中进行合理的选择和正确的探索，最终如何有效培育学生新时代核心素养，是高校教育面临的又一问题。

追逐客观世界变化的表象无法登高望远以应万变，唯有关注聚焦一切社会关系总和的人的发展方为上善之策，故凝结在人类身上最具核心竞争力的高阶素养成为各国及国际组织纷纷关注的焦点。1997 年年末，经济合作与发展组织（简称 OECD）启动核心素养框架研究，提出未来人才核心素养应着重处理好人与工具、人与社会和人与自我的关系。①

随着国外研究的开展，我国学者也开始对核心素养进行研究，其中由林崇德教授组成研究小组对我国学生的核心素养指标体系进行研究，是我国正式对核心素养进行研究的标志。在我国经历了双基教育、三维教育基本目标、素质教育、人的全面发展教育等一系列的教育改革之后，核心素养理念的提出是对人的能力的进一步升级，是人的发展的进一步高阶素养。

三、大学生核心素养与素质教育

（一）素质教育的提出

长期以来，我国的教育在片面重视升学率的严重干扰下，已异化为“应试教育”，“应试教育”存在功能过度、内容过度、责任过度等弊端。教育的主要功能是让一个生物人转化和成长为社会人，但在我国长期的应试教育中，过早地让学生树立成功、发达等宏伟愿景、远大理想，对于一个普通的未成年人而言，与其当下所处阶段认知和身心发展所需不匹配，即“功能过度”；学习的内容方面，学校应该让学生学到什么程度，目前来说学生学习负担太重，所学内容过多、过深，为了升学而片面侧重某些学科，不仅加重学习负担，也不利于学生能力和素质的全面培养，这是“内容过度”；“功能

① 陈杰．高等教育现代化视域下大学生核心素养及培育［D］．河北科技大学，2019.

过度”指长期以来，公众普遍认为教育是学校的事，在校园内，学校更是承担着购物、吃饭、安保、医疗等所有的一切，政府包揽一切责任，而教育应当是学校的事、社会的事、家庭的事，这种过度的责任，反倒增加了公众对于教育不公的不满。种种问题的暴露违背了教育的本质属性和最终目标，也背离了教学的基本规律，导致学生素质的片面发展，甚至畸形发展。

20 世纪 80 年代，“素质教育”应运而生，它是一种遵循人自身发展的客观规律，又能将人的发展与社会的需要结合起来的教育活动。《光明日报》曾指出，素质教育是指以提高全民族素质为宗旨的教育，是以面向全体学生、全面提高学生的基本素质为根本目的，以注重开发受教育者的潜能，促进受教育者思想道德素质、能力培养、个性发展、身心素质健康为前提的教育。素质教育的根本就是科学发展地对待每一个人，唤醒心中的巨人，让天赋自由翱翔。21 世纪市场竞争激烈，国家和社会对于人才的要求不断提高，对于全能型人才的需要也日趋增长，学校为了培养适应社会的素质人才，必须注重“素质教育”的培养。

（二）素质教育到核心素养的过渡

素质教育到底应该培养学生哪方面的素质？长期以来，只有方向，没有具体的理论基础。而一直以来对于素质教育的探索，存在两方面的误区。一方面，素质教育是怎样的培养模式？事实上，素质教育应该是一种全新的育人模式，而非育才模式，培养的是全面的人，如果过度重视“育才”，就容易走向“应试教育”；另一方面，素质教育被模式化，但实际上，素质教育没有固定的模式，基于受教育者“个人特性”不同，素质教育的探索应是个性的、特色的、丰富多样的。素质教育这一灵活性给基层教育者自由发挥空间的同时，也让他们感到困惑、迷茫，素质教育的实施也因此变得举步维艰。

“核心素养”的提出是教育由培养人才向培养人的转变和过渡。如果说素质教育是全面的、广泛的、综合的育人，核心素养就是其中具体的、关键的、可以借鉴实施的一环。不同国家地区和组织因政治体制、文化背景的不同，提出的核心素养各有差异，但仍有共同之处，比如都有对创造力、批判性思维、沟通协作能力、信息与通信素养等的要求。我国在借鉴国外“核心素养”内涵的同时，结合长期以来的文化传统和教育模式以及在课程改革中遇到的问题，创造性地提出了我国以核心素养为基础的教育课程改革。

（三）核心素养对素质教育发展的促进作用

核心素养是推进和实施素质教育良好发展的重点和关键。从总体来看，素质教育和核心素养的核心都是促进学生的全面发展，两者想要实现的目标都是一样的，但是核心素养强调的是关键素养，素质教育则侧重于全面素质教育，全面素质当中核心素养是非常重要的核心组成，能够有效实现学生在发展过程中所具备的能力和品格。

核心素养能够推进素质教育的良好发展。核心素养是素质教育的凝练和升华，是对我国素质教育的深化和细化，能够促使素质教育更好地融入实际的教育实践当中，对于教育工作者更加具备操作性，同时还能够更好地促进自身的发展。

素质教育要通过核心素养进行完善和发扬。在国外尤其是发达国家，核心素养评价是教育的重要内容和日趋普遍的学校实践。当前，在学校教学中构建核心素养发展的较为具体、系统、全面的评价指标，能够促进学校重视学生全方面知识技能的提升，基于核心素养的学生评价通过给予正确、充足、及时的学生信息反馈，帮助学校素质教育不断完善和改进，帮助教育者评价自身的教育工作，更容易掌握学生真实的发展情况，从而促进教育目标的落实。

第二节　研究背景

随着改革开放，我国逐步进入社会主义市场经济这一体制之中，教育教学转变思想和理念渐渐被越来越多的学者提及，其中“核心素养”这一新兴概念受到教育者和社会各界的关注，进一步成为教育教学探究、实践研究和国家教育政策领域的主要内容，同时这一概念在全球范围内也引起了人们的关注，欧美等很多西方国家和地区都研究了与核心素养有关的主题。作为统领全球教育变革事业的集中与焦点，核心素养的重要作用逐渐增强，变为引导教育教学体制创新的重要方式。建立以核心素养为焦点的教育教学理念对于增强国家的综合竞争力、提高人才培养质量、实现教育教学体系科技化相当重要，这是目前国际教育事业发展进步的不可逆转的趋势。

我国第一次提出核心素养基本概念和内涵理念是在 2014 年的国家文件《关于全面深化课程改革落实立德树人根本任务的意见》（以下简称《意见》）中。《意见》指出，应该注重人的创新实践、合作参与、自主发展，紧紧围绕家国情怀、社会关爱以及个人修养的全面目标，总体提高学生发展在每个阶段的素养。从本质上看，核心素养的内涵就是把对学生德智体美全面发展的总体要求进行细化和分层次化，重点强调学生的能力和品格在未来发展中的意义和价值，深入细化回答了“培养什么人，如何来培养”等问题，进一步融入个人的学习和生活中，并且结合学科内容在学生身上进行融会贯通。大学生是祖国的未来和希望，他们在践行社会主义核心价值观和实现伟大中国梦的关键时期起着主要作用，他们同时肩负着引领当下时代走向的重要使命和责任。高校应该重视对学生核心素养的教育发展，把德育为先、育人为本的原则和理念坚持到底，围绕“以人为本”进行资源开发、教学和科研，将社会主义现代化落到科学管理和教育教学实处。在经济社会全球化和区域经济一体化进程逐步变快的当今社会，高校学生的优势和地位进一步凸显，大学生应该把握世界教育改革的趋势，全面增强自己的核心竞争力，以适应国际社会的变化，实现全面发展。

一、核心素养的提出

世界范围内最早提出核心素养这一名词的是英国的继续教育学院，是核心素养研究的启蒙。英国最开始提出核心素养的目的是更好地服务于本国公民的生活和工作，1979 年正处于世界经济危机阶段，核心素养概念的提出让人们认识到了个人在发展过程中应该具备的基本能力和关键能力，在此基础上能够不断提升教育教学的发展和进步。在核心素养的指引下，英国公民进一步适应社会的需求，减少了英国在世界经济危机背景下的大范围失业率，既提升了教育质量又增加了公民工作机会，进而人民生活幸福指数进一步提高。在英国核心素养研究的启蒙下，西方发达国家也逐渐意识到核心素养的重要性，发现了其巨大的发展空间和良好的发展前景，于是在这种背景下核心素养概念开始在全球内被学者探究。

1997 年，经济合作与发展组织启动了“素养的界定与遴选：理论和概念基础”项目（Definition and Selection of Competencies: Theoretical and Conceptual Foundations），这一项目主要从不同学科的角度来研究核心素养的指标体系，从课程的角度确立了其独有的学术性，加之该项目由世界经济与合作组织进行发起并研究，所以对核心素养指标体系的研究有了更好的指引作用。

在经合组织研究项目之后，世界各国各地区专家学者对核心素养的界定及核心素养指标体系的研究更加认真和专注，法国学者 Monique Canto—Sperber 在研究中指出核心素养是对能力的要求，这种能力主要是在生活中能够自由享受生活的能力，将这种能力细化也可以分为处理问题的能力、感知外界的能力、认知的能力、使用道德规范的能力、在社会生活中与人合作交流的能力等方面。① 瑞士学者 Philippe Perrenoud 从社会学的角度提出社会中公民核心素养应该是自我个体性和集体生活性共存，这两种共存的目的是帮助个体在复杂的社会生活中接受挑战、完成挑战，以此激发自身的潜能和主观能动性，在排除本国文化和外部文化的差异下，充分发展公民探究社会形势、社会共同合作、协商解决冲突的一系列能力。② 美国学者 Frank Levy 从经济学的角度指出，信息技术革命和全球经济一体化的社会现状对新时代的社会公民提出了新的素养要求，核心素养指标体系下培育出的社会公民应该能够适应社会发展的需要，并且这种素养拥有可迁移、可发展的能力。③

无论是在一线工作的教育工作者还是教育教学机构中的专家学者，都通过自己的理解和认知对核心素养指标体系框架结构进行探究。一线教育工作者主要从不同学科应具备的核心素养指标体系进行研究，从微观层面对核心素养框架结构进行了界定：本学科应具备的知识能力、语言能力、数理计算能力、逻辑思维能力、如何学习和自我学习的能力等一系列能力是学生应具备的核心素养。国家教育组织、团体等机构提出，适应社会的能力、与人交

① Monique Canto—Sperber. Search for Autonomy in Motor Task Learning in Physical Education University Students [J]. European Journal of Psychology of Education. 2010, 25 (1): 37 - 47.

② Philippe Perrenoud. Succeed Together or Fail Alone: Going from Good to Great In Physical Education [J]. Journal of Teaching in Physical Education. 2014, 33 (1): 28 - 52.

③ Frank Levy. The Attitudes of Physical Education And Sport Students Towards Information and Communication Technologies [J]. Tech Trends. 2012, 56 (2): 22 - 30.

往的能力、社会合作的能力、自我发展的能力、创新创业的能力等一系列能力应是学生主要具备的能力。

在对核心素养的概念进行界定以及核心素养指标体系研究的过程中，核心素养如何融入我国教育教学的具体学科之中也逐渐引起学者们的关注。刘新阳等在分析介绍了核心素养研究的背景之后，通过探究欧盟核心素养在教育理念方面的发展进程，从历史发展的角度对我国核心素养和教学的关系进行了阐述。① 辛涛和姜宇在论述了世界主要国家地区和组织关于核心素养指标体系的主要内容后，借鉴其经验对我国教育与核心素养的结合提出了具体建议，并且总结了将核心素养落实到教育教学和社会生产中是构建核心素养指标体系的主要目的和根本任务。② 王烨辉和辛涛对国外其他国家核心素养融入课程建立的课程体系进行了研究和比较，提出现阶段国际社会课程标准的主要任务由知识学习向学生发展的转变，在研究中还指出不同国家在核心素养与课程体系的融合过程中的方法和策略，这些研究为构建具有我国特色的核心素养课程体系提供了理论依据。③

对我国学者关于核心素养的研究进行总结可知，大部分学者的研究集中在讨论国际课程改革发展变化与特征，在研究中指出参考国际社会的研究经验从学生的能力发展入手，进而提升学生的核心素养，最终确立核心素养指标体系，在核心素养指标体系的指引下稳固推进国内不同课程的提升和发展。除了从课程角度入手来研究核心素养指标体系，还有一部分学者的研究集中在国外不同国家关于核心素养指标体系的对比，通过对比希望能够找出我国学生所需要的核心素养。以上两方面的研究占据了我国学者关于核心素养研究的大部分。虽然研究的角度与方向不同，但是没有更好地结合我国发展的基本国情，从我国实际出发，把核心素养与我国教育发展实际相结合，微观层面合理建立核心素养指标体系。

---

① 刘新阳，裴新宁．教育变革期的政策机遇与挑战：欧盟“核心素养”的实施与评价［J］．全球教育展望，2014，43（04）：75-85.

② 辛涛，姜宇，刘霞．我国义务教育阶段学生核心素养模型的构建［J］．北京师范大学学报（社会科学版），2013（1）：5-11.

③ 王烨辉，辛涛．以社会主义核心价值观为中心构建我国学生核心素养体系［J］．人民教育，2015，（7）：26-30.

二、国内核心素养研究

在核心素养概念提出之后，国际教育界的方向标迅速转向了对学生核心素养的培养。在国外提出核心素养的内涵和指标体系之后，我国的研究也相继开始。2013 年 5 月，林崇德教授负责组建联合攻关项目组，共同研究我国学生的核心素养，将“学生发展核心素养”界定为“学生应具备的、能够适应终身发展和社会发展需要的必备品格和关键能力”。以实现人的全面自由发展为核心。① 2014 年，教育部在《关于全面深化课程改革落实立德树人根本任务的意见》中提出，“教育部将组织研究提出各学段学生发展核心素养体系，明确学生应具备的适应终身发展和社会发展需要的必备品格和关键能力”，标志着“核心素养”内涵在政府文件中正式提出。②

我国学术界关于核心素养的研究是通过引进不同国际组织、不同地区以及不同国家关于核心素养的理论研究与实践探索逐渐展开的。从国外研究的理论入手分析其存在合理性和有效性，通过核心素养概念的传播与发展，结合我国基本国情和教育现状，从宏观层面和微观层面对接我国传统文化以及现行教育理念，分析探究核心素养与我国教育教学的相关性、包容性以及可持续发展性。在理论研究的基础上将国外有关核心素养研究的核心部分有机地融入我国核心素养的研究中，逐步探索核心素养与我国教育教学的关系、与学生认知学习过程的关系、与课程教学及课程改革的关系、与学科发展及多学科融合的关系。国内核心素养的研究主要集中在理论层面，对于核心素养指标体系的认知和建立仍不完善。

对于核心素养的定义和理解，国内学者主要集中在“学科论”核心素养和“能力论”核心素养两个方面。学科论核心素养主要是一线教学的中小学教师对核心素养概念的论述，他们从不同学科的角度通过某一学科应具备的核心素养以点带面，探究学生应该具备怎样的核心素养；能力论核心素养的研究主要是国内教育组织、高校教师及学者对核心素养的论述，他们研究的

---

① 核心素养研究课题组．中国学生发展核心素养［J］．中国教育学刊，2016（10）：1-3.

② 中华人民共和国教育部．普通高中体育与健康标准：2017 版［M］北京：北京教育出版社，2018.

层面在于学生如何更好地适应社会、拥有在社会中立足和发展的能力。以上两种观点我们也可以理解为是国内学者分别从微观层面和宏观层面对核心素养的论述，两种论述不存在正确与否和先后关系，只是从不同角度出发进而得出不同的核心素养的定义。

无论是“学科论”核心素养还是“能力论”核心素养，都是从学生发展的角度入手，进而分化为不同的研究思路。学生是具有发展性的个体，核心素养的落脚点在学生身上，因此应该细致探究核心素养的可发展性。例如，在20世纪末学生应具备的核心素养是大工业生产所需要的能力，21世纪学生应具备的核心素养是适应信息化时代和“互联网+”时代的能力。核心素养不是一成不变的，而应该是伴随学生终身可持续并能够深化的素养。只有素养跟随社会的发展而变化，学校中的学生才能不脱离社会，在进入社会后迅速良好地适应社会，拥有适应社会的能力是核心素养可持续发展的关键体现。着眼于人的终身发展和适应社会的发展，追逐自我的实现以促进社会的发展，持该观点的有石欧、褚宏启和辛涛，“核心素养是适应个人终身发展和社会发展所需要的‘关键素养’，只有具备这些素养，学生才能成功地适应社会，在自我实现的同时促进社会的发展”。①

除了上面总结的两种核心素养定义的主流观点，还有学者从不同角度对核心素养的概念和内涵进行了研究。核心素养应该是教学目标的体现，即知识与能力、过程与方法以及情感态度与价值观的综合；核心素养应该是学生在实践过程中逐步积累起来的素养，这一素养具有发展性；核心素养是多学科交叉形成的综合素养，不是某一学科知识的堆砌；核心素养是指在特定的社会情境中所必需的素养，这种素养可以让学生立足于社会；核心素养是学生可以达到高度的基石，就如上层建筑所需要的经济基础一般；核心素养应具备较强的可生长性和稳定性；学生的社会公德和道德修养是核心素养的基础；核心素养是学生在学习过程中、社会生活中能够解决问题的能力。

在诸多对核心素养的研究中，“学科论”核心素养与高校高等教育紧密相关。学者们对“学科论”核心素养的研究过程中，主要从基础教育（小学阶段）、初中教育和高中（中专）教育三个教育阶段对核心素养进行探究和分析。高等教育作为高中教育的进一步延续与前面提到的三个教育阶段都存

---

① 褚宏启．只讲“核心素养”是不够的［J］．中小学管理，2016（09）：61.

在着密切的联系。在三阶段的教育过程中教学改革作为改进教学促进发展的主要手段起着至关重要的作用，在教学改革过程中对课程的修订又是重中之重。在教改过程中对课程课标的修订应该紧密联系时代发展，将学生下一阶段以及进入社会所需的素养与能力融入其中，只有这样教学改革才具有意义和价值。高校作为学生进入社会的最后一个学习阶段，如何充分有效地对接初级三阶段的教育，将学生发展核心素养融入高等教育过程中，也是现阶段高校教学改革的重点和难点所在。

在研究核心素养基本概念和内涵特征之前，我们需要厘清素养的基本概念、素养与知识的关系、素养与特定情境的关系、素养与外在表现的关系，以及核心素养与技能的关系。在弄明白这些传统教育概念与素养的关系过程中，总结提炼核心素养与学校的关系、与学校体育的关系，进而定义核心素养的概念，归纳出核心素养指标体系。张娜在比较 OECD、欧盟和美国的核心素养框架基础上提出关于素养、核心素养的认识，并认为要理解核心素养，必须厘清信息时代背景下素养与传统教育范式基本概念以及核心素养与基本技能的关系。①

素养是一个人综合素质和道德修养的综合，首先我们需要关注的是“人”，素养是在人的身上体现出来的，所以我们应该透过“学科论”和“能力论”来关注人的生存和发展。知识是学生用来认识世界、发现问题、解决问题的媒介，而不是存在于书本上的“真理”。但是我们不能完全否定知识、抛弃知识，知识是我们形成素养的根本。素养离不开知识，知识也脱离不了素养，离开了知识素养就是无根之树、无眼之泉，而离开了素养知识只能存在于其自身而无法完成升华。

在本文中情境特指在社会生活中存在的各种情况的结合。素养需要在特定的情境中体现，不存在脱离情境的素养，人之所以为人其关键也在于存在于特定的社会情境中，因此素养与情境共生共存、相互发展，两者不是抽象的概念而是生活中的具体表现；素养只有在情境中才能不断深化和升华，通过在特定的社会情境中解决问题才能不断积累素养、发展素养。

素养与外在表现的关系我们可以理解为内质和外显的关系，素养是人的

① 张娜．DeSeCo 项目关于核心素养的研究及启示［J］．教育科学研究，2013（10）：39-45.

内在的特质的总和，外在表现则是人的素养的出口，是人在特定的社会情境中的具体表现。素养与外在表现存在密切的关联性，素养必须通过某些方面才能够表现出其外在性，而外在表现的基本内容和内涵特征则是由素养决定的。著名教育学家布鲁纳指出：素养需要有其表现的通道和出口，教师教书育人的本质和职责就是帮助学生找到表现素养的出口，进而让学生更加充分有效地展示自己的能力和素养。素养与外在表现有着多方面性和不确定性，一种素养可以通过多种方式外在表现，而特定的某一外在表现则可能有多种素养蕴含其中，这受到不同国家、地区、社会、经济、文化等多方面的影响。素养与外在表现的不确定性主要是指素养与外在表现不是一对一的对接关系，外在表现不能完全反映素养的水平，素养也不是完全能够在外在表现中展现出来。

核心素养与基本技能：我国传统教学中的基本知识和基本技能是在特定社会阶段中教学的产物，它们的定义应该是随着经济社会的进步和国家教育的基本情况可延伸、可发展的。在21世纪我们谈基本技能应该是信息技术、互联网、大数据等现代社会需要的素养；核心素养和基本技能应该是相辅相成、同步发展的。

探究核心素养与基本技能的关系要从基本出发，将学生需要掌握的基本技能作为学生发展素养、进而养成高端核心素养的基本条件，在培育学生核心素养的过程中不断提升基本技能的内涵；同步发展指的是核心素养与基本技能均需在社会实践中不断探索其内涵和本质特征，在实践中明确基本技能，在实践中培育核心素养。核心素养与基本知识、基本技能是包括、相容和发展的关系，而不是一加一等于二的关系。应该做的不是将常规的知识和认知技能学习从现有课程中删除，而是不再把简单技能的掌握看作工作和生活的主要目标，把基本知识和技能作为掌握重点核心素养的基石。张艳将素养解释为，社会中的个体在特定的某一情境下能成功地应对情境、解决情境的复杂要求与挑战。素养是社会中的个体与特定情境在发生关联时的外在表现，是在有效互动中生成的；素养与知识（或认知）、能力（或技能）、态度（或情意）等概念的不同在于，它强调知识、能力、态度的统整。①

---

① 张艳．基于语文学科核心素养的中职语文综合实践教学策略研究［D］．扬州大学，2019.

余文森在研究中认为素养是核心素养的根本，没有素养的积累就不会有核心素养的养成，核心素养在素养群中起到统率指引的作用，核心素养在素养系统中的位置应该是基石的成分，是人可以在素养的基础上进一步成长的主要因素，是人进一步成长的内核，关键能力和必备品格是人终身发展、可持续发展的基因、种子和树根，在教育教学中能够牢固树立以核心素养为指引，也就能够抓住教育的重点和根本，解决教育的难点和问题。①

我国学者在研究核心素养概念对其进行界定时，一部分学者的目光转向了如何将核心素养的培育与我国当前教育形势有机结合，怎么利用核心素养的研究在教育教学改革中解决问题，核心素养对学科教学、课标课程的意义怎么体现，核心素养指标体系的确立与课程内容的关系等诸多方面。有的学者认为教育要培养的是可以独立生存、拥有自己的生活、在生活中可以创造的核心素养；学生进入社会后能够有立足的能力，不止要有知识还要有技能在身，在社会生活中能够有效地与人进行交流和沟通，除了工作可以在自己的生活中获得幸福感和满足感，在此基础上能够拥有创造性思维来为社会做出贡献。核心素养对学科教学的指导意义在于让我们在教学中能够不再局限于学科本身，跳出学科交叉融合，开始由关注知识向关注人转变，教师在教育教学中把目光由学科知识转向学生，让学生自己来认识学科认识学习，学会认知，进而能够更清楚地认识自我，完成自我的超越和升华。

核心素养如何落地、核心素养教学怎么合理有效地转化是现阶段我们研究核心素养的重点也是难点。

想要落实核心素养教学，将核心素养完全地转化为教学目标的一部分，我们就要先搞清楚核心素养的内涵特征及其指标体系的构成，在弄明白这些的基础上，将核心素养分而化之，融入一线教育教学工作中去；从学校的角度来考量这个问题，基于核心素养构建课程体系是让核心素养落地的具体措施，不在单一的课程中独立研究核心素养，融合多门学科打通国家课程、地方课程与校本课程，融合包括多学科在内的交叉学科。但是学科的融合和交叉并不是轻而易举、一蹴而就的，需要时间的累积和铺垫。

在对核心素养的研究中我国学者最初都是参考、剖析、研究国外关于核心素养的研究方法和研究结果，在由陌生逐渐变得熟悉之后，部分学者指出

① 余文森．关于教学改革的原点思考［J］．全球教育展望，2015，(5)：3-13.

国外关于核心素养的研究方法是否具有合理性，其他国家和组织构建的核心素养指标体系是否具有说服力。对于核心素养的疑问和对国外核心素养研究结果的怀疑，让我国学者根据我国教育现状、我国学生身心发展特点，提出了我国在研究核心素养过程中的疑问。

核心素养是在特定的社会情境中表现出来的素养，因此核心素养与特定社会情境是相互融合发展的，脱离了社会情境进行的理论研究是否能够说明核心素养研究的有效性？核心素养是学生通过学习获得的，是在学习之上的，是通过自身实践获得的，在这种情况下是否会导致核心素养内涵的僵化？在核心素养与教育的融合过程中如何有效地将学生学习的重心由知识的获得转向素养的养成？

三、核心素养内涵的讨论

随着现代社会人们对教育的重视程度日益增加，更合理更优越的教育理念显得越发重要。对核心素养内涵的研究在这种趋势下更加凸显其重要性，界定核心素养的定义，阐述核心素养的具体内涵，进而确立核心素养指标体系是对核心素养研究过程中最为重要的三部分。我国教育部发布的文件中指出，“研究制定学生核心素养和综合发展的学业质量体系考核标准”，是对核心素养的校正与补充。近年来，很多人逐渐认识到“核心素养”这一新的彰显学生能力的教育观在将来社会中会是教育界的主流方向。

北京师范大学教育系主任辛涛最早对核心素养的内涵进行了分析和探讨，指出教师知识传授和学生认知需求是核心素养内涵的两大部分，其中涵盖了知识技能、学习方法与学习过程，以及学生的情感态度和价值观，核心素养的养成是学生进入社会后继续学习发展的源泉。① 从教学目标的维度研究，学者们将核心素养内涵的价值定位为三部分，分别为人与自己、人与社会和人与工具。人与自己强调的是核心素养自身的发展、自身能力的提升、自身素养的强化；人与社会强调的是核心素养的外在表现是在特定的社会情境中体现出来的，人们能够立足社会并且对社会做出贡献；人与工具在21

① 辛涛，姜宇，王烨辉．基于学生核心素养的课程体系建构［J］．北京师范大学学报（社会科学版），2014（1）：5-11.

世纪互联网时代显得尤为重要和关键，强调的是人除却自身的能力驾驭外部硬件的本领，如现在学校中主流的计算机能力、编程能力、团建能力等一系列外部因素。从对“核心”的内涵的解释上来分析，国内学者指出核心素养是个广义的概念，它指的是宏观层面的素养和能力，并不针对特定的人群或技能，而是每个个体长远发展必备的基础技能。还有学者认为，“核心”是指最开始最基础的部分，是学生在家庭、社会和学校习得的最为基础的素养，这些素养才是核心部分，因为没有这些基础的素养，学生能力不可能得到发展和提升，更不会有后续的终身学习与发展。

四、国际组织核心素养研究

1997 年 12 月，经济合作与发展组织启动了“素养界定与遴选模式”项目，这一项目的目的是在诸多素养中筛选出核心素养的指标进而定义核心素养。在经历了大范围的调查研究之后，经合组织将“核心素养”的概念定义为“价值观、情感、态度、技能、知识的整合和综合体”。在经合组织研究之后，西方发达国家和地区的教育组织对核心素养这个概念在世界范围内开展调查和探究，提出了与“核心素养”概念有内在关联的结论。受到国际社会和组织对核心素养研究的影响，加之进入 21 世纪后新型国际形势和经济发展态势都对人才提出了新的要求，对核心素养的研究开始在全球范围内普及，其中研究成果较为显著的主要有法国、新加坡、日本、马来西亚、德国等国家。

核心素养提出时间尚短，因此无论是对核心素养的研究还是培育学生的核心素养都不可能在短时间内完成，关于核心素养的研究和发展应该是一个循序渐进的可持续的发展过程。在国际社会中各个国家的学者依据本国本地区的社会情况对核心素养进行讨论，虽然因为地区差异在核心素养的探讨过程中存在区别，但都是为了能够构建核心素养培养模式，最终都是为了素养背后的人，都是为了人的发展。在大方向相同的基础上，不同组织构建出了内涵特征多样的核心素养模型，他们研究的主要方向是核心素养包括什么、核心素养指标体系的建立、核心素养模型的构建，围绕这三个方向国外学者们对核心素养进行了深入的研究。

英国是最早提出核心素养这一概念的，主要分为英格兰教育体系对核心素养的界定和苏格兰教育体系对核心素养的研究。人们为了能够适应将来社会的发展，适应将来新的生活，应该具备一系列关键的技能、社会生活的能力、终身学习的能力。关键技能主要是指在生活工作中能够用到的、同时又是可迁移持续发展的基本能力，这是英格兰教育界学者对核心素养的界定；苏格兰学者对核心素养的界定中也提到公民应具有可迁移的技能，他们用核心技能来定义核心素养，重点提到核心素养的目的是培养全面发展的、能够与人正常交流的公民。英国国家教育主管部门在 2003 年整合英格兰和苏格兰学者关于核心素养的研究发布了《21 世纪核心素养潜力向能力的转变》，这一文献中重点提到了高中生学习成绩的提升、在现实社会生活中发现问题及解决问题的能力。

20 世纪末日本将学生的生存能力作为教育教学的目标，21 世纪初日本政府教育研究机构发表《培养适应社会变化的素质与能力的教育课程编制的基本原理》，里面着重讲到日本公民 21 世纪应具备的主要能力和关键素养。日本国内学术界其他学者还提出了“21 世纪型能力”，他们以基础能力为主体进行了 20 世纪以来跨越 20 多年的研究探索，指明“21 世纪型能力”要落实实践技能、思维能力和学术素养，这也为构建国际核心素养理念框架做出了卓越贡献。不同国家核心素养模型风格各异，有其一定的科学含义和指向性，也为学者们提供了研究核心素养框架的有效参考。

法国学者在对核心素养进行研究的过程中构建了以知识、技能和社会交往能力三个主要方面为核心的素养模型。他们在研究中指出素养不是一成不变的，是随着学生的学习、认知的提升而逐渐发展的，因此素养是在学生学习过程中累积与发展的。在法国学者的研究中重点指出的是核心素养的动态性，是随着社会的变迁而发生变化的。法国国家教育部门于 2006 年公布了其国家公民应具备的核心素养，在发布的《共同基础法令》中明确了核心素养的七大指标体系，分别是法语语言素养，这是公民能够不断学习和发展的基础，也是国内文化和政治的需求；数学能力素养与信息技术素养，这是为了指引公民能够适应社会的发展，在“互联网+”时代能够充分立足；人文文化素养、人际交流与公民素养，这是公民能够拥有享受自己生活的前提；独立思考的能力和主观能动性，这是要求公民具有发散性思维、有自己对事物的认知和创造能力。总结法国关于核心素养的研究我们可以看出，法国对学生的希望是能够通过学习习得并掌握这些核心素养，以便在进入社会之后能够将所学的知识运用到工作和生活的特定情境中，能够应对日新月异的科技变化和经济社会新形势的挑战。

芬兰根据本国基本国情和经济发展趋势将核心素养指标体系分为七大类，分别是学生成长（强调的是学生的可生长性）、对本国文化的归属和对国际文化的认知、面对信息时代新形势的信息技术、社会参与过程中的权利和义务、对大自然环境可持续发展的责任心、保持自身身体健康的能力、个体享受自我生活的能力。

在世界范围内迅速开展核心素养研究的过程中，中国台湾地区学者也开始逐步对核心素养进行研究和讨论。在研究过程中陈伯璋、胡志伟和高涌泉等人对核心素养进行了定义，核心素养是公民在特定情境下在社会中正确处理问题，在生活中能够拥有自己的生活、享受幸福生活所应该具备的素养。这些素养具体包括能够在社会生活中与人正常合作交流、能够正确有效地使用工具，能够自主合理地行动，能够展现自我能力并对社会做出贡献。

通过以上对世界不同国家地区和不同组织对核心素养研究的整理分析，发现各国在研究核心素养过程中都指出需要将核心素养作为个体一生中的可持续、可变迁的主要素养；不同组织对核心素养的研究目的在于建立核心素养指标体系，为国家服务，向个体明确在现代社会生活中立足需要的具体能力；核心素养的研究与教育教学尤其是教学改革关系紧密，把核心素养作为教学改革的关键因素，将教育教学与核心素养融会贯通；核心素养强调的是个体与社会的和谐发展与统一、个体与大自然的友好相处；核心素养继承传统又不依赖传统，是对传统教育教学理念的传承和发展；核心素养指标体系的建立是依据各国基本国情和经济社会发展特点所构建的，因此具有地区性和独特性。在世界不同国家核心素养相互融合和碰撞的基础上，核心素养的研究不再局限于基础教育和初中等教育阶段，国内外学者关于核心素养在高等教育中的研究也逐渐深化。

五、国内外大学生核心素养研究

对核心素养的研究归根到底还是要在社会公民身上体现，对学生核心素养的研究最终是通过高校学生进入社会的状况来体现的，因此，国内外学者围绕大学生核心素养展开了研究，在实践探究过程中将重点集中在核心素养的指标体系和具体内容方面，取得了良好的成效。

国外学者普遍认为，大学生核心素养应该包括自身的主观能动性、批判和创造性思维、可发展的能力及可迁移的技能、多学科的交叉素养、信息素养，以及全球化的能力、语言素养和跨文化的能力等。高校对学生能力进行测评和培育可以利用调查问卷、在线测评以及标准等级考试，对学生评价的结果是培育学生的方向，对学生后续的学习有直接指引和提升作用。主观能动性是高校学生提升自身核心素养的内在要求，学生自身需要有对提升自我的渴望，核心素养的教育教学才会有效果。批判性思维要求学生有辩证的能力，而不是一味地接受和认可；创造性思维是大学生能够进入社会、融入社会的一种思维能力。多学科的交叉素养指的是融合两门或者两门以上不同学科的学科知识进行学习和研究，其可以细分为学术交流、思想碰撞、对学科知识的创新和批判。

帕克（J. H. Park）在对核心素养的研究过程中从两个方面阐述了全球化能力，第一是全球化认知，如国际人文素养、对国际形势的判断、国际化管理和全球国际思维等；第二是全球化情感，如对异质（非本国）文化的认同和理解、对不同种族的态度和容纳等。亨特在综述了诸多学者关于全球化能力的研究之后，最终解释全球化能力为“当积极寻求理解他人文化规范和期望时保持开放心态，在个人环境之外能够运用已有知识与他人互动、交流和有效工作”，并给出能力清单。① 迪尔多夫（D. K. Deardorff）在研究跨文化能力时使用德尔菲法得出结论，跨文化能力是指在跨文化情境中有效的和恰当的行为和交往，并且对跨文化能力测评的研究也较为成熟。②

现阶段的教育以立德树人作为高等教育的根本任务，这给高等教育指明了方向和努力的目标。在立德树人目标的指引下回顾核心素养的研究发现，虽然诸多学者很早就已经开始了对核心素养的指标体系以及内涵特征与高等教育之间关联的研究，但是确切的以“核心素养”这一固有名词作为关键词来研究高等教育领域的相关内容却非常少。虽然文献较少，但是高等教育作

① J. H. Park Technology Use，Technology Views：Anticipating Professional Use Of ICT For Beginning Physical And Health Education Teachers ［J］. Issues in Informing Science and Information Technology. 2007 (4)：261 - 266.

② D. K. Deardorff Formative Assessment for the Common Core Literacy Standards ［J］. Teachers College Record，2014，116 (11)：40-56.

为学生教育的最高层次同时也是最后阶段的教育，其核心素养的研究处在非常重要的地位。袁振国在《核心素养对学科中心的挑战——大学变革的历史轨迹与启示之五》中明确提道："其实核心素养对高等教育来说更重要、更急迫，也更具有培养条件。"① 想要完善落实立德树人的教育目标，在高等教育阶段对核心素养的研究必不可少，只有可发展的、可延伸的、能够不断进步适应社会发展的关键能力才是立德树人落实过程需要着重培养的能力。关键能力的提出是高等教育与核心素养结合的关键点，作为核心素养指标体系的一部分，关键能力在教育目标中的体现说明在高等教育领域核心素养研究已经逐步开展。

国内学者在进行高等教育——大学生核心素养研究的过程中，对高校大学生核心素养的研究不够细化，有的简单地把核心素养产生的历史背景和社会因素作为研究的背景，没有将核心素养根据教育阶段的不同进行区分，忽视了高等教育阶段大学生核心素养与其他阶段核心素养的区别。在研究过程中将国内外学者在核心素养层面的研究内容放在大学生核心素养研究领域，在学生能力发展和社会适应以及人们一生受用的关键素养层面有一定的合理性，但是仍然缺少对大学生核心素养的专项研究。

褚宏启在我国基本国情和经济社会背景下，针对中国国民现有素质状况和不同教育阶段学生素质的短板，比较国内外学者关于核心素养的研究，进行总结归纳，提出六大核心素养的观点："创新能力""批判性思维""公民素养""合作与交流能力""自主发展能力""信息素养"，同时这六大核心素养也是中国大学生所欠缺和亟须培养的，以此明确培养大学生核心素养的要素。褚宏启将核心素养概念定义为"21 世纪人人都需要具备的关键少数高级行为能力，是知识、技能、态度的统整与融合"，并强调从综合性的行为视角理解核心素养。②

① 袁振国．核心素养对学科中心的挑战：大学变革的历史轨迹与启示之五［J］．中国高等教育，2016（22）：31-34.

② 褚宏启．核心素养的概念与本质［J］．华东师范大学学报（教育科学版），2016（1）：14-16.

六、国内学者关于体育核心素养的研究

2013 年之前，国内有很多学者都对核心素养的概念进行过剖析和解读，但是对核心素养的体系和指标包括什么，并没有一个确切的说法，对此大家各抒己见。体育学科的核心素养是学生在身体活动过程中展现出来的素养与能力，这不单单指的是在进行运动时的技术或战术，而是学生全方面多学科交叉的知识、能力态度的综合。

体育是经济社会发展和人类社会不断进步的主要标志，同时也是一个国家综合国力和文明程度的重要体现。现阶段，随着社会的发展和经济全球化的加剧，体育的地位和功能越发重要，也有越来越多的学者对体育核心素养进行了探究和论述。国内学者将体育学科核心素养指标体系概括为以下四部分：一是体育意识，有的学者在研究过程中也将其称为运动意识。学生在日常的体育课或者课外活动的过程中通过自身的身体实践和感受，形成对体育的正确理解和认识，并且随着自身的成长，这种认识不断强化，最后形成特定的意识。体育意识不仅与运动相关，还受到学生自身文化水平、认知能力、发散思维的能力及学科间知识转化的能力的影响。体育意识是学生参与体育运动的基础和先决条件，只有学生对体育意识有了一定的认知，才能发挥主观能动性，由内而外地产生对体育的兴趣，参与体育运动，不断培育体育学科核心素养。二是体育文化。体育运动作为由人参与的实践活动，其文化属性根本体现在人自身的价值，因此体育不仅仅是身体的运动，更是思想的进步。我们在论述体育文化时，主要从运动技能的认识和体育产生发展过程中形成的文化来解读。三是运动能力。运动能力是学生参加运动和训练所具备的能力，是人的身体形态、机能素质以及心理状态的综合表现。运动能力是体育学科核心素养最主要的外在表现，是学生参加体育运动、进行身体活动的基础。四是体育品德。体育品德是个体在从事体育运动的过程中自身的精神体现和价值追求。体育不仅强调更高更快更强，体育过程也是自身追求卓越、超越自我的过程。

体育学科核心素养是学生在发展过程中诸多素养中的一部分，作为德智体美劳五育中的重要部分，体育核心素养的培养能够在学生核心素养培养过程中起到基石作用。通过研究分析国内学者在构建学生核心素养指标体系过

程中的关注点来研究体育学科核心素养的指标体系，对体育学科核心素养指标体系的构建意义重大。对体育学科核心素养的探究不单单是为了构建体育学科核心素养的指标体系，而是在核心体系的指导下，通过体育教学将培育学生体育学科核心素养真正落到实处。

2013 年，北京教育科学研究院成员张娜对发展组织与经济合作的“素养项目”（DeSeCo）进行界定和遴选，遴选内容主要有素养项目的开展目的、学术背景、发展脉络和现实意义等，包括概念基础和相关理论的介绍，最后还对遴选程序和结果进行了公开展示。2015 年，张娜围绕核心素养话题提出见解并在联合国教科文组织发表了相关文章。她认为教育部应当围绕“以人为本”的原则，帮助学生树立终身学习的核心素养理念，关注弱势群体，给每一位个体公平受教育的权利和机会，这在科技和经济迅猛发展的 21 世纪是至关重要的。

七、现有研究存在的不足

（一）重理论轻实践

现阶段的研究大多集中于对核心素养理论的解读，实践探索研究较少，深层次研究缺乏。核心素养的提出、推进和落实是一个长期且缓慢的过程，上要有课程层面的顶层设计，下要有指导教学实践的教学方法。总结我国核心素养的相关研究，大多是对核心素养的理论的分析和阐述，具体到教学实践中遇到的问题，相关解决问题的途径指导研究占比很小，给核心素养在教学中的落地造成了困扰。

（二）本土核心素养研究较少

研究大多数借鉴国外研究的经验，对本土化的核心素养指导探究较少。以核心素养课堂教学评价的本土化发展研究为例，教学评价要求理论联系实际，具体问题具体分析。核心素养下的教学评价更注重“以人为本”，注重对学生做出综合的、整体的、客观的评价。核心素养的内涵和实践体系虽有共性，但也有个性，各国国情、学情及教育现状存在差异，受教育的学生主体也与国外存在文化习惯差异，本土化实践指导研究不足容易造成核心素养的理论价值与我国教育实践形成落差。

（三）缺乏对学生的关注度

现在研究的出发点、实施过程和最终目标均指向课程与教学层面，而对课程和教学的目标、教学背后的人——学生没有足够的关注和重视。以核心素养为基础的课程改革是要达到“立德树人”的教育目标，最终都要落脚于学生核心素养的发展上。现阶段的研究并没有立足于学生，没有注意到学生核心素养的培育、融合和发展。

最后将核心素养具体指标融入现有教育课程体系之中缺少方法，没有做到从关注学科知识储备的传统教学模式，向提升学生能力、促进全面发展的新模式转变，高等教学目标“立德树人”“成人成才”也就成为空谈。从国际范围来看，相关研究尚处于理论框架构建阶段，缺乏系统性的教育教学实践活动，我国各研究学者应仁者见仁，智者见智，各抒己见，为落实我国基于核心素养的课程改革目标做更有深度的、广泛的学习研究。

（四）体育学科核心素养研究的不足

体育学科核心素养涉及的领域较窄，研究主题较为集中。课堂教学思考及核心素养培养的相关研究占绝大多数，而对体育课程构建、体育教学改革、体育活动研究及体育学科核心素养内涵解读等方向的研究缺乏，不利于研究领域的多元化和创新化发展。

研究方法缺乏深度。众多学者研究时主要运用了文献资料、逻辑分析、个案分析等研究方法，缺乏相关的实证研究，现在领域的研究成果中，绝大部分成果是基于逻辑推理和经验总结得出的，缺乏实际调研和数据分析。无法证明解决方案运用到体育课程的构建中是否行之有效，这使得研究缺乏深层次的意义。

八、大学生核心素养的界定

运用“素养”而非“素质”，是因为“素质”通常指的是个体先天禀赋和后天教育交互作用在个体身上所体现出的结果。而“素养”更多地指向后天可以习得的，通过教育可以培养的，可以更加凸显教育的价值。而对“素养”含义界定的前提是确定素养与知识、能力及心理特征存在怎样的关系。“素养”是将国家教育政策中“综合素质评价”中的“素质”具化成可教可学可测，能够具体操作的教育措施。大学生核心素养的探讨首先要明确研究的对象是高等学校中的学生，他们拥有自己的认识，对世界的认知，对知识的理解，因此大学生核心素养的界定要结合我国基本国情、教育现状等诸多层面进行探讨。

研究大学生发展核心素养是落实立德树人根本任务的一项重要举措。当代社会对人的生存和发展提出了基本要求。素养不仅可以促进“个人发展”，更可以促进“社会发展”。社会上现存问题要求提高人的素养，一个有知识无素养的人一旦误入歧途要比无知识储备的人危害更大。同时，社会的良性发展需要有素养的社会公民，其不仅需要具备科技知识，也需要其他核心素养协助其为社会发展做贡献，所以培养一个具有核心素养的人，对于促进立德树人任务的落实具有重要意义。

研究大学生发展核心素养有利于适应世界教育改革发展趋势。随着社会的快速发展，各国纷纷提出适应新形势和激烈竞争环境下的“核心素养”人才培养理念。种种迹象表明，传统社会所需的知识和能力已不能满足当代社会生活的需求，我国提出以核心素养为基础的课程改革正是顺应世界教育改革和社会发展的趋势，有利于提升我国教育的国际竞争力。

研究大学生发展核心素养有利于解决当前学生评价面临的困境。当前对学生仍然采用综合素质评价。综合素质评价在素质教育中起到杠杆的作用。但目前，综合素质评价在理论层面上概念不清、评价的合理性和可信度不高，在实际操作层面，综合素质评价在学生毕业或升学过程中没有重要作用，很多学校并不重视综合素质评价工作，仅仅为了应付。理论和实践上的困境阻碍了综合素质评价的相关落实和发展，因此，推行核心素养的评价可以作为改善这一状况的契机。核心素养这一概念提出了一种新的育人理念，代表学校教育的发展方向，对教育工作者具有大的感召力。同时，它的系统性、精确性使它更容易融入课程教学中，有利于对学生的发展做出更好的评价。

“核心素养”试图回答培养什么人、怎样培养人的问题，这和高等教育的目标高度一致。它超越传统意义上简单的“能力”内涵，不再只是单纯地给学生传授知识，核心素养具有更深远的、立足未来的长远目标。在培育大学生核心素养之后，能够与自身生活密切融合，能够在社会中稳中有序地发展并伴随一生。随着大数据时代和“互联网+”时代以及经济创新模式的到来，复杂多变高难度的工作模式要求大学生在进入社会后，在陌生的特定情境下，能够处理具有挑战性的工作任务，因此与其说是“核心素养”，倒不如说是培养大学生的一种“胜任力”。当然，有些学者认为并不能将核心素养完全等同于胜任力，胜任力更强调了社会适应性，而对大学生的全面发展关注不够，不能全面涵盖高等教育育人目标的全部内涵。核心素养的内涵特征不仅仅是表面量的积累，而应该是个体在生活中自身能力和素养的提高和升华。我国在借鉴国际经验的基础上，结合我国高等教育课程改革实际情况和现实问题，提出具有我国特色的“核心素养”理念。

根据大学生的身心发展规律，结合国内外学者对核心素养以及高等教育核心素养的阐述，更准确地探寻大学生“核心素养”的内涵特征，明确未来社会中大学生所需要的核心素养。大学生核心素养是大学生为了将来在生活中更好地以生活为中心，围绕这个中心，不断提升自我、实现自我发展服务社会的需要，有效应对未来复杂的、多变的特定情境的高阶素养。它既要涵盖通过学校学习应该掌握的人类文化工具，也要包括适应 21 世纪信息时代所需的创新、批判性思维、沟通交流和团队合作等“胜任力”；既要借鉴西方的核心素养内涵，也不能忘记传承中华文化明德修身、“止于至善”的人文精神内核。

第二章

学校体育功能与人的全面发展

第一节　学校体育发展历程

一、概述

学校体育是指以在校学生为参与主体的体育活动，通过课堂学习或者课外锻炼来培养学生养成终身体育锻炼的习惯，更大幅度地增强学生的身体素质，通过实践环节以期达到培养锻炼学生顽强拼搏的意志品质，通过理论环节以期达到对实践的进一步升华，达到更为全面的发展。

学校体育的发展是社会发展进步的重要环节，学校开展体育的最终出发点就是在促进学生身心发展的同时培养学生良好的意志品质，培养学生成为社会主义建设者和接班人。要想更好地达到这一目的，就得全面促进学生身体发展，提高学生的身体素质和掌握基本运动技能，增强对社会等外部环境的自适应能力。更为细致地说，就是要求学生掌握体育的基本知识、技术和技能，熟知规范的科学锻炼身体的方法，从小养成终身体育锻炼的习惯，在态度、兴趣、习惯和能力等方面得到更为全面的锻炼，增强学生对社会的适应能力，在体育课过程中融入课程思政，从而全方面全方位提升学生的社会责任感、团队集体感、永不放弃的精神。学校体育在培养学生全面发展方面起着至关重要的作用，是学生成长过程中不可或缺的环节。

传统的学校体育大致由四个主要部分或要素构成：1. 体育教学（以体育课为主要形式）。2. 课外体育活动（由学校体育教学部门或者校团委、学生社团自发组织，以各项体育项目为主要内容）。3. 运动代表队训练和各种形式的体育比赛（如班级赛、校际赛、春秋季运动会、冬季 129 长跑、大体育节，以及省市级乃至全国性比赛等）。4. 早操和课间操（早操一般是以年级或者班级为单位进行，课间操一般是全校的集体活动）。①

学校体育具有以下特征：1. 普及性。学校体育面向全体在校学生，通过各种方式传授体育知识，以普及体育活动为主要教学目的。2. 针对性。首先，体育作为德智体美劳的重要组成部分，有着学校教学不可或缺的地位，对提升学生身体素质有着至关重要的作用，为学生养成良好的终身体育意识奠定了基础。3. 系统性。学校体育贯穿学生的整个学习生涯，从幼儿体育、小学体育、中学体育到大学体育，而且体育锻炼、体育学习是有章可循、循序渐进的过程。

不同时期、不同国家、不同社会制度下，学校体育在教学目标方面也多多少少存在着差异。一般有健身健体、增进体能、强健体魄，掌握体育知识，养成锻炼习惯，培养意志品格；发展个性，许多国家学校体育成为为社会发展服务培养人才的重要手段，体育强国、体育外交等，足以说明学校体育的重要性。

恩格斯曾说过：运动，就它被理解为存在方式，被理解为物质的固有属性这一最一般的意义来说，囊括宇宙中发生的一切变化和过程，从单纯的位置变动直到思维。体育形式、内容的动态变化给体育的内涵与外延制造的麻烦就是让人们困惑于如何给体育下一个公认的定义。② 体育的发展经历了一个又一个否认、认可的过程。

学校体育是学校教育体系中必不可少的部分，新时代对体育工作提出了更高的要求和标准，学校体育的发展在很大程度上影响着学校的未来发展。目前，很多学校都有体育特长生、世界冠军以及奥运冠军的加入来提高学校的知名度。

体育教育在实践中孕育而生，是人类生存生活的具体体现，也是学校教育发展的必然产物。在逻辑学上，定义是通过一个概念明确另一个概念内涵的逻辑方法。概念是人们对事物本质的认识，是通过反映对象的特有属性来指称对象的思维方式。从逻辑思维角度来说，概念的主要功能是用于指称对

---

① 黄峥．历史教学中的学科渗透与文科综合能力的培养［D］．福建师范大学，2003.

② 蒋红霞．体育价值研究［D］．浙江大学，2017.

象，其内涵和外延是概念的重要逻辑特征。因此，针对体育教育的研究，也必不可少要以体育和教育内涵的阐释和梳理为首要前提。①

学校体育体系随着社会发展也在一点点发生着变化，最终形成了现在的模式。早在古希腊就已经将体育作为教育的内容之一，但是到了中世纪，学校体育逐渐被忽视，慢慢淡出人们的视野。说到体育，往往会想到军事，军事体育应运而生，骑马、投掷、游泳等都是其主要内容。伴随着教育的发展，人们对身体素质的要求越来越重视，体育的功能凸显出来，健身意识深入人心，健康意识显然已经成为人们生活中重要的组成部分。因此，体育课程在学校课程设置中越来越受到重视，已经成为学生在学校学习内容的必修科目。

20 世纪是一个全新的时代，青少年体质问题已经受到发达国家越来越多的重视。统一的教学大纲进度、统一的教材已经成为许多国家的标准，体育课也增加了，学校体育老师的师资水平也有了质的飞跃，场馆设施齐全已经成为普遍，学生的课余活动越来越丰富，优秀运动员层出不穷。可以说，学校体育已经走上了科学系统化的道路。

体育自周代开始已经有了雏形，人们熟知的礼、乐、射、御、书、数就包含德育、智育、体育的意思。但是这一情况从汉代开始就不被重视了，更多强调的是读书做学问，这也是封建统治者的权衡以期统治人的思想。直至清朝也是一样，但是外国人在中国办的教会学校会安排运动课程，受其影响，别的学校也开始效仿。辛亥革命以后基本上也是沿用清末的学习制度，运动课的内容没有太大的变动。1923 年，体育课开始被引入，每周 2~3 课时，教学内容也与现如今体育课的基本内容大致相同。

二、中华人民共和国成立后学校体育的发展

1949 年中华人民共和国成立，《关于改善各级学校学生健康状况的决定》文件的修订完成，在很大程度上明确了学校体育工作的重要性，对现行学校体育工作具有历史性的指导意义，也对学校体育提出了更高更具体的要求。随后，教育部下设体育处这一部门，通过专门的体育部门处理学校体育方面

---

① 韩丹．论体育概念之研究［J］．体育与科学，2012，33（06）：1-11.

的相应事宜和突发情况，在此基础上还制定了与之相对应的各种要求和标准。自此，学校有了统一的教材和上课要求，规范的、统一的课堂标准开始出现在学校体育的课堂上。中华人民共和国体育运动委员会和各省、市、自治区体育运动委员会，也设有管理学校体育的机构，并在学校推行《劳动卫国体育制度条例》（1964 年改为《青少年体育锻炼标准》，1975 年改为《国家体育锻炼标准》）。1975 年，教育部设立了体育司，有些省、市、自治区教育厅、局也设立了体育卫生处，加强学校体育的管理。同年，又采用新的体育教学大纲和教材。1979 年，教育部和国家体委联合颁布了《中小学体育工作暂行规定》《高等学校体育工作暂行规定》（试行草案）和《全国学生体育运动竞赛制度》，进一步改善学校体育。

我国学校体育发展在摸索中成长，在探索中进步。1971 年，由国务院主持的教材修订工作会议掀起了各个地方学校对教材创新改革的浪潮，各地相互效仿、相互学习、相互改进、相互提高；北京市、辽宁省、湖北省、山西省等各省市在 1973 年重新编写、修订、出版了体育教材，新教材针对学生的实际情况（年龄、性别、身体状况等）重新制定了体育课内容。与此同时，《第五套广播体操》在全国各地的广泛推行，为学校在体育方面的发展和创新进一步营造了环境和氛围，大大提升了体育教学质量。

接下来，《十年制小学体育教学大纲》（试行草案）的制定奠定了我国学校体育全面发展的基础。该大纲的颁布是我国学校体育全面进入恢复阶段的先声。随着学校体育的不断发展和完善，《关于加强学校体育、卫生工作的通知》出台了，文件指出体育、卫生工作要和德育、智育一样对待并且要高度重视，学校体育工作要有专门的部门专人负责，文件还明确规定了中、小学要开展广播体操活动，学校要做好体育工作，切实保证在校学生的每天运动量，并提出具体要求，每天体育锻炼时间不少于 60 分钟等。该文件的颁布奠定了体育教育工作在学校教育工作中的重要地位，在思想上认识上达成了共识。政策的实施保障了学校体育发展的顺利进行，可以说，是我国学校体育全面发展顺利进行的标志性事件。

纵观我国学校体育发展，高校体育课程大多数以竞技运动项目为主，课程安排系统性欠缺，内容不新颖，学生学习兴趣低，对培养学生的体育兴趣不利。

历来，受各种体制的影响，学校体育发展在很大程度上也受到了冲击和影响，体育课的设置在各个阶段出现了脱节现象，内容相对陈旧，学生的学习兴趣难以调动，从而出现学习效果差的情况。背离了学校体育让学生养成体育锻炼习惯的初心，偏离了学生身心发展的规律，有悖于现代学校体育教学的要求。对于此种现象的出现，找准突破口，精准发力，学校体育教学内容的改革、教学体系的重建成为各个学校创新工作的重心。

体育教学方面，小学学校体育的学习应以基本的运动技能练习为主要内容；七年级至九年级体育的学习应在小学体育学习的基础上增加运动量和运动强度，慢慢向专项转变；而进入高中后，高中学校体育的学习应是基础加专长，大学阶段的学校体育学习的重点应该落脚于专长，因此，掌握两项以上健身运动的基本方法和技能成为学生应该达到的学习目标，并由此奠定终身体育锻炼的坚实基础。

三、阳光体育运动对学校体育的影响

面向全体学生，开设门类齐全、种类多样的体育课程是学校体育改革的重要目的，体育课程的设置要符合社会发展需求，满足不同学生的学习需求，能够全面提升学生的身体素质，符合新时代学校发展的宗旨，这也是《全国普通高等学校体育课程教学指导纲要》中重点提到的。

学生自己营造生动、活泼、主动的学习氛围，自主选择学习内容、自主选择任课教师、自主选择上课时间，教师作为指导。阳光体育运动的初衷是各地各类学校要开展多样的体育课程，进行各种形式的教学改革来满足学生的需要。但是，在多数的小学乃至中学体育的教学过程中，教学形式只是单一地强调完成一定的运动量，把这个量相对简单地作为主要指标，却忽略了学生对体育运动的自身需求和主观能动性，在选课的时候，因为形式单一，学生不愿意上体育课，缺乏兴趣，久而久之，导致一系列的不好的问题，学生身体素质下降，体质情况不容乐观，这也是当今社会普遍关注的问题。

阳光体育运动的开展在很大程度上提升了体育课程质量，体育课程的设置越来越优化，越来越能满足学生对体育运动的需求。阳光体育运动归根结底就是要和体育教学相辅相成，借助体育教学来提高学生的身体素质，培养学生终身体育运动的习惯，是全面健身全面健康的基础。在此基础上，各地高校在体育课程的改革创新方面斥以非常大的精力与资金，不断加强体育教学内容方面的创新，归根结底也就是体育课课程内容的创新与提升。

传统的体育课程设置，尤其是中小学体育课，多数情况下就是跑步、做广播体操，再好点的也就是打篮球和排球、踢足球，没有什么特点，无法全面调动学生的学习兴趣，学生没有学习兴趣，在很大程度上学生的感受，不能根据学生的实际情况，如体能、运动能力等方面做到因人而异地设置开展一些项目，学习效果、练习效果不尽如人意，不利于学生的个性化、全面化的发展。

反观当前的高校体育教学课堂，课程类型更加齐全，更加与时俱进，除了以上传统的田径项目、做操内容、三大球类运动项目，还增设了许多当今社会上参与人群多、高收费的热门特长学习项目，像跆拳道、花样游泳、拉丁舞、棒球、羽毛球、乒乓球、高尔夫球、网球、轮滑、街舞等。各种各样新颖的运动项目大大提高了大学生对体育学习的积极性和参与度，很多需要花钱学习的运动项目可以在学校免费学到，节省了教育花销，可以说具有经济惠民、简单便捷的特点。学生在选课的时候可以根据自己喜欢、擅长的项目进行学习，增加了学生的学习热情，也提高了学习效果，对于课程的开展和学生的学习来说是双赢的。

和中小学比较，各地方高等学校体育课程的设置更具有时代性、更能满足符合新时代学生对体育运动的需求，项目种类齐全，开设门类广泛，更符合国家对学校体育开展的要求，

以人为本，师生互选。引导学生自主锻炼、自主参与到体育运动中来，从而提高自身身体素质的健康才是阳光体育的初衷，以点带面形成参与人数多、覆盖面广的阳光型、健康型群体。高等学校这种体育课程教学方式的改革和普及，在很大层面上把选择的权利给了学生，包括课程的选择、课程内容的选择、任课教师的选择等，是以学生为教学主体的充分体现。不难看出，在阳光体育运动的背景下，当前我国高校体育教学改革更加强调以人为本的教学方式。

同时在学校体育课程开设方面，在体育课堂教学过程中，新旧结合，相互借鉴、相互完善、相互促进已经成为时代趋势，传统教学方法辅以现代化思维的教学手段和设备，从而进一步提高课堂教学的整体效果，在此基础上形成了更有效的活动组织形式和课堂教学形式。传统的体育教学方法是以传授为主，如动作示范法、动作讲解法、分解法、完整法、重复练习法等，以

上提到的传统教学手段和方法存在一个最大的问题——没有从学生的角度出发，忽略了他们的个体差异，没有做到结合实际，只体现出了老师教的环节，而学生学的过程不能表现出来，没有给学生足够的时间去和老师进行交流和沟通，从而也失去了创新的机会，学生只是一味地被动地学习，没有自我感受的过程，过于机械，过于单调。因此造成这样的局面，课堂上学生看似一样都在学习，但是最终的学习效果可想而知，有的学生掌握得非常好，但有的学生什么都没领悟，更别提熟知了。反观新型的体育教学方法，更注重从学生的角度去设置课程，更能激发学生的潜能，不断开发学生的思维和创新能力，从而提升学生的学习效果。像我们所熟知的逆向思维教学法、启发教学法、情境设置教学法等，这些教学方法和手段本着以学生为中心，最大限度地让学生主动参与到运动中心，自愿融入学习效率势必会提高，学生的主观能动性被最大限度地调动，思维被最大限度地挖掘，最终达到培养学生全面发展，养成终身体育锻炼的习惯。

随着近些年阳光体育运动的蓬勃开展，随着体育课程开设门类的多元化多样化，不同的项目需要不同专业的体育教师，因此，体育课程的丰富也刺激了体育教师技能掌握需要多样化，体育院校的招生专业设置也随之呈现多样化。基于此，各高校在招聘用人上也会考虑本校体育课程的设置是否需要、需要什么项目的教师，以及合理的体育教学梯队建设对于体育教学工作的开展具有的重大意义。但是纵观各个学校，很多学校教师编制已经满额或者接近饱和，但是体育教师处于缺编状态，体育教师不够用，排课排不下去，即使这样，学校给到体育教师的名额却是少得可怜，编制有限，正式老师进不来，导致很多高校得外聘体育教师，虽然解决了上课需要，但是不定期地更换体育教师，教学效果在一定程度上得不到保证，学生的学习效果也没有保障。除此之外，外聘的体育老师由于缺少学校归属感和熟悉度，教研上不能与其他老师很好地沟通、更好地教研，甚至在与学生的交流方面都存在生疏感，不利于体育教学的进行和开展。

高校作为教学的主阵地，有着来自全国各地甚至全世界的学生，基数大，范围广，在教学组织上所需教师数量必然很大，体育教师团队也成为学校的主力军，尤其是在当今重视身体健康的时代。很多高校中体育课程是全校一年级、二年级的必修或选修课程，直接和毕业证挂钩，体育不及格没有学分，毕业拿不到毕业证，什么时候重修拿到学分才会颁发毕业证，是必须学好的课程。通过对比不难看出，学校体育的改革在于与时俱进，以学生为中心，丰富课程的多样性，丰富体育课堂教学方法的多样性，同时还要注意学生的全面发展和个性发展。

所谓完整的教师梯队，就是能满足学校体育课程的多样性开设，体育教师在学历方面、教学经验方面、技能掌握方面都是最优状态。体育教学技能、体育教学经验是体育教师尤为重要的特质，要针对每个人的特点进行各有侧重的分工，这样具有长远性的考虑和持久性的发展是学校体育工作开展的前提。由此可见，在这种大背景下，一个好的教师梯队建设就显得尤为重要，当前高校体育教学的改革必须建设教学梯队。

在任何时候、任何学校将成绩作为学生考评中的重要评价指标是无可厚非的。随着教育制度的改革和推进，成绩决定成败这种一刀切的教育观点也存在淡化的趋势。由于学生存在个体差异，身体条件也各不相同，用一样的标准去要求每一个人略显生硬，不尽合理。成绩决定一切的片面论断对于学生来说存在不公平性，对一个学生的评价应是综合的，不应该仅凭学习成绩来衡量。例如，有的学生学习成绩一般，但是多才多艺、乐于助人，难道我们就仅凭成绩评价该学生不好吗？答案很明显，在这里我们就不赘述了。

目前，学校体育教学方面的评价体系已经相对成熟、完备。公平性、科学性、客观性是学校评价体系一贯遵循的评价原则。可是，学生个体之间存在的先天因素和后天因素的差异却被弱化了，只是简单地用一把尺子衡量所有学生，如学生成绩不够好是因为没有付出足够的努力等论断。这样反映出原有的体育教学评价体系对学生付出的努力、心血认识不足，这种评价体系反而成为不公平、不科学、不客观的评价体系。

什么是阳光体育运动？它是指通过体育运动使学生达到强健体魄的目的，这也是我国开展阳光体育运动的真正内涵，不盲目追求体育运动的竞技成绩，而是要促进学生身心的健康发展。成绩不应该成为当前体育教学评价体系中的唯一标准，还要看到健康性和娱乐性这些体育本身所包含的宝贵价值。否则，学生们会因这种片面、消极的体育教学评价体系而备受打击，降低参与体育运动的热情。综上所述，优化评价体系是我国在体育教学方面迫在眉睫的任务，功在当代，利在千秋。

受国际体育思潮的影响，终身体育、快乐体育、生物、心理、社会适应性健康观等思想观点逐渐在体育界雨后春笋般出现，甚至还出现在体育教学大纲与体育教材中，如1996年12月颁布的《全日制普通高级中学体育教学大纲（供试验用）》中首次出现终身体育一词。在1989年，天津市曾和广东省湛江市部分中小学合作，进行体育课程与健康教育课程相结合的教育试验，在很大程度上取得了良好的效果；随后，《九年义务教育体育与健康教育教学大纲》（初审稿供实验用）于1992年由国家教委颁发；1993年，李晋裕主编的《体育与健康教育》课本通过审查。上述工作为1999年中共中央国务院《关于深化教育改革全面推进素质教育的决定》明确健康第一的指导思想做了重要铺垫。

1978年至1999年这20多年的时间里，通过去粗取精、除旧弊、立新规，社会大众对学校体育的重视程度逐步加深，为之后一个阶段的工作打下了良好的基础。2000年至今这一改革发展阶段，我国开始推行素质教育，尤为重视发展学生的综合素质。健康是学校体育的第一指导思想，将目标定位在发展青少年的身体、心理及社会适应能力上，并且强调尊重学生间的个体差异，学校体育逐步完善发展。《中共中央国务院关于全面推进素质教育的决定》于2000年12月出台，为了更好地贯彻落实教育改革精神，《九年义务教育全日制小学体育与健康教学大纲》（试用修订版）、《九年义务教育全日制初级中学体育与健康教学大纲》（试用修订版）和《全日制普通高级中学体育与健康教学大纲》（试验修订版）等政策相继出台，这些由教育部颁布的指导性文件，大大促进了教育改革的推进。从此，《体育与健康》课代替了中小学的《体育》课，这是当时我国现代意义上的学校体育课程名称的第二次改变，标志着我国学校体育进入改革发展阶段。

1983年，国家体委明确提出，要在20世纪末把我国建设成为体育强国；2008年，我国成功举办了北京奥运会、残奥会，让全世界重新认识了中国。在2008年北京奥运会上，我国代表团获得了金牌总数位列第一的可喜成绩，刷新了我国竞技运动史的纪录，实现了历史性的跨越。如今，越来越多的人认识到体育运动的重要性，将参加体育活动、观看体育比赛融入自己的生活中。人们与体育渐渐建立了紧密的联系。虽然，近些年我国的体育运动成绩有了很大的提高，全民体育运动的意识也越来越强，但是客观地说，我国与体育强国相比仍然存在着很大的差距，其根本原因在于学校体育这一环节的薄弱。

在阳光体育运动理念的号召下，高校体育教学形式和质量相比改革前有了很大程度的提升。首先，在教学内容和教学资源方面，改革后的高校体育教学因为体育课类型的多元化、选课形式的人性化，大学生们对体育课程给予了更多的关注和热情。首先，学生主动、积极地自主选择学习代替了原有的学生被迫、强制性地参与体育课程的学习，要积极开展丰富多彩的青少年体育竞赛活动，定期举办学生运动会和体育节。鼓励中小学以班级、年级为单位开展校内体育周赛、月赛、季赛，每年至少举办一次全员参与的综合性运动会。其次，通过教育制度的不断改革，学习经历、教学经验、体育素养、体育特长等成为体育教师选拔的基础条件，体育教师的选拔要求标准也日趋完善。通过这些举措，各学校在师资力量方面有了质的提高。最后，阳光体育运动作为教育部、国家体育总局、共青团中央等国家层面共同推进的项目和要求，得到了社会各阶层最大的关注度，为此，从政府到高校对于这个项目的推进都给予了最大程度的帮助，使得体育课程乘着改革和发展的东风，应运而生，越来越好。

从历史的维度来看，在古与今文化交融的前提下，在东与西冲突的背景下，在不可预见性的社会发展影响下，我国学校体育发展中所做出的每一次重大选择都是一次对学校体育价值的评价与选择。美国教育哲学家内尔诺丁斯曾说："我们可以运用经验的方法表明我们的选择确实达到了预期结果中的最好状态，但是，我们仍然需要哲学的立论来说服别人：我们所寻求的结果应该是有价值的。"学校体育的发展和社会的发展紧密相关，学校体育的发展要适应社会发展，不断完善自我体制。

综上所述，党中央、国务院如此高度重视学校体育工作，因此，我们要切实发挥体育在培育和践行社会主义核心价值观、推进素质教育中的综合作用，通过体育教学改革全面提升学校体育教育质量，培养健全学生人格品质，努力培养德智体美劳全面发展的社会主义建设者和接班人。青少年是否体魄强健、意志是否坚强、是否充满活力，这些是一个民族的生命力是否旺盛的体现，是一个国家发展进步与否的根本。通过强化学校体育教育的方法来实施素质教育、促进学生全面发展，对于促进教育现代化、建设健康中国和人力资源强国，实现中华民族伟大复兴的中国梦具有重要意义。

四、疫情期间的学校体育

2019年年底，一场突如其来的新冠肺炎疫情，让全国的大中小学生开始了长达三个多月的居家生活和线上学习，导致学生普遍缺乏体育锻炼，一些不好的现象频出：体重又增加了、近视度数又增加了、体能严重下降、运动技能急剧衰退，一直备受关注的学生体质健康问题再次被推到了风口浪尖。在常态化疫情防控中，积极有序地开展学校体育工作，能够更好地帮助学生树立正确的健康理念，增强学生体质、提高免疫力、疏导心理焦虑，体育教育与健康教育的深度融合，对于培养学生良好的体育卫生习惯、保护自身生命安全、维护教育系统安全稳定具有重要意义。无疑，这对学校体育发展提出了更高的要求，可以说是一次严峻的考验。

针对此次疫情，各级部门对学校体育开展也做出了一系列相应举动，出台了一系列应急政策。习近平总书记关于统筹推进疫情防控和经济社会发展工作的重要讲话为学校体育的改革发展指明了方向，在平稳有序的基础上全面恢复学校教育教学秩序，全面促进学生身心健康的发展，彻底落实发挥育人功能。在社会快速发展的今天，学校体育工作也要跟得上时代发展的潮流，把增强体质、健全人格、锤炼意志作为学校体育教育的目标，把帮助学生在体育锻炼中获得乐趣，培养德智体美劳全面发展的社会主义建设者和接班人作为重要使命，在疫情防控常态化的今天更是如此。各地各学校要彻底贯彻落实常态化疫情防控制度并结合疫情防控的特殊背景，全面推进体育与德育同向同行，形成协同效应。课程思政融入课堂，充分挖掘体育运动和学校体育教学本身所蕴含的思政要素，在全面提升学生身心健康水平的同时，以如影随形、润物细无声的形式强化德育教育。以疫情防控一线医护人员为榜样，以他们的先进事迹、临危不惧的精神为依托，教育学生树立正确的人生观、价值观；用我们身边有影响力的体育英雄、体育事件加强对学生的拼搏精神、规则意识、法制观念和家国情怀等的教育。

按疫情要求，学生经历了长期的居家学习，多数学生都存在着身体机能下降的情况。这对学校体育提出了更高的要求，在疫情防控的情况下，学校体育教学、训练等都应当做出相应调整。

一是坚持循序渐进原则。由于居家时间长导致学生身体机能下降，体育教学应遵循体育运动规律，本着循序渐进的原则，合理控制学生的运动负荷，采用中小强度运动量，多进行有氧运动，做到逐步恢复学生的身体机能，慢慢找回原有的基本运动能力。

二是坚持安全至上原则。把师生生命安全和身体健康放在第一位是各级教育行政部门的首要任务，是严格落实疫情防控措施的重要集中点，要强化学校疫情防控工作的主体责任，学校要彻底做好疫情防控常态化条件下的学校体育工作。深入落实疫情防控知识和技能培训工作，做到每名体育教师熟知，专人负责深入管理运动器材，保证用完立刻消毒，无遗漏。体育馆要保持良好的通风，体育场馆、设施要进行及时消毒和维护，确保学校体育教学的正常开展。以单项课为单位划分固定区域，错峰上课，学生间隔 1.5 米，多让学生在室外进行体育锻炼。在运动过程中要求学生不要佩戴口罩，以免发生呼吸困难等情况。

三是坚持创新性原则。具体情况具体分析，体育教学内容也要进行相应的调整来适应疫情防控常态化的要求，多进行教研活动，挖掘更具现实意义的授课内容，以基础体能类、基本活动能力类、基本运动技能类等项目为主，实行特殊时期学校体育课程的最优化，设置若干体育基础知识和健康教育课程的内容，让学生提高健康意识。调整上课形式，分组教学、分散教学、分散集合、保持间隔。学生整体列队行进时，每名学生的前后左右间距一般保持 1.5 米，做到不舒服及时报告。建立以校内竞赛、校际联赛、选拔性竞赛为一体的大中小学体育竞赛体系，构建市、区、校三级体育竞赛制度和选拔性竞赛体系。积极探索学校体育竞赛新模式，推出线上学校体育竞赛活动。

除此以外，建立完善的风险管控机制是学校工作的重中之重。包括制订运动伤害事故处理预案和疫情突发防控预案，开展急救常识学习和心肺复苏等急救技能的学习，校医院要购置急救药品和自动体外除颤器，急救物资配备，彻底增强应对体育风险能力。

课堂上、训练期间，体育教师要时刻观察时刻了解学生面部表情和身体状况，如有异常，应及时停止并采取措施。体育教师应时刻提醒学生，发现自己身体不适时应立刻报告老师。此次疫情给学校体育发展提出了更高的要求，或者说更像一场大考，学校体育的发展必须紧跟社会发展，紧贴形势变化。

第二节 人的全面发展研究

劳动能力的全面发展是人的全面发展最根本、最本质的表现，是指人的劳动能力，即人的体力和智力的全面、和谐、充分的发展，还包括人的道德的发展。人的发展和他所处的社会生活条件是密不可分的，旧式分工的弊端阻碍了人的全面发展，机器大工业生产为人的全面发展提供了基础和可能，社会主义制度是实现人的全面发展的社会条件，教育与生产劳动结合起来是培养全面发展的人的唯一途径。

现代教育的共同追求是人的全面发展。这一论断在马克思主义关于人的全面发展学说中有所体现。通过从分析现实的人和现实的生产辩证唯物主义关系入手，马克思主义指出了社会人的全面发展的方向、方法和条件。也有一些西方思想家提出关于人的全面发展教育的观点，如古希腊哲学家亚里士多德倡导和谐教育；夸美纽斯在他的《大教学论》中提出了泛智教育的理想，希望所有的人都能接受到最完善的教育，从而得到全方位的发展，成为和谐发展的人；卢梭作为法国启蒙思想家是自然主义教育思想的代表，他主张促进人的自然天性的形成，指出教育的目的和本质是自由、理性和善良的全面发展；瑞士教育家裴斯泰洛齐提出教育的宗旨是善良意志、理性、自由及人的一切潜在能力的和谐发展。

全方位和谐发展的教育才称得上是全面发展教育。想要达到人的全面发展的目标最主要的体现就是完整发展。人的各种最基本或最基础的也是最重要的素质都得到完整、全面的发展和提高，才称得上是完整发展。目前公认的人的全面发展的根本特征是德、智、体、美、劳等方面的全面发展。

我国教育方针的理论基石是人的全面发展，这也是马克思主义的基本原理之一。在崭新的时代下，党和国家重新审视了人类自身发展的环境和条件，在人的全面发展原理以及中国化问题上进行了有针对性的反思。例如，江泽民同志《在庆祝中国共产党成立八十周年大会上的讲话》中辩证地提出了一个重要思想，人的全面发展与社会的全面发展应该统一于人民的根本利益，这不仅从理论上阐述了人的全面发展学说的本来面貌，而且在中国特色社会主义的理论实践基础上，发展和丰富了马克思主义，为我国正确树立和全面落实教育方针，推进社会的全面发展奠定了思想和理论基础。

反思中国化的人的全面发展原理，其实是关于人的全面发展原理马克思主义中国化的具体表现。首先，人的全面发展原理逐渐本土化。人的全面发展结合中国传统文化，融合中国传统的全面发展教育思想。

目前，科教兴国战略是我国正在进行的任务，将教育、经济、科技三者密切地结合，切实保证基本普及九年义务教育落实到每一个地方，全国上下基本扫除青壮年文盲，提高学前教育的质量，在九年义务教育的基础上逐渐普及高中义务教育，实现高等教育的普及。建立学习与社会适应相结合，建立完善的教育体制，分阶段、有目的地开展形式多样、内容丰富的教学活动，从而促进中华民族的全面发展，提高全国人民的整体素质。

第三节　学校体育功能

一、概述

价值哲学为体育价值研究提供了新的理论支持，为体育价值研究提供了理论动力；重新审视我国学校体育价值为体育价值研究提供了历史动力；复杂和形态多样的学校体育现象为体育价值研究提供了丰富案例；党和政府的高度重视在政策上为学校体育价值研究提供了动力。

学校体育的发展及活动的开展经常会围绕着一个既定主题，不同的社会发展水平决定了不同时代的学校体育将主题确定为哪些内容，并影响人类社会的发展。学校体育的发展要紧跟社会的发展，不同阶段、不同社会条件下，学校体育的价值也会有不同意义的呈现。

学校体育的发展始终受到我们党和政府的高度重视，中共中央国务院颁布了《关于深化教育改革全面推进素质教育的决定》（以下简称《决定》），《决定》中指出学校教育的具体要求，树立健康第一的指导思想，强调学校要切实加强体育工作的落实，不仅要培养学生掌握基本的运动技能，终极目标是养成坚持锻炼身体的良好习惯。因此，我们要从学校体育价值的层面深度研究分析学校体育的发展方向，甚至为人的全面发展做出更多的展望。

我国学校体育的教育目的是在增强学生体质、促进学生身心健康发展的基础上，对学生进行道德品质的教育，引导他们顺利地完成学习任务，将所学到的知识和力量运用到社会主义建设和保卫祖国事业中。要想达到以上目的，学校体育教育就要完成以下几项任务：1. 培养学生在运动中保持正确标准的运动姿势；努力提高速度、力量、耐力、灵敏性等身体素质。2. 授之以渔，将正确、健康的体育运动基本常识、技能和方法传授给学生。学生习得进行体育活动的方法，懂得怎样更好地锻炼身体，并养成终身锻炼身体的习惯。3. 体育结合思政，对学生进行道德、品质等精神文明的思政教育，使学生从根本上认识到体育在锻炼个人意志品质、在培养全国各族人民的整体素质和将我国建设成为体育强国等方面的独特价值。

体育是人类社会的文化现象，是人类文化发展的结果，学校体育在体育中占有极其重要的部分，对于是否能够培养社会所需的人才起着至关重要的作用。体育也是人类社会发展到一定阶段的必然产物，并且随着社会的发展，在此过程中体育也会逐渐满足社会发展的需要。

体育和教育的联系紧密。体育承载着培养人和教育人的任务，教育更是如此，体育无疑是教育活动中的重要组成部分。发展体育运动，增强人民体质，这句自新中国成立至今被人们所熟知的口号，一直指导着学校、社会和竞技比赛中体育事业的发展。基于我国国情，考虑到教育的实际需求，我国加大了对学校体育发展的规划力度，实现了我国学校体育的快速发展。

自改革开放至今，科技时代的开放化、多元化使人们最显要的生存价值准则发生了很大程度的改变，侵入社会的各个领域。每个人的经济政治权利得到保障后，个人价值意识逐渐觉醒，人们开始逐渐接受一些新的体育理念，如快乐体育、休闲体育、大众体育、终身体育、人文体育等。学校体育的形态呈现出了多样化、多元化、竞技性、休闲性、民族性等百花齐放的良好态势，突破了传统的学校体育课程，丰富和优化了体育课程的多样性。

我国著名教育家袁敦礼说过：“体育之教育价值，不足以充分发展，久之恐将呈衰落状况，而影响于整个教育，一如生理上之任何以器官不能充分利用其机能，久之恐将呈衰弱而影响全身之健康，学校体育的育人价值一旦无处归依，就只能任由工具价值扶摇直上。”综合各种因素可以看出，以前的学校体育深受环境因素的侵扰，由此我们可以找出学校体育价值是如何慢慢丧失独立性的。从古至今，学校体育都是社会发展中不可或缺的一部分，有着其独特的意义，新时代背景下学校体育该何去何从，如何发挥体现自身价值，需要我们进一步思考。

健康论主导我国学校体育价值取向是由我国社会历史背景和人们的社会文化心理决定的。自清末国门被打开之后，国人生物身体之弱一直被视为国弱之病因，严复在《原强》一文中指出中国颓败的原因是“民力已堕、民智已卑、民德已薄”。所以新政要鼓民力、开民智、新民德，其中民力即民之手足体力。国民的生物身体柔弱的文化心理原因是封建社会一直传扬着劳心者治人、劳力者治于人的成功观，以力服人向来是胜之不武的。在这样的背景下，现代体育进入中国之时的直接目标是改善民力，也就是说，体育的价值是使人的生物身体更加健康强壮。体育价值的内涵超出增强生物身体是在民国初期，经由蔡元培把体育列为教育纲目之后，体育的育智、育德、育美价值才被大家普遍接受。新中国成立后，由于物质条件短缺，医疗条件跟不上，人民的身体健康状况堪忧，改善人民的身体健康状况是国家发展的头等大事，急需强化安全教育，加强体育活动安全管理，在此背景下，健康第一成为学校教育的教育方针，增强人民体质、发展体育运动成为时代口号。

与此同时，学校体育工作仍然不足，很多时候存在对学校体育工作重要性认识不到位，体育课频次、学校课外活动时间不能保证，体育教师短缺，场地设施不足等问题依然突出，学校体育评价机制不健全，社会力量对学校体育工作的支持力度不够。20 世纪 50 年代至 70 年代，广播体操成为学校课间操的主要项目，第一套广播体操、第二套广播体操、第三套广播体操等在全国各地的学校推广开来。增强学生体质是学校体育的价值取向，这一认识有效提高了人们对体育的认知，有助于体育锻炼的开展，对体育的热爱成为时代潮流。

蔡元培于 1934 年《在胶济铁路中学的演说词》中对锦标主义做过批判，他认为学校的运动并不以训练几个选手为目的，而以运动的普及为原则，他还在《运动会的需要》中指出运动会的若干弱点，如学校体育不普及，学生不注意于身体的全面发展，从而妨害健康卫生。至于体育与运动的关系，蔡元培则认为“健全的方法，运动最重要”。每种运动，对于身体有其特殊的效力。长期活跃于民国时期体育界的董守义基于其丰富的运动经验、教学经验，对如何开展体育也提出过独到的见解。他从体育与运动的关系阐述体育的目的，他认为各种运动技术只是体育的工具或手段，体育应当以学生的身心健康为中心，各种运动会也应传播运动的兴趣，使人人都有运动的机会，以培养民众的身心健康和精神，树立正确的体育价值与观念。从上述批判中可以看出，民国时期竞技运动的兴起对学校体育的开展并无较多助益，反而因重视少数运动员损害了多数学生接受体育的机会，选手体育、锦标主义更是混淆了体育目的、体育价值。新中国成立以后，毛主席再三做出批示，要求学校重视学生健康，这些批示确立和巩固了体育在学校中的地位，体育与卫生相结合也对体育的有序发展起到了重要作用，其中健康第一的批示成为健康论的重要理论渊源，健康第一作为教育方针成为健康论的政治渊源。其后，中央的数次指示更是奠定了健康论在体育价值中的首要地位。

学校体育的发展是我们党和政府自始至终高度关注的问题，《决定》文件的颁布有着积极的意义，文件中指出要将健康第一作为学校教育工作的指导思想，高度重视学校体育教育工作，引导学生掌握基本的、规范的运动技能，最终养成坚持锻炼身体的良好习惯。

2001 年公布的体育目标包括以下几个方面：第一，提供发展知识、技能，关于身体及其运动的理解的机会；第二，发展有利于促进身体成长和身体发育的意识、技能和能力；第三，发展在运动中的艺术审美理解能力；第四，培养发展健康生活方式和终身习惯；第五，提供提高精神上的、道德上的、社会上的、文化上的发展的机会，以及发展个人自尊、独立、公民意识、宽容、同情心的机会；第六，提供提高沟通、合作、解决问题的能力等机会；第七，通过拓展听、说技能发展语言能力。日本早在半个多世纪前就把健康与体育结合在一起了，体育运动的目的和效果包括身体健康、身体机能、精神、适应能力等几大方面。德国巴伐利亚州中小学的体育课同样内容丰富，涵盖了健康教育、集体主义教育、环境教育和运动教育等，包括基本的体育锻炼、丰富的营养知识、运动时对周围环境安全的考量、跳舞及运动艺术和男女青年的自我防卫知识等部分。可见，国外也在通过体育对人全方位、全过程的积极作用树立体育的目标，这种全方位、全过程的积极作用就是一直以来我们所提出的人的全面发展目标。

二、学校体育的功能

国民体质健康的基础保障是学校体育，学校体育对增强民族体质、培养人的全面发展、提高国际竞争力有着至关重要的作用。民族强则国家强，可以说体育关系到国家的发展和民族兴盛。学生时代是身体发育的黄金时期，而身体发育受多方面因素的影响，如饮食、运动等。说到运动，影响人体生长发育的关键正是体育锻炼。经常进行适度的体育锻炼，保证合理均衡的营养和规律的作息，能有效促进骨骼的生长，从而强健身体、增强体质。

科学实践证明，在学校体育学习过程中，可以更好地培养体育人才，从中发掘体育人才。学校体育贯穿整个学生时代，时间长，训练系统，基础牢固，为学生体质的发展和国家人才的培养创造了良好的基础。体育观念、能力和习惯的养成也是学校体育的主要任务之一。一旦养成这些好的习惯，学生毕业踏入社会后，对于宣传体育，推进体育发展有着重要意义，他们也将成为宣传大众体育的主力军，更好地推动我国体育教育事业的发展。

学校体育不仅能够使学生的体质得到增强，而且对其智力发展也起到很大的促进作用。无数科学实验证明，坚持适度的体育锻炼，能够使大脑皮层细胞活动保持均衡性和灵活性。体育运动的优势还在于促进学生的智力开发，培养学生良好的专注力和记忆力、敏锐的洞察力、灵活的想象力。将这些良好的品质运用到学习和吸收科学文化知识之中。

学生高尚的思想品德和坚强的意志品质也是学校体育的产物。严谨的体育教学和严格的体育训练，不仅使学生组织性纪律性增强，还能培养学生的合作意识和团队意识。对抗性的训练和体育教学能够帮助学生培养良好的意志品质，促进良好个性的形成。学校体育教育还有助于学生习得良好的道德行为。在体育运动这样一种积极的心理环境中，学生通过持续的努力来约束自己的不良行为，为表现出良好的道德风貌提供了有利的条件，继而为形成良好的道德品质和习惯打下坚实的基础。

不仅如此，美育与学校体育也有着紧密的联系。学校体育有着多种多样的内容和形式，可以帮助学生塑造外显的体形，体现其外在美，提高学生内在的审美能力，还能通过体育运动去感受美、表现美、创造美，使学生增加自我肯定，获得成就感和自豪感，身心得到更加充分、自由、全面的发展。

学校体育还可以被定位为高尚的娱乐休闲活动。参加体育活动使学生的神经在紧张的学习科学文化之余得到放松，享受运动带来的快乐。既是很好的调剂和恢复体脑手段，又有助于社会主义精神文明建设。

学校体育功能研究离不开社会实践的指导，在本体论思维和身心分离的框架内，形成了身体—感性—现象、意识—理性—本质的逻辑，人们对教育的理解呈现出了重智育轻体育的现象，导致学校体育教育的价值被轻视，造成体与育分离的现象。所以，我们要为学校体育价值寻找新的生长点，将其嫁接到培养学生核心素养中，这样能纠正以往我们对学校体育教育认识的偏差，加深对现有学校体育教育的反思，清除我们一直以来对学校体育价值认识的误解，对学校体育未来发展进行新的展望，达成学校体育价值共识的理论需要。

二、学校体育的社会性

一直以来，我国的教育目标被确立为人的全面发展，但体育与德育、智育、美育仅仅在形式上是并列的。在这个倡导知识就是力量、科学技术就是第一生产力的时代，体育与其他诸育只是形式上的并列，以教授和学习知识为主的智育变得尤为重要。在全面推进素质教育的今天，德育也备受重视。在德育、智育、美育与体育中，仅剩美育被偷换概念、体育被敷衍了事，导致众育的发展不平衡、不融合。在学校体育中，体育课程经常被挤占，导致体育教学质量低下，甚至体育类教材少人问津、体育教师被边缘化。学生体质的下降和学校体育的薄弱是近些年来常常见诸报端的现象。无论其原因是我国文化传统重文轻武、崇文尚柔导致的，还是受到落后的设施设备的影响，内中隐含的体育价值冲突已经越发明显。

学校体育的发展和价值的体现不能脱离社会历史背景而独立存在，培养什么样的人是对教育提出的更高要求，也是对学校体育发展更为具体的落实。① 学校体育对培养学生优秀意志品质起到了至关重要的作用，这些优秀的意志品质是现阶段新时代学生必须具备的核心品质。无体育不清华真真切切地体现出学校体育在培养学生方面的重要性。

著名的美国哲学家杜威在中国的教育演讲中多次把学校体育的价值从个人层面拓展至社会层面，以此来证明体育的重要性，总结其观点可知，对于个人来说，智育、德育由运动养成，只有体育得到大力的支持，智育和德育

① 韩志勇．体育教学对大学生社会性发展的促进探赜［J］．少林与太极（中州体育），2015（12）：40-43.

才可以自然地发展。对于社会来说，只有体育事业发展蒸蒸日上，国家人人健康，社会才会发展。因此，在我国，由杜威的实用主义教育思想衍生出的实用主义体育思想在20世纪上半叶名噪一时。直到现在，杜威哲学和其关于体育的论述仍然被广大学者所追逐，并认为在未来课程教学中需要帮助学生培养体育锻炼的习惯和正确的价值观。除此之外，苏联的一些教育家也致力于研究体育是如何培养人的集体精神和爱国主义精神的。马卡连柯和凯洛夫指出体育的根本任务在于培养健康的、强有力的、坚强的、能捍卫社会主义和祖国的新一代接班人。这一论断是在马克思的人的全面发展理论基础上，赋予了体育鲜明的政治价值取向。古往今来，学校体育对于个人、家庭、社会、国家都有着举足轻重的作用，是个人发展、家庭发展、社会发展、国家发展的强有力的基础。

四、学校体育与学生的发展

在学校体育与学生发展的问题上，学校体育不仅教会了学生技术技能，而且强健了其体魄。科学证明，通过适量的体育锻炼能提升人体免疫能力，有效改善心肺功能，从而增强体质，是有效预防各种疾病的重要手段。随着社会的快速发展，学校体育开设项目也日渐丰富，从传统的三大球项目、跑跳投项目到现在的乒羽网、跆拳道、武术、游泳、台球、瑜伽、健美操、高尔夫等，丰富了学习生活，增长了见识，增加了自我技能。例如，日本教育家小原国芳提出理想的教育是创造真、善、美、圣、健、富这六种价值，从全面培养人的角度阐述了体育的价值。学问、道德、艺术、宗教、身体和生活六个方面组成全人教育；坚强体魄、灵巧的动作和健美的身体是学校体育的目的。学校体育对指导学生科学体育锻炼，促进学生身体健康具有重要的功能和价值，通过体育锻炼，学生能有效提高身体素质，增强免疫力，远离病毒侵害，保障生命安全。此外，体育训练还能锻炼学生的意志品质，高强度的训练，造就了坚定的意志，永不放弃的品质。流血流汗不流泪，这份苦都吃得消，还有什么苦是吃不了的呢？

体育教学活动中人的思维、意识、精神会发生很大的改变，在运动中，身体会做出各种各样的动作，人的五官感觉和精神感觉也得到潜移默化的改变和提高。[1] 就像大家都熟知的体育课堂中，体育老师会在一旁不停地大声指导学生练习，如侧身、早点击球、抓高点、把步子迈出去、咬牙坚持等，看似简单的话语，其中蕴含着深刻的意义，既有时间范畴的争分夺秒，也有空间范畴的前后左右，还有自我节奏、力度的拿捏，更有自我意志品质的提升。总之，体育改造了包括身体、心灵等在内的整体的人，学校体育不仅仅是丰富了学生的课余生活，更重要的是让学生领略了那种集身体、感官、精神于一体的体验和感悟，从而形成了自我统一的身体活动形式，强健了体魄，增加了技能，提升了品质。

在学校体育与家庭教育的联系中，家庭教育是人能接受到的最早的教育，是学校教育与社会教育的基础，也是教育的一个重要组成部分。在家庭生活中，父母是孩子的第一任老师，会通过各个方面潜移默化地对子女进行教育。即家长有意识地通过自己的一言一行和生活实践，对子女施以一定教育影响的活动。家庭教育既是启蒙教育也是终身教育，它最早可以追溯到胎儿期的胎教。婴幼儿时期的家庭教育一般被认为是人之初的教育，为人一生的发展起到奠基的作用。心理学专家郝滨老师曾说过："家庭教育是人生整个教育的基础和起点。"确实，家庭教育决定了一个人未来的发展方向，也影响着一个人人生观、价值观、世界观的形成，是对人影响最深的一种教育。具体来说，家庭体育教育直接或者间接地影响着一个人；同样，学生的体育观念也会潜移默化地影响整个家庭对体育的看法，重塑家庭体育观。孩子上了幼儿园、小学、中学后，为了家校教育的一致性，家庭教育要配合学校教育，所以成为学校教育的补充和延伸。这一阶段家庭教育的目标应是保证孩子在进入社会接受集体教育之前身心得到健康、全面的发展，为接受幼儿园、学校教育打下良好基础。学校体育教育，通过影响学生，以学生为纽带，学校体育被作为家校教育的任务介入家庭当中，使家庭教育注入了体育教育，这无形当中对家庭体育发展产生了积极的影响。与学校体育、竞技体育相比，家庭体育的发展在我国国民体育体系中还存在很大的缺失和短板，具体表现在对家庭体育的重要性认识不足、家庭体育参与率较低、家庭体育锻炼兴趣不高、父母不能充分融入家庭体育活动等。究其原因是我们没有充

① 李海燕，毛振明．体育教学培养学生社会性发展的途径研究［J］．首都体育学院学报，2015，27（05）：437-439.

分认识到家庭体育的宝贵之处，心情不好了，出去跑跑步，心中的不快也会随之云散；适度的锻炼可以改善睡眠，提高睡眠质量，健康身体、健康精神。学校体育是家庭体育的基础，家庭体育是学校体育的延伸，学校体育影响学生，学生影响家人，家庭体育与学校体育好的联动应该是达成共同参与体育锻炼、增强体质、丰富家庭体育生活、营造优良家庭体育氛围的共识。

五、学校体育的指导性文件

新时代背景下，全民健身（National Physical Fitness Activities）已然成为社会焦点，运动健康意识逐渐深入人心。新时代背景下，新元素、新理念逐渐融入人们的日常生活，增强人民体质，发展体育运动，这一号召已经响彻社会的每一个角落，已经成为人们生活中的一部分。全民健身已经具有全民性、日常性、实时性等特点，且形式多样化。毫不夸张地说，全民健身已经成为新时代新时期人民生活的基本需求。

回溯以往，1995 年《全民健身计划纲要》的发布，标志着我国群众体育事业的蓬勃发展，文件提出依据两期工程，到 2010 年，全国上下要实现体育事业和社会的协调发展，全面提高国民的身体素质，提高体育医疗水平。有了文件的支持，加上人们对于健康的渴求，参与体育锻炼的人数逐年增加，社区体育指导员、社区体育活动场所等也随之增加，国家、社会对体育场馆建设的资金投入也逐步增加，场馆建设更具时代性，更能满足人们对于体育锻炼的需求。

2008 年，一个让国人永远铭记的年份，北京奥运会的成功举办让体育强国这一口号更加坚定，更加深入人心。《全民健身条例》（中华人民共和国国务院令第 560 号）的出台更是让全民健身成为时代最强音，每年的 8 月 8 日被定为全民健身日，从而为全民健身的长效开展提供了坚实的法制保障。随后，《全民健身计划（2011—2015 年）》（国发〔2011〕5 号）颁布，国务院正式提出了形成覆盖城乡比较健全的全民健身公共服务体系的目标，到 2015 年年底，据不完全统计，城乡居民参加体育锻炼的人数增加近一倍，国民的身体素质得到很大提高，体育健身意识已经成为一种习惯，成为人们生活中的一部分。

弘扬体育文化，促进人的全面发展，这一历史性举措将全面健身提到了一个更新的高度，体育已经成为一种文化，成为社会发展必不可少的一部分，人的全面发展必定有体育文化的存在。体育经济、体育产业等新型事物应运而生，体育事业已经呈现蓬勃发展之势，但是，令人担忧的是青少年体质健康水平却没有得到有效提高，值得深思。

健康论与技能论的纠葛是我国现代学校体育价值认识的主要线索，每一历史阶段又表现为不同价值取向之间的冲突与融合。健康论通过不断丰富内涵一直处于我国学校体育的上风，主导着我国学校体育的价值走向。健全体育锻炼制度，广泛开展普及性体育活动，组建体育兴趣小组、社团和俱乐部，推动学生积极参与常规课余训练和体育竞赛。健康论长期主导我国学校体育的得与失，反映了当前阶段我国体育价值诉求的主线，也反映了我国体育价值认识的混乱。

通过考察我国学校体育在各个历史时期的发展状况和体育价值诉求可以发现，在我国现代体育从引进到创建的外因是社会历史的变迁和国际体育思潮的冲击，内因是中国传统体育不能满足人们强国强民的发展需要。所以，从一开始，我国现代意义上的体育就是在多种体育思潮、思想和观点的碰撞中发展起来的。不同价值诉求之间的冲突几乎贯穿我国学校体育的全过程，因此，冲突仍是我国学校体育价值认识的主要特征，学校体育的开展是为了学生的健康还是为了让学生学到技能？其中为了学生的健康这一出发点一直决定了我国学校体育发展的方向。但是，健康论的确立是在对我国不同历史阶段体育价值诉求的反驳、对抗、吸收与融合的基础上形成的。张洪潭教授曾对我国学校体育的发展主线进行过厘清，他认为体质论与技能论之争是学校体育系统之基本矛盾的命题。我们认为，体质不过是我国学校体育领域中健康的翻版，体质之含义受健康之含义统领。因此，以健康论与技能论之间的冲突与演变为我国学校体育价值认识的主要内容更为妥当。论及健康论的出场，大多数学者认为是从新中国成立后毛泽东主席批示“健康第一、学习第二”开始的。实际上，早在民国时期一些教育家的体育改革主张中就已经有了比较清晰的以学生身心健康为目的的思想，这一思想主要是从批判尚武和锦标主义中阐发出来的，这一点极易被人们所忽视。清末与民国初期的体育具有浓厚的军事色彩，一是因为兵式体操源于德国体操和瑞典体操，其本身就具有明显的军事性质；二是因为早年留学日本的蔡锷、蒋百里、孙中山、黄兴、秋瑾等人均受日本军国主义影响，他们主张尚武是把军国民看作强种保国的捷径；三是因为寓兵于民的军国民思想符合当时统治者与社会大众的普遍心理，最易形成价值共识。然而，军国民教育的效果毕竟是有限的，试图在短时期内通过体育增强人们的体质、增强国防力量本身就具有一定的理想主义色彩。最先有着健康论倾向的是国粹主义，但它虽披着传统武术既可养生也可防身御敌的外衣，却有着复辟政治的内核，因此，并没有从体育价值上真正改变人们对西方现代体育的追求。

在决胜全面建成小康社会的历史征程中，党和国家高度重视人民健康，要求将人民健康放在优先发展的战略地位，并将健康中国建设上升为国家战略。为保证学校体育教学正常有序地开展，首先要保证教师和学生的身心健康，可以说，学校体育卫生工作也是学校教育工作建设的重要任务。人民的健康离不开体育锻炼，体育锻炼是保证人民健康的重要途径，健康中国建设需要人民的健康做保障，如何做到全民健康是一个伟大的工程，要从每个人做起、每个家庭做起。将学校体育教育和家庭教育相结合，通过学生与家庭其他成员的交流，逐步引领家庭成员共同参与，这也势必会让每个家庭成员的体质得到改善、提高。

在健康中国建设背景下，学校体育已经成为间接保障国民体质健康的强有力的途径，是促进全民健身正常进行的重要方式，在提升全民体质、提高全民健康方面具有重要的现实意义和价值。为此，我们要努力做到如下几个方面：

体育要坚持面向未来，要与时俱进，要立足时代需求，时刻做好更新教育理念的准备，做到深化教学改革，深化体教融合，整合体教优质资源，在青少年赛事活动体系、注册管理、组织实施、场地共享、课余训练、后备人才培养、教练员裁判员培训等方面探索一体化组织管理机制，做到学校体育发展与学校教育事业的改革发展相辅相成、相互适应，做到学校体育资源设置要与学生的需求相匹配，构筑“以体载德”“以体育人”“以体建智”的全面教育体系，摒弃传统的“重智轻体”观念，构建一个良好的体育环境和氛围，培养学生养成终身体育锻炼的习惯。

体育教学过程中要坚持问题导向，结合近视、肥胖的学生越来越多的现实情况，加强学生体质健康监控，从课堂设置入手，创新课堂，创新教学手段，加大课外锻炼与课堂学习的结合力度，扩充体育锻炼项目的数量，加大校内、校外比赛支持力度，加强体育场馆建设，满足学生日常锻炼需求，从各个方面发力促进学校体育建设发展，力求提高学生的身体素质。

体育教学过程中要坚持改革创新，要本着学校体育育人理念，找准发力点，改革育人模式、育人方式方法，建设具有自身特色的体育项目，逐步形成体育特色校的发展新局面。以校园足球、普及冰雪运动为契机，进一步丰富和推进学校体育工作，将学校体育建设工作逐步渗透、融合到学校教育工作建设中去，为实现学校体育工作的全面发展、内涵发展、整体发展奠定坚实有力的基础。

体育教学过程中要坚持科学锻炼，学校体育要以增强学生体质、促进身体健康为根本目标，同时还要遵循学生的身体特点和规律做出相应的调整，做到因材施教，因人而异，根据不同的人群制定不同的运动方式，切实提高学生体育锻炼的效果，科学、准确地把握学生的锻炼成效。

体育教学过程中要坚持协同推进，做到政府、学校、家庭齐心协力，凝聚社会一切力量，全面推进学校体育工作的开展实施，建立完善的学校体育机制，健全学生体育锻炼途径，多渠道多方面优化学校体育建设的内外环境，做到有的放矢，有效提升学校体育工作水平。

学校体育课程特别要注重大中小幼相衔接，聚焦提升学生的核心素养，要努力构建具有自身特点的体育课程体系。例如，幼儿园阶段要开展适合幼儿身心发展的体育游戏活动，从小培养孩子的体育兴趣爱好，培养孩子肢体协调发展，将体育健康纳入学前教育课程，以基础化、多样化、兴趣化为特点开展，构建学段衔接、贯通培养的一体化体育课程内容体系。学校体育课程设置要与创新人才培养结合起来，培养身心健康的高层次技术人才，通过体育精神潜移默化地感染学生、影响学生，培养他们追求崇高、完美、高尚的人格，完善人才培养方案，将体育纳入人才培养方案，每年全国学校体质测试成绩和学生毕业挂钩，体质测试不达标不准予毕业，就像体育课一样，学生未修满学分，不颁发毕业证。

就目前情况来说，学生参与体育锻炼的时间相对还是偏少，学校要加大对学生参与体育锻炼的干预，增加学生体育锻炼时间，提升锻炼实效，可以通过增加学生每周的体育课次数——目前学校体育课程安排基本上是每周一次，可以适当地增加课外锻炼打卡次数来引导学生参与体育锻炼，鼓励学生走出教室、走出宿舍，走向田径场、走向体育馆，切实做到每天参加体育锻炼一小时。还可以通过组织学校体育活动竞赛激励学生参与，努力创造适合学生、学生喜欢的体育锻炼环境，结合专业设置广泛开展学校体育活动和竞赛，引导学生养成终身锻炼的习惯。

此外，学校体育工作建设要配齐配强体育教师，围绕教会、勤练、常赛的要求，完善体育教师绩效工资和考核评价机制，把师德师风作为第一标准，全面提升体育教师的综合素养和执教能力。加强新任体育教师培训，强化基本功技能考核，充分发挥市、区体育骨干教师、学科带头人、特级教师的引领作用。体育教师是学校体育工作高效有序开展的基础，做到体育课堂最优化、体育教学环境最优化、进一步贯彻“三位一体”的体育教学理念，大力加强高校体育教育专业建设，支持体育类一流专业建设，提高体育人才培养质量；做到教学、竞赛训练、课外锻炼体系的联动作用，提高教学质量，提升训练水平，完善课外锻炼环境，从各方面达到体育育人的显著成效；在大中小学设立专（兼）职教练员岗位，根据国家政策，支持经过培训和考核的优秀教练员、退役运动员以及其他体育专业人员进入中小学任教；学校还可以通过购买服务的方式与相关专业机构等社会力量合作，向中小学提供体育教育教学服务；实施体育教育专业大学生支教计划，鼓励小学低年级教师经过专门培训兼上体育课；全面做到体育课程的最大化，学生每周锻炼最大化，将体育教师课余指导学生勤练和常赛，以及承担学校安排的课间操、体育活动课、课后训练、课外活动、课后服务、指导参赛和走教任务等计入工作量，在绩效工资分配方案中给予充分考虑；完善学校体育教师职称评聘标准，确保体育教师在职务职称晋升、教学科研成果评定等方面与其他学科教师享受同等待遇。坚持教学为本、科研先行，提升体育教师科研能力。加大对体育教师表彰力度，在教学成果奖等评选表彰中，体育教师要占有一定比例。落实高校高职体育专业和高校高水平运动队专业教师、教练员配备最低标准，不达标的高校原则上不得开办相关专业。深化学校体育教学和体育训练方式，做到体育课程设置要以培养学生的运动兴趣和体育锻炼习惯为导向，规范体育课堂教学，提升体育课堂质量，将教师评价导向从教了多少转向教会了多少、从完成课时数量转向教育教学质量。

努力做到推进学校、家庭与社会体育融合发展，将社会资源充分利用起来，建立学校体育场馆面向社会开放的机制及学生可以免费使用公共体育场馆或对学生半价开放的政策，学校和公共体育场馆同时开放，确保有充分的场地可以进行体育锻炼，在学校和公共体育场馆内开设一些与体育相关的课程。扩大体育场馆开放程度、提高利用率。此外，城市在规划新的项目时要先了解学生体育锻炼需要，统筹安排，将新建项目优先建在学校及其周边。考虑到中小学生课后“三点半”的时间，可以综合利用公共体育设施和校外体育锻炼，合理安排学生的一日生活，做到动静交替。在加强中小学生体育锻炼的家庭指导方面可以利用入户指导、开展亲子活动、开设家长课堂等方式。充分利用周末和节假日时间，引导家庭共同开展体育锻炼。基层政府公共服务中加入组织开展青少年体育活动的职能，社区、居委会在节假日和业余时间积极开展青少年社区体育活动，家庭、学校和社会合力建设体育良性互动机制。

加强组织领导，做好经费保障，学校体育工作要成为各级党委和政府议事日程中的重点，要提前做好顶层设计、加强总体谋划。党政部门要关心重视学校体育工作，在相关领导干部培训计划中要涉及这方面的内容。将政府主导、部门协作、社会参与纳入学校体育发展机制中来。强化区级主体责任，在各区经济社会发展总体规划和目标责任考核体系中纳入学校体育工作。各区及其他相关部门要做好学校体育工作的具体措施的研究和制定工作，在体育教师配备和场地器材建设上要制订切实可行的三年行动计划。为保障学校体育卫生事业做好各项工作的统筹协调，保证各项工作落到实处，政府要发动一切可以发动的力量，多渠道增加投入，统筹安排财政转移支付资金，如引导社会资金支持学校体育发展、吸引社会捐赠支持学校体育工作。

优化资源配置，场馆设施要严格按照标准建设，满足体育教学和实践需求。义务教育均衡发展规划中要纳入农村学校体育设施建设。学校室内体育场馆建设要尽快提上日程。为此，要先保障学校体育场地建设用地优先使用权，国土空间规划和土地供应给出保障计划。位于市区且有条件的学校可以将体育场地建设在地下、楼顶等空间。位于郊区的学校在改造和建设规划时要给学生留出足够的锻炼空间。

营造社会氛围，加强学校体育工作宣传力度，加大典型经验和先进事迹的成果展示，定期举办学校体育教育教学成果展示活动，扩大宣传覆盖面和影响力，推出一批体育工作突出的学校和德智体美劳全面发展的学生。积极引导各区各学校和全社会统一思想认识，树立科学的素质教育观、健康观和人才观，努力营造全社会理解、支持、重视和参与学校体育的良好氛围。

在学校体育与国家战略层面，学校体育是提升国际合作交流的辅助手段。在我国，体育历来是社会事业的一项重要内容，学校体育是培养优秀体育人才的重要场所，为体育的发展奠定了基础。当今世界，各国之间相互依赖程度越来越深，在国际舞台上体育交流被越来越多的国家作为一种外交手段使用。体育外交已经成为公共外交的一种有效途径，对外有利于塑造国家形象，提升国际地位，有助于形成良好的国际氛围；对内有利于凝聚国家力量，提升民族自信心，已经成为国家软实力的一个不可或缺的组成部分。

学校体育建设要以习近平新时代中国特色社会主义思想为指导，全面贯彻党的教育方针，坚定信念，本着立德树人的宗旨，以社会主义核心价值观为引领，以培养学生全面发展为主要任务，切实增强学生的综合素质；做好体育育人工作，坚持健康第一的教育理念，努力做到让学生知运动、愿运动、想运动，让学生从内心感触体育、领悟体育带来的魅力；完善青少年体育锻炼机制，落实青少年体育训练梯队建设，加强青少年文化学习，强化体育锻炼与文化课学习之间的协调发展，做到劳逸结合；加强课外体育锻炼，丰富体育课堂教学内容，优化体育师资队伍，做好体育教师技能培训工作，扎实提升体育教育的育人水平；帮助学生在体育锻炼中享受乐趣、增强体质、健全人格、锤炼意志，培养德智体美劳全面发展的社会主义建设者和接班人，为新时代中国经济社会发展提供强大的人才支持和智力支撑。

第四节　人的全面发展中学校体育功能定位

人是教育的对象和主题，具备有价值、人格尊严、兴趣爱好、有上进心、有理想、有追求等特点。可以说，教育的根本就是人生哲学，让人明白是非对错，明白美善丑恶，学校体育教育的根本出发点是学生，是学校教育发展的重要组成部分，就像清华大学提出的口号一样：无体育不清华。无体育教育无学校教育。

学校体育通过体育行为对人进行潜移默化的教育，从人文精神到人文素质，从内到外，从自身修养到外在气质表现，理论与实践的长期磨合，培养受教育者形成一种熟练的技能方面的掌握，培养一种体育精神塑造。以学生为核心，通过各式各样的体育活动塑造和完善学生的内在和外在修养，通过体育活动全力促进学生身体健康和心理健康的全面发展，最终提高学生的综合素养，更能体现出学生的个性发展、全民发展的价值意义。

通过参加体育学习和体育锻炼，让学生养成终身体育的习惯，培养学生坚韧不拔、永不放弃的意志品质是体育教育的根本目的，只有这样才称得上是真正的体育。倡导培养尚武精神对于人格塑造和民族发展具有重要价值是近代著名思想家梁启超的重要观点。从教育的层面分析，之所以提出这样的体育观，是因为体育学习不仅仅让我们崇尚武力，争强斗胜，更为重要的是让学生在体育学习、体育锻炼的过程中历练自我、完善自我、提升自我，培养他们对生活的一种态度，一种永不放弃、不说“no”的人生态度。

开展阳光体育运动就是要培养良好的体育习惯、体育兴趣，这关系到广大学生参与体育锻炼的热情度、参与度、运动效果，因此在体育锻炼的过程中，培养体育锻炼兴趣尤为重要，也是学校体育工作开展的重要任务之一。聚焦“健康知识+基本运动技能+专项运动技能”的学校体育教学模式，教会学生科学锻炼方法和健康知识，指导学生掌握跑、跳、投等基本运动技能和足球、篮球、排球、田径、游泳、体操、武术、冰雪运动等专项运动技能。随着时代的发展，健康意识的不断增强，越来越多的人更加关注自己的身体健康，愿意为参与一些体育锻炼项目付费，如各种健身俱乐部，最终的目的就是锻炼身体。这无形当中就促进了体育产业的发展，各种健身器材随之投入社会，各种健身课程、健身教练行业也随之火了起来。学校可以开展各种体育项目的课程，学生可以根据自己的喜好进行选择，让学生切实体会到以兴趣爱好为先导，培养良好体育习惯的重要性。

《“健康中国”2030规划纲要》将体育纳入健康中国建设的重要内容，这一举措进一步反映出学校体育的重要性，同时也对我国学习体育发展提出了更高的要求，在提供更多机遇的同时也提出了更大的挑战。实现体教融合，促进学生全面发展，提高学生体育素养，是我国现阶段健康中国建设的重要任务，是学校体育发展在健康中国建设的有力说明。通过有规律和有规则的体育知识的传授，使学生在习练过程中得到全面提高，从而达到促进青少年身心健康、人格健全及社会适应等目的。体育对塑造人坚毅的意志品格的培养是其他学科所不具备的，这种素养正是体育教育最具魅力和最具价值的地方。

转变体育教育价值观念，从思想上厘清体育教育的本质功能和一般功能，是教育改革的首要任务。教育改革就要明确教育的本质是什么，怎样体现教育的本质特征，这是一所学校办好学、育好人的初心。回到体育教学层面，同样地，学校教育要明晰体育教育的实质是什么，明确体育教学活动的主要内容是什么，在整个教学活动中树立健康第一的理念。体育学科有着自身的学科特点，学生在学习过程中不仅要有理论知识的摄取，还要参与实践环节，做到脑与手的协调配合，如果单纯从一方面出发，效果势必会打折扣。

凡事都有规律可循，教育更是如此。学校教育的开展要始终遵循教育教学规律，体育教育教学也要遵循体育学科的特点和规律，按照国家和教育部的统一要求，结合本地区本校特点，借助自身优势从根本上从制度上完善、保障和提高教育活动。

体育教学过程要尊重学生的主体地位，坚持因材施教，强化教学相长，创新体育与健康课程教学方式，优化教学组织模式，提升课堂教学质量，促进学生兴趣培养、主动参与、自主锻炼，科学设计和安排运动负荷。要时刻关注学生的人身健康和安全，仔细观察每名学生自身的特点，最大限度地发掘他们身上的潜力，采用因人而异的教学方法和手段，努力创设良好的体育教学环境，让每一名学生从内心深处愿意参与体育活动，增强自身体质，从而让学生获得最有效的体育锻炼时机；把体育育人功能充分发挥出来，培养学生胜不骄败不馁的优良品质，敢于面对困难、挫折的勇气，锻炼一颗强大的抗击打心脏，学会如何进行锻炼、如何带领别人锻炼的能力，前面提到的这些特点都是其他教育方式所不具备的。所以，北京大学原校长、著名的教育家蔡元培先生曾说过这样一句话：“完全人格，首在体育。”足以说明体育教育在学校教育中的重要地位。

学校体育的革新具有划时代的意义，以人为本的学校体育实践，关注体育教育过程中的人文价值融入，强调思想政治教育的结合，这些都内在地蕴含着对人的生命赋值和精神塑造，真正做到了学校体育的回归，为国家发展培养人才，促进人的全面发展。

学校体育过程的核心在育人，此育人过程可能有些不一样，“即通过这样那样的方法、手段，借助于这样那样的项目对学生进行完全教育”。像女排精神、篮球精神等，这些都是体育赋予人的不一样的教育成效。因此，不管是群众体育、学校体育还是竞技体育，都无法忽略体育对人的全面发展所具有的教育功能。但是不可否认的是，随着社会的快速发展，竞争也越来越大，体育职业化、体育商业化现象已经成为主流，在很大程度上造成了竞技体育唯成绩论、唯奖牌论情况的出现。造成为了追求名利，采取不得当的方式习练，从而忽略竞技体育本身的教育功能，最终导致体育失真的情况频出。

实际上，现代奥林匹克之父顾拜旦在创建现代奥运会的时候，其目的并不是让人们单纯地为了一块金牌、一个冠军头衔而去参与锻炼、参与比赛，而是想着通过体育竞赛这种形式更大程度地刺激年轻人，让更多的人参与体育，从而促进他们的全面发展，这才是现代奥运会创办的初衷。大多数人参与，大多数人受益比什么都重要。本着这样的原则，前国际奥委会主席罗格先生曾说过这样一句话："我们不应只局限于主办赛事，同时须肩负起教育青年运动员的责任，因为体育就是一种教育。友谊第一，比赛第二；运动第一，学习第二。"这样的口号我们已经熟悉到不能再熟悉，但是仔细想想这仅仅是一句简单的口号吗？这反映出来的是体育的内涵所在，是体育精神的具体呈现，是体育对参与者精神塑造和人格培养的深刻理解。体育通过身体运动表达自我，力求达到身体和精神的融合。

学校之间、院系之间、宿舍之间的体育比赛已经遍及大学校园，体育之间的交流最大限度地发挥出体育的教育功能，通过体育比赛增进了解，发现不足，培养规则意识和不轻易言弃的体育精神，形成健全性格，从而养成良好的体育素养。重智育、轻体育的现象仍然是学校教育的通病，在升学考试的压力下，体育课往往被轻视。由于体育教育的边缘化，学生无法得到全面有效的锻炼，不能享受健全的教育，久而久之身体素质急剧下降，身心健康受到危害。中国三大球之一的足球现状表明，只有从学校教育上重视起来，体育人才培养模式才能规范起来，近年来，足球进校园活动的蓬勃开展也是对目前足球现状不景气的有力调整。

20 世纪 50 年代建立的金字塔式运动员培养模式，因高淘汰率、低成才率、人才畸形发展、就业不畅等问题而饱受质疑。① 受此影响，国家教委与国家体委于 1987 年在部分高校尝试建立高水平运动队，这也是体教融合迈出

---

① 冯林．协同学视野下竞技体育与全民健身协同发展的机制研究［D］．吉林体育学院，2017：138-166.

的坚实一步，为以后学校体育的发展注入了新鲜血液。体教结合的初衷是利用体育和教育两个系统的优势，以教育系统为主体，建立一套从小学到大学一条龙体育人才培养体系，从而改变传统体育后备人才培养模式衍生出的文化教育缺失、成才率低、就业安置困难等弊端。①

体教结合道路究竟有哪些沟壑，这或许是教育部门和体育部门应该共同厘清的问题。第一，因行业间的生硬结合令其效果欠佳。如果体育与教育部门各自承担不同的任务，无交流不交叉、各自为政，这样体教结合难以产生实效。体教结合建立的初衷是为弥补专业运动员从小受体育训练导致基础教育不足的弊端，这就需要教育部门充分发挥教育优势来弥补这一不足，培养全面发展的竞技体育后备人才，而事实上，体和教在运动训练条件和资源、培养经费、教练员队伍建设和竞赛制度改革方面的契合，存在诸多难以克服的困难。第二，观念陈旧。在竞技体育人才培养过程中，功利主义的不当之风还在，文化课的学习还是形同虚设，重视程度不足，所以，鲜有体学兼优的人才被培养出来。第三，培养目标单一，学训矛盾突出。高强度高密度的专业训练导致运动员不能得到充分的学习，形成了学习不足、知识匮乏的局面。第四，体育选才受阻。现代社会，家长不愿意孩子从事体育锻炼，怕孩子吃苦受累，不愿意孩子走体育这条道路。这样的想法，埋没了很多有体育天赋的苗子，久而久之，导致体育后备人才不足，容易造成竞技体育人才断层的危机。

不难看出，教育部门在与体育部门的衔接方面存在着一些问题，结合不佳、观念陈旧、培养目标单一、学训矛盾突出、体育选才受阻是体教结合多年未见成效的根源所在。多年的实践证明，用体教结合模式培养竞技体育后备人才的效果并不理想。因此，我们应该重新认识体教结合模式。第一，学校依据自身的资源，为那些具有体育天赋的学生提供成长平台，组建运动队完全是对学生和社会应尽的责任和义务，无所谓体教融合的问题。第二，体教结合的理念本质上仍是将教育和体育分开对待，并没有从根本上将体育视为教育的一个重要内容。第三，根本原因在于体教结合理论并未触及运动员培养模式改革的根基，归根结底就是未解决体育与教育是什么关系、体育的

---

① 贾志强．改革创新背景下我国竞技体育可持续性发展研究［J］．北京体育大学学报，2017，40（02）：1-9.

本质是什么等问题，只有体育回归教育才能找到问题的答案。

青少年体质危机频出，体教结合效果不尽如人意，在这样的背景条件下，让体育回归教育的呼声日益高涨。① 南京青奥会不设奖牌榜，享受体育快乐彰显体育回归教育的意义。我们的初衷是通过奥林匹克运动促使青年成为真正具备体育精神的人，因为体育就是一种教育。我们不能只看到体育的运动价值，更要培养、教育人们，尤其是青少年，养成终身体育的习惯，培养他们养成一种积极面对生活的乐观态度，培养他们真正成为具有体育精神的人。借助体育这一介质，达成人与人更好地交流。体育的本质是教育，体育离不开教育，教育的发展必然离不开体育的发展。党中央从党和国家事业全局的战略高度出发，全面提出体育要面向所有人、体育要贯彻人生命全周期。全面推进健康中国建设全覆盖，积极倡导健康文明生活方式，鼓励全民健身和全民健康深度融合，提出青少年要积极参与体育活动，要培养德、智、体、美、劳的全面发展，实施健康儿童计划，促进儿童健康成长，注重体教结合，提升青少年的健康水平、文化素质和自我发展能力的综合素养。

巴赫在南京发表的演说中提道："在很多国家，体育在教育体系中应该扮演的角色没得到应有的重视，体育的作用被很多教师和家长低估，其中就包括中国，甚至可以说，这种状况在中国更为严重。"巴赫认为体育在教育中的独特价值体现为两方面：一是促进人的自然属性；二是培养社会属性，包括公平竞争、团队合作等品质。在中国，第二方面显得尤其重要。通过对罗格和巴赫两人的论断进行现实分析，不难看出：一是体育教育在我国学校教育中受重视程度不够，落实不到位，体育的功能被片面化，轻视了体育的育人功能。二是竞技体育不仅是争金夺银，更重要的是通过竞技运动达到育人的目的，这也是顾拜旦创设现代奥运会的初衷，罗格之所以还要创办青奥会就是因为现代奥运会离其创办的初衷渐行渐远。三是由结合到回归对体育诸多操作机制的改革意味深远：1. 竞技体育后备人才培养应由教育系统承担，培养竞技体育后备人才是教育系统责无旁贷的义务和责任；2. 我们的教育系统应该明确，不管是竞技体育后备人才的培养工作，还是学校普通大学生的体育教育过程，都是教育系统应该重点关注的，如此才能从根本上体现

① 刘剑波. 体育改革背景下"体教"结合模式的可持续发展的思考：以丽水市为例[J]. 才智，2017（22）：191-192.

出体育教育的本质所在。体育教育是学校教育的重要组成部分，是学校教育育人的重要环节。人民的健康是健康中国的重要组成部分，是中华民族的希望和源泉，是实现中华民族伟大复兴的中国梦的基础和保障。

所以，学校体育应该被彻底融入学校教育体制，任何时候、任何改革都不能动摇体育教育的重要性，体育教育应以培养人格、人的全面发展和充分发挥体育的育人教育本质功能为宗旨而得到全面发展。体育不可脱离教育单行，要做到德、智、体、美、劳全面协同发展。

学校体育工作要回归教育、回归育人本原，以教育为根本出发点，激发、培养学生的体育爱好和技能，学校体育要为青少年提供高质量体育教育环境，全面提升青少年的体育锻炼意识、体育素养、完善的比赛训练环境，夯实学校教育制度，落实体育基础，在满足青少年体育锻炼的基本需求基础上，充分发挥学校体育的育人功能，为人才培养夯实基础力量，要积极回应时代教育的发展需求，凸显学校体育教育在促进学生的身心健康和全面协调发展中的积极作用。①

---

① 蒋红霞．体育价值研究［D］．浙江大学，2017.

第三章

学生发展核心素养的内涵

第一节　核心素养内涵的历史演变

一、核心素养概念提出的历史背景

要准确理解核心素养的内涵，首先要弄清楚核心素养这一概念是在一种什么社会背景下提出的。进入21世纪后，信息技术发展越来越快，世界各国(地区）组织为了应对21世纪信息时代对教育教学提出的新的挑战，开始了对核心素养这一概念的研究。

人类社会进入21世纪以后信息技术迅猛发展进而被人们广泛应用，这和20世纪形成了鲜明的对比。如果把20世纪形容成工业时代，那么21世纪则可以称之为信息时代。随着互联网技术的推广运用，21世纪人类社会工作特点发生了很大的变化。利用新知识、创新思想和使用新技术来完成快速产品创新和世界贸易成为经济发展的核心所在。当今社会的经济模式正快速转换成世界经济和知识型经济，社会人的知识、思想和技术成为经济发展的重点。重复性、无须思考的任务被机器取代，从业者须从事计算机不能完成的有难度的工作，也就是说人们必须发展储备计算机不具有的能力，这种能力也就是我们提到的新世纪所需要的素养。

除此之外，随着社会的不断进步和世界各种先进科学技术的不断创新，催生出多种多样的各类产品，为了满足不同人群的各种层出不穷的需求，产生了各种各样的职业，这使得旧的工作类型不断更新，新的职业环境不断发展。随着世界经济的不断前进和变化，工作者在整个职业生涯中将会频繁更换工作。基于以上情况，现代教育不仅要为日新月异的职业变化做好准备，还要为将来可能出现的新的职业做好铺垫，因此具有一长多用的核心素养成了现代和将来教育的首要目标。

其次，互联网通信技术和经济全球化使人的社会生活发生了剧烈的变化。在信息时代，每一个人都是数字公民。全球不同地方的人们的生活和工作不断融合在一起，当前社会和文化变得空前复杂和多元，如何解决人们之间文化的不同以及在多元化的社会中怎么相处、如何合作共赢、怎样管理和化解人际冲突、怎样应对新的机遇和挑战、怎么在信息时代做合法的公民，以上种种问题对现代社会的教育教学提出了新的要求。在全新的互联网信息时代，经济呈现出新的发展模式、职业呈现出新的需求、人们的生活和自身的发展都不断变化着，这就对传统的教育形式提出了新的要求和挑战，在这种背景下，核心素养的概念应运而生。

2014 年，中华人民共和国教育部颁布了《关于全面深化课程改革落实立德树人根本任务的意见》，这项紧跟教育发展而推出的文件里，频繁地提及“核心素养”这一世界各国教育界所追踪的热点词汇，“核心素养”成为教育界的新宠，成为教育工作者最关注的词汇。课题组调查研究了国内外相关文献资料后发现，核心素养这一概念是在 20 世纪 90 年代首次提出，经合组织 1997—2005 年所展开的“素养的界定与遴选”，将核心素养作为社会人所应该具有的能力要素中的关键部分，这些部分应是居于核心地位的素养。不同年代不同时期的思想家及学者都不断围绕着人应该具备怎样的核心素养进行了全面、丰富的讨论。

二、核心素养内涵的历史演变

从 20 世纪 90 年代首次提出“核心素养”这一概念至今，教育界对其的研究与讨论逐渐深入，其中，将德性伦理学作为理论基础，从人本论的方向来研究“核心素养”的探讨具有一定的基础理论价值。在这些讨论中，杨惠雯发表的《核心素养理论建构的人本论取向：德性伦理学的启示》一文在该方向上做了较深入的研究。

（一）德性伦理学

杨惠雯在文章中指出："核心素养作为一个理想的教育结果的概念，需以人为出发点和立足点，而不仅仅作为实现外部目标的手段，从人的内在角度入手寻找核心素养的学理依据，应成为素养研究的基础性任务。"① 当前，中国学者在有关"学生发展核心素养"的理论框架建构中，讨论的视角和纬度不尽相同，所以也做出了包括侧重点和范围都有些许差异的理论框架，这也在情理之中。但是，在这些框架里面，除了部分学者在框架维度上加入了"必备品格"这一重要部分，绝大多数学者都将那些世界各国学者认为重要的"关键能力"囊括其中。当然，由于各国的文化背景各不相同造就了"文化道德属性"的些许差异，所以，不同国家和地区的"学生发展核心素养"框架内大都吸纳和引入了不同传统素养所包含的各个维度。其中，杨惠雯在其文章中也有提及新加坡在构建的"新世纪核心素养"中，由于他们国家有着大量的华裔群体，儒家文化在新加坡具有很深的文化基础，我国孔孟之道的文化思想多年以来一直影响着新加坡人，所以，孔孟思想的一些价值观在其国家也有着重要位置。

在哲学理论中，素养的概念为维护正义、拥有智慧、处世和谐。核心素养的传统理论研究也是教育哲学中的理论，从古代一直延伸至 20 世纪初，中西方的学者为此展开讨论，其中，以西方著名的哲学家亚里士多德和苏格拉底等为代表主要围绕德性伦理学展开讨论，以中国的孔子、孟子和王阳明等人为主要代表的大家对德、孝、善、学以及为人处世的方法等进行论述。

自古至今，人们对德性的讨论一直没有停止过，人生而向善、与人为善、孝敬父母、尊老爱幼、忠孝两全等，都把德性作为立人之本，故此，将其作为讨论"核心素养"的理论基础和文化渊源。从人性和社会的视角来研究人的"核心素养"，首先要从人的德性开始。古希腊哲学中，"德性"一词有特长、功能之义，是使人成为善，并使其出色运用自身功能的一种品质。② 从亚里士多德对德性的说法来看，似乎德性是一个动词，是能够让人变善良

---

① 杨惠雯．核心素养理论建构的人本论取向：德性伦理学的启示［J］．中国教育学刊，2019（08）：22.

② 亚里士多德．尼各马科伦理学［M］．杨泽，译．北京：中国社会出版社，1999：36.

的一种能力，并且还能进一步促使人进步并发挥出自身能力或者说激发人发挥出潜能的某种品质，可见他对德性的评价之高，不仅将德性认为是一个优秀的人应该具备的某些能力，更将其看作能激发自身潜能的内在动力。在中国的儒家学派著作中，现在所提及的德性广义上指的就是《三字经》里面的“人之初，性本善”，原意是人一生下来，心性就是善良的，也可以说人生来天性纯良。古代学者郑玄对所谓德性的解释为人的至真至纯，诚实守信。学术派大家、古代哲学家王阳明也认为德性指的就是人为人处世处处都能守住一颗公心，与人为善，凡事对得起自己的良心。对于德性的理解，我们也常常用“良知”这个词来表达。中国的历代统治者、学者包括整个社会风气，绝大部分都在各个方面积极倡导社会大众在日常的生产生活和社会实践中表现出忠诚、孝道（报答养育之恩）、友善，意指人在各个方面都要有良知，做人做事要有良心。但是，在中国的春秋战国时期，百家争鸣，除了当时儒家文化所推崇的“人之初，性本善”“以德服人”“以礼治国”等思想，还有当时在乱世中涌现出来的法家学派所提出来的“人之初，性本恶”。法家学派认为，人性生来就是贪婪自私的，争强好胜，强取豪夺，否则就不会为了满足各自的私欲出现不守周礼，群雄割据，战乱不断，从而导致民不聊生的局面。法家认为，“当以法度来规范人的行为”，全国当从君臣到普通百姓都要遵纪守法，发展经济，使国富民强。而最终以秦国的商鞅变法，历经几代秦君励精图治，遵从商君之法而最终灭掉六国一统天下。而法家所提出的“以法度来规范人的行为”正好契合了现在我们国家宪法的“依法治国”，用法律来遏制人的贪欲以及各种犯罪，并且在遵纪守法的要求下，倡导忠、孝，爱党、爱国、爱民、爱家，这也是我们每一个中国人的本分。以上东西方文化传承下来对德性的认知中，既有相似点，又各有偏重。相同的是都认为德性是与人的日常行为所表现出的所谓“良知”有关，并且都认为所谓的“良知”是社会中的每一个人都想达到的或者说追求的一种良好人格，有一部分是与生俱来的，另一部分是需要通过学习和教育获得的。东西方对德性认知存在差别的地方，是我国古人所提倡和推崇的德性，更倾向于人之初是“性本善”或者是“性本恶”的争论，但其重点在于“人之初”，指的是天性，而不是后天习得。而西方学者所讲的德性主要认为是通过后天学习和规范获得的，这也正好符合现代社会所提出的要加强核心素养的教育，也就是说，都是认为德性或者说核心素养是要通过后天的学习来获得。

北京师范大学的资深教授林崇德认为："我国学界通常将德性的观点归为核心素养的传统理论，是在农业经济形态主导的古代社会背景下关于教育应培养什么样的人的答案。"① 这一观点恰好应对了国际上的那个历史之问——教育应该培养什么样的人，无论是古代还是现代，教育的目的都是跟随着时代的变迁、社会的发展和社会需求而逐步达成共识的，教育出来的人都是要服务于当下这个时代的。但是，无论社会发展到什么地步，国与国之间、不同文化之间、团体与团体之间，又或者小到人与人之间无论经历多少激烈的争论与碰撞甚至战争，最终不管是谁，都要平复下来，生活下去，当人类达到高级的认知，最终会认可"和平与发展"才是时代的主题，国与国、人与人之间都要和谐共存，共同发展，互通有无。所以各种需求都脱不开"德性"这一词，不但西方国家进行"核心素养"构建是以"德性"为基础，我们现在整个社会所探讨的"核心素养"在一定程度上也是以德性理论为依据确立的。

两个世纪之前，社会中还不存在核心素养这一概念，但是对社会中的公民的要求有了一定的评判标准。苏格拉底倡导社会公民把自身精力用在高尚和善良的事上，教导公民要努力发展，成为对社会有用的德行兼备的人才，苏格拉底德性伦理学中最重要的理论研究就是美德即知识。在他的研究中，公民的行为好坏，主要在于社会公民是否具有相应的品德。人只有知道什么是善恶，才能行善避恶。经过这方面的研究，苏格拉底提出了自己的主张，即德行可教。这一观点是对当时流行于希腊的道德天赋的挑战和否定，并且在一定程度上给予了道德普遍的基础。

现代研究的"核心素养"与西方传统意义上的"德性"在本质上具有极大的相关性，在概念上也具有同宗同源之感。但是现代的"核心素养"与我国古代所说的德性应该属于从属关系，即我国古代所说的德性从属于现代所研究的核心素养。首先，现代所说的核心素养隶属于现代教育的范畴，是新时代社会需求的必然产物，代表了当下各个国家的时代认知和某些共同或者特殊需求。如果以西方所说的德性来讲，它体现了当下社会所追求的理想化生活目标的时代需求和人们个体自身潜能所能达到的某种理想状态，把"核

① 林崇德.21世纪学生发展核心素养研究［M］.北京：北京师范大学出版社，2016：2.

心素养”和“德性”两个方面聚拢于人的发展所应具备的内在品质，其中所涉及的有关人的发展所应具备的内在品质与西方德性伦理学所涉猎的研究范畴本身具有密切的内在联系。“一般认为，德性伦理学正式开始研究于亚里士多德，幸福（eudaimonia）、德性（arete）和实践智慧（phronesis）构成了亚氏伦理学的基本概念。”① 而亚里士多德的伦理学对实践智慧的阐述给人一种把它从德性中分离出来之感，因为之前对德性的描述是在拥有内在认知之后而支配出的实践行为论述。但这也从某种意义上强调德性是对人行为方面激发潜能的行为。

现代教育所提的核心素养的意义在于通过各个层面上的教育过程，使学生充分认识到自己应该成为一个什么样子，这个社会需要自己达到什么状态，怎样通过自身的学习和发展某些品格和能力，并且能够合他人之力推动社会的发展和进步。从更大的范围来说，只要一切有活动能力或者具备某些功能、能力的事物和人，自己内部自然具备的所有能力、功能都有在不同评价标准上的所谓好或不好。因此，某个特定时代所认为应该有的样子就是这个时代所认可的有德性的样子。德性就是某个时代的价值取向，它既代表了什么样的生活状态才是好的活法的价值取向，同时还包含着怎样去达到这个好的生活状态所应具备的内在智慧和外显能力。从这个意义上讲，它们在一致性上是内在统一的。

以孔子为代表的我国古代的教育家，在很久之前也就社会公民的德性和他的弟子们一起展开了研究和讨论，总结起来就是——“内圣外王”，从某种意义上说，这是我国传统文化德性观的研究基础和理论源泉。里面所说的“内圣”的意思是指人们通过自身的学习、磨砺和对世间万物的深刻理解，我们也可称之为“得道”，即人的认知能够参透事物的运行规律而具备一种高层次的思想境界。它重点指的是人们在社会生活中要做到礼仪仁爱，强调中庸思想；同时强调温文尔雅、好学向上，强调内外兼修、完美契合。内圣还主张舍生取义、强调精神的升华，在生活中遇到特定的情境时能够做到杀身成仁、见义勇为，要具有大无畏气概和献身精神。外王指的是人的身心修养的外在表现，是内圣所强调精神的外部展现和拓展。外王强调公民应该有仁爱之心、胸怀家国，有远大抱负，既能高瞻远瞩，又能身体力行，从修身

---

① 江畅．德性论与伦理学［J］．道德与文明，2010（4）：8-15.

开始，逐步达到齐家、治国、平天下，从而造福苍生实现自己的远大理想。除此之外，我国古代思想家及传统文化对德性在人才培养中的作用还提出其他观点，如南宋著名理学家朱熹主张教育的目的在于“明人伦”，主张教育学生自幼就应从礼乐射御书数开始，提倡“存天理灭人欲”的伦理道德教育；明代思想家王守仁倡导心学，强调知行合一，把道德教育与修养放在学校教育工作的首位，提倡不断在道德实践中净化心灵，充分彰显内在的良知本体；对道德教育同样也非常看重的还有我国清代的著名教育家王夫之，他强调要在教育方法上重视“立志、自得”，其中，“自得”就是指学生要自觉、主动地进行道德修养，力行则强调将道德知识转变为实际行动，即强调知与行的统一，如此方能真正提高自身道德修养。

阿拉斯戴尔·麦金太尔（Alasdair MacIntyre）是公认的现代德性伦理学的奠基人，他对德性进行了较为充分的解析，并做了完整的定义。他认为德性的本质包括三个主要特点：“其一，德性是一种获得性的人类品质，对它的拥有与践行使我们能够获得内在于实践的利益。其二，德性的意义在于维系自我同一性与个人生活的整体性，使我们克服所遭遇的伤害、危险、诱惑和迷乱，并为我们提供更多的自我认识和善的知识。其三，德性是维系传统的核心要素，整个社会就是靠德性传统维系的人类生活整体。”① 麦金太尔的意思很明白：首先，德性是一种依靠后天习得的人类品质，即可以通过教育来实现，这也是西方学者对德性的统一认识；其次，德性来源于社会实践过程，依存于整个传统的社会生产关系中，对处于社会劳动力与生产关系中的人在行为规范和人格的完整塑造，并对作为社会属性的人在整个人类历史发展过程中所存在的品格发展，具有重要价值，也就是说，德性并不是一个固有不变的内在成分，而是一个随着社会需求的不断变化而变化的发展过程。但是其内在逻辑构成是相对固定的。以上也说明维系人自我的发展与个人生活的整体性是德性的意义。

杨惠雯认为：“本质上，德性是由人类在实践活动中的社会性、协作性关系所规定的，实践作为人的现实存在方式内在地含有德性之维，从德性的角度来理解核心素养，就要将核心素养根植于人类本质的存在方式——共同

① 阿拉斯戴尔·麦金太尔·追寻美德：道德理论研究［M］. 宋继杰，译. 南京：译林出版社，2011.

生活的实践中。"① 如前所述，现在我们所说的德性都是来源于社会实践，人民大众要想过上好日子必须通过具体实践来得到所期望的生产价值，或者说通过实践达到期望利益的获得，最终目的是过上好日子。我们所研究的核心素养其实就是人类的那些优秀品格，那些能够展现出个体追求或者向往美好生活和实现生命价值的意义，而所有的这些向往和追求，只有通过个体所展现出的某些具体实践活动的行为、经验来判定优劣。

从德性伦理学的内涵来看，个体的德性与其内在的涵养、处世方法和不同的内外环境密切相关。某个个体从出生到慢慢长大其对各种事物的认知是一个逐渐累积的过程，也是一个逐步消化吸收的过程，其间不断地整合各种信息，这些新的知识也会和自己原有的各种认知存在某种一致性和排斥性。原因很简单，外来的各种信息良莠不齐，各自有其文化道德背景，相应地也包含着信息来源个体的性格底色。这些信息也存在着出现时候的时代环境上的差异，从而会导致相互颠倒和元认知时效上的差异。这个过程也可以理解为人的大脑就像一个庞大的存储器，里面会不断地存入各种信息，而这些信息不仅需要存储，更需要筛选、归纳、记忆和应用。在对其归纳总结并付诸应用的过程中，会进一步判断其真伪和合理性。

个体德性的形成可以看作一个缓慢累加并逐渐由量变转化成质变的过程。在某个个体对各种信息累积之后，会将其甄别演绎并进行序列排队，形成一整套连贯的信息链，在个体使用时，会根据不同的需求选用其记忆中不同的序列组合。使用之后，又会根据不同的原有初衷来鉴别其是否准确或合理。这个过程是复杂和纠结的，具有典型的循环和反复修正的特征，同时，也是一个不断学习、累积、实践、思考修正、提高认知和再学习、再累积、再实践、再思考修正、再提高认知的复杂过程。这也符合我们对于"核心素养"探求的客观规律。

"德性"一词的由来与不同的文化背景或者说不同文化基础所形成的传统存在着密切的相关性。人在探寻和修行德性的过程中存在不同的层次和纬度，并不是单纯地从自身出发或者从某个人群整体来看待。一般来说，个体的探寻过程基本都是从个体的某种需求开始的，有了需求就会想方设法来满

① 杨惠雯．核心素养理论建构的人本论取向：德性伦理学的启示［J］．中国教育学刊，2019（08）：22.

足需求，这就有了学习、思考和借鉴的过程，而借鉴就会从别的个体或者某个整体对某事的认知或者说传统来探究。这个过程往往会从低到高再从高到低反复，也是一个自我认知、群体认知，从大的环境或者说视角来审视自我的过程。无论这个过程是怎样的，从一个时代的统治者到底层群体，都希望各自的生活环境越来越好，各种层面越来越好，向善、和平、稳定是大势所趋，而当某一方的正常诉求不能得到满足时，就会出现思想和行为上的斗争，直至达到某种平衡，也就是和谐共处。这期间，需要有真知灼见和能够站在高位视角并能平衡各方利益的人或者群体引领，并需要共同长久的努力奋斗才能最终实现。某个时代多数的个体对德性趋同的认识就形成了这个时代的德性主流，也可以称之为传统文化。

从上述论述可以看出，德性有被认可或者不被认可的时候，这取决于时下某个个体所展现出来的“德性”所处的环境，此环境可以理解为文化背景或称之为传统。个体的德性往往来源于其所在共体所认可的德性认知，往往也只在这个特定的德性认知中被接纳，并且也只能通过这个特定的群体认知去反复论证、认可从而形成传统延续下去。而这个延续下去的德性认知对我们所研究的“核心素养”有很好的启发作用，核心素养形成的过程也必然会经历一个反复学习、累积、实践、思考修正、提高认知和最终形成统一的过程。一个时代的文化背景决定了这个时代个体的性格底色，每一个时代的文化和传统都有其深刻的历史背景和存在的缘由，都是通过这个时代特定的历史语言展现出来的，并都有其存在价值。每个时代所形成的核心素养或者说德性都是承载这个时代传统文化所积淀下来的重要思想价值，是被当下这个时代普遍认可并成为实践指引的规范，而这个传统文化的优劣必须根据这个特定历史阶段的现实特点来评判，并且不能简单地评判其“对”“错”，而最好用“合理”或者是“不合理”。我们必须用辩证的观点来评判特定历史阶段的某一件事情，也只有用辩证的思维来看待传统文化，这个文化才是活的、有血有肉的、有传承价值的文化。那些流传下来的传统如果要继续延续下去，最终还是需要当代的人在生活实践中运用这些价值观或是核心素养、德性来规范自己的行为，并以这些标准来评判他人以实现传承。中国的传统文化，历史悠久，内容丰富，博大精深，绵延五千多年，我们所有中华儿女都以之为傲，但我们也不能故步自封、裹足不前，而应当用辩证的思维看待和学习吸收，并能结合时代的发展需要和出现的新问题不断地丰富和发展我们的传统文化。并且，优秀的传统文化都具有开放性特征，各个不同民族文化之间的碰撞、渗透和相互影响才促进了时代的不断进步和发展繁荣，其过程必然会存在起起伏伏。比如说，在价值观发生碰撞和统治者的价值观念纠葛下，整个人类历史经历多次大的战争，无数人口和财富消亡，辩证地看，这个过程也促进了某些思想和行业的发展，比如科技、军事、农业、商贸等，而大战之后历经伤痛和思考，社会趋于平静，更促进了对和平、发展的认知统一。短期存在起起伏伏，如果把时间拉长来看，都促进了社会的发展与进步。所以，理性地看待传统和发展、战争与和平等之间的辩证关系，就能为我们更好地研究核心素养、把握时代发展方向理清思路。

对上面不同学者、不同国家地区对人才标准的研究中发现，在社会生活中高尚的品行和道德都是衡量人才的第一标准。无论是在我国还是在西方欧美发达国家，都将德性作为首要考量标准，这些标准的设定充分展现了前人对核心素养的解读和归纳。

（二）以能力为中心的人才观

随着第二次工业革命的发展和经济社会的不断进步，社会对人才的要求也不断发生变化，对专业性人才的需求日益增多，对人才的能力考量逐渐增加。因此，把能力作为核心来定义人才，进而研究核心素养，对核心素养有着新的思考和探究，也使得核心素养的内涵逐渐丰富。

皮亚杰在发展科学层面把能力阐述为一般智力，并解释这种一般智力具有强而稳定的人与人之间的区别，人在发展过程中的不同阶段分别通过同化和分化两个不同方向的构建过程，不断完成个体与环境的相互作用以构建知识和能力。诺姆乔姆斯基在“能力—表现”模型中也研究了“与生俱来的语言能力”。

加德纳提出的多元智能理论，将智力分为九种基本类型，这一理论为我们研究核心素养提供了新的角度和方向。加德纳指出，传统的智力观存在局限性，把智力狭窄地理解为语言和数理逻辑方面的能力，没有充分地重视人的发展过程中其他方面的作用，如社会关系、音乐欣赏、体育运动等方面。按照传统的智力观来考量学生的智力测试和考试，也完全是集中在语言表达和数理统计等方面，这两方面的考试完全不能综合反映学生的能力。尽管这种考试对学生的学习成绩有很好的促进效果，但对学生毕业以后的社会发展、工作选择等方面则无能为力。多元智能理论突破了传统的将智力看作以文化背景或社会中解决问题或制作产品的非常重要的能力，这种能力由语言智能、数理智能、空间关系智能、节奏智能、运动智能、人际交往智能、自我反省智能、自然观察智能和存在智能九种智力构成。

斯宾塞等人提出的素质冰山模型认为，人的能力包含外部表现，也包括潜在特质，是指一个人所具备的外部能力和内在特质的总和，是完成某种特定情境下的工作时所需具备的能力。这里还特别提到，内在特质是人格中最深层的部分。

1996 年，联合国教科文组织在《学习：财富蕴藏其中》报告书中提出“四大学习支柱”：学会求知、学会做事、学会共处、学会发展，2003 年增加了学会改变。在这新的五大学习支柱中，假如说学会求知、学会做事是对传统教育的补充，那么，后三者就是基于 21 世纪以人为本的可持续发展观念而提出的全新目标。以上论述显示教科文组织强调教育的使命就是使人获得终身学习关键能力，学会学习，使得学习成为每个学生的课题和全体社会成员借以发展的内在财富。在这个过程中以能力为本位的人才培养观逐渐发生变化。

总之，在工业社会需求的背景下，能力中心论的素养研究得到广泛议论，能力中心论的中心还只是停留在智能层面，没有从人的全面发展进行考虑，忽略了社会中人发展所需要的情感态度及价值观等层面。

（三）核心素养的当代理论

20 世纪末到 21 世纪初，随着经济社会的不断发展，社会对人才的需求变得更加多元化，传统的知识和技能已经不能够满足社会和工作的需求。学者们对传统能力的内在联系进行了分析、归纳和丰富，进一步确立了进行正确的“核心素养”研究和教育，才是我们实现自我和促进时代和谐发展的成功之路。

核心素养受到学者们的关注和重视并逐步将其纳入教育教学改革的核心中。2000 年召开的欧盟高峰会，确定了要从终身学习的角度为教育构建一套关键能力。部分教育者谈到素养应该是知识与能力、过程与方法在特定的工作环境中相互作用的产物，是个体学习经验的融合和发展，其后通过特定的方式表现出来。1997—2005 年由经合组织聘请的多国教育学知名专家对“核心素养的界定与遴选”研究项目展开研究，对“核心素养”进行了深入探讨。

基于经合组织“素养的界定与遴选”的研究，中国台湾地区的学者近年来也开始了有关国民核心素养的研究。其中，蔡清田对课程改革中的素养问题进行了系统研究，将核心素养定义为一个人为适应现在生活、面对未来挑战所应具备的知识能力与态度的展现。① 在核心素养的教育理念上，他强调：“核心素养不只是知识能力的获得，核心素养更是可以因应二十一世纪人类未来社会生活情境变迁所需的知识能力态度情意价值；核心素养不是先天遗传的而是后天教育所学习获得的，是可教可学的。”② 在探讨核心素养的课程发展方面，他提出：“核心素养”是可以通过课程加以发展的，“核心素养”是课程发展的 DNA，通过“核心素养”课程发展，可引导教师教学并培养学生因应现在的生活、面对未来挑战所应具备的知识、能力与态度、情意、价值。③ 在他的诸多有关核心素养的研究中，较为充分地论述了以核心素养为引领进行教育改革的优越性和必要性，认为“素养”比“能力”一词更适用于当今社会发展的趋势。

2017 年 12 月在我国河南省举办的“第五届全国中小学课堂教学创新成果博览会”重点研讨了如何让核心素养尽快落到实处，诸多学者谈论后达成共识。曾任河北省邢台市教育局主任督学的赵新芳老师指出，在其参加的诸多探究核心素养的会议和讲座中，“核心素养不是刻意养成的，也不能够刻意养成，核心素养是人在成长过程中不断积累、不断沉淀，逐渐形成的一种内在品行。核心素养并不复杂，只是人在社会中的不断发展，人才是素养的中心，是核心所在”。

诸多教育专家从不同的视角对核心素养进行阐述和定义，有宏观方向上的，也有对核心素养的界定细化到具体的某一门课程的。邵朝友、韩文杰探讨了学科核心素养与核心素养的关系，认为：核心素养和学科特征是研制学科核心素养的两大逻辑起点，基于核心素养可以演绎出学科核心素养，基于学科特征可以归纳出学科核心素养。两者对于学科核心素养有不同影响，前

---

① 蔡清田．论核心素养的课程发展［J］．中小学教师培训，2019（09）：32-36.

② 蔡清田．国际视野下核心素养教育理念之研究及其实现［J］．当代教育科学，2019（03）：19-23.

③ 蔡清田．论核心素养的课程发展［J］．中小学教师培训，2019（09）：32-36.

者能明晰学科在落实核心素养中所承担的育人责任，后者能凸显学科独特的育人价值，实际研制过程中两者可以兼顾。① 这个观点重在提出研究两者之间的关系的重要理论价值，即只有明确了两者的逻辑关系才能做到有的放矢不至于混淆两者的位置，还有就是只有明确了两者关系，才能准确把握核心素养的内涵与价值。研究认为两者之间的关系是基于逻辑起点的考察，可发现学科核心素养与核心素养存有四种基本关系，即下位概念与上位概念的关系、互为目的与手段的关系、相互包含与相互促进的关系、超越机械相加与一一对应的关系。② 这个观点明晰了两者之间在逻辑、从属关系、功能价值和发展促进上的既复杂又清晰的辩证关系，为进一步探寻和归纳核心素养的诸要素和功能价值打下了理论基础。

在学科核心素养的研究方面，曹培英在《核心素养的学科落实路径》一文中指出，核心素养最终要通过学科教学去落实，必须满足三大条件：体现学科本质；介入一般意义；承载不可替代的学科应用价值。③ 他的观点包含三层意思，其一是要制定某一学科核心素养就首先要抓住该学科的特点和本质，其二是要在此基础上将该学科的特点和本质归纳总结并提炼出其学科意义，植入该学科核心素养，最后要发掘出该学科独立于其他学科的独特应用价值。李现山、谷其恩在对学科"核心素养"的论述当中强调，在实践教学中要以发展学生的某些具体素养为核心，采用针对性、实用性、可操作性强和多样化的教学方法手段，特别强调注重学生创造力的提升和实现学生素养的全方位提升。

（四）近代中国核心素养内涵的历史演变

1. 重基础的"双基"的确立

双基教学理论是由我国创立的具有中国特色的教育理论，是由新中国成立后几代教育工作者历经无数次实践探索建立起来的，是在经济发展落后、缺乏科学技术、各项基础比较薄弱的时期，历经几代教育工作者辛勤付出、刻苦钻研形成的智慧的结晶，是我国教育界对世界教育理论的重要贡献，为

① 邵朝友，韩文杰．学科核心素养与核心素养的关系辨析——基于学科核心素养逻辑起点的考察［J］．教育发展研究，2019，39（06）：42-47.

② 邵朝友，韩文杰．学科核心素养与核心素养的关系辨析——基于学科核心素养逻辑起点的考察［J］．教育发展研究，2019，39（06）：42-47.

③ 曹培英．"核心素养"的学科落实路径［J］．当代教育家，2016（09）：51-53.

中华人民共和国成立初期的教育教学质量和现代化建设初期取得的大量成果提供了重要保障。

就当时而言，关于双基教学理论更多的是运用和实践，教育工作者们大都围绕着基础知识和基本技能进行教学，一种普遍的共识就是双基教学理论作为一种教育思想或教学理论，可以看作以“基本知识和基本技能”教学为本的教学理论体系，其核心思想是重视基础知识和基本技能的教学。① 学者邵光华、顾泠沅为双基教学理论做了如下定义：双基教学是注重基础知识、基本技能教学和基本能力培养的，以教师为主导、以学生为主体的，以学法为基础，注重教法，具有启发性、问题驱动性、示范性、层次性、巩固性特征的一种教学模式。②

（1）中华人民共和国成立初期首次提出“双基”教学理论

学者们普遍认可的“双基”教学理论被正式提出是在 1952 年 3 月教育部颁发的《中学暂行规程（草案）》中，理由是该文件中明确提出了学校课业的教育目标之一是“让学生获得现代科学技术的基础知识和技能”，这里所强调的“基础知识和技能”被普遍认为是确立了开展“双基”教学的标志。那个时代我们的国家刚从多年的战乱中建立起来，百废待兴，科技、教育亦遭到严重破坏，国家建设急需各项人才，以往的教学模式、教学内容、教学目标和方法手段已经不能适应当时国情发展需求。所以，制订新的教育规划，设立新的教育目标刻不容缓。所以，当时的国家教育部门从我国现实国情出发，学习和借鉴了当时苏联的教育模式。其中之一就是制定了全新的教学大纲，大纲对各个时段的教学内容、课时安排都做了非常详细的规定，当时的大纲明确提出要让学生学好基础知识，掌握基础能力，并且提倡要循序渐进，次序明确，即在学好各门课程基础知识的前提下，运用各种教学方法包括社会实践来提高实践能力。由此我国形成了“植根于中国大地，对我国当代的课程实践产生了深刻的影响”的双基教学理论——“把基础知识和基本技能作为普通中小学教学内容核心”的课程理论③。双基教学的提出是

① 邵光华，顾泠沅．中国双基教学的理论研究［J］．教育理论与实践，2006（03）：48-52.

② 邵光华，顾泠沅．中国双基教学的理论研究［J］．教育理论与实践，2006（03）：48-52.

③ 汪潮，吴奋奋．“双基论”的回顾与反思［J］．课程·教材·教法，1996（12）．

我国教育史上的重大特色和创新，既符合我国社会主义建设初期的现实背景，又为我国教育事业打下了坚实基础。

(2)“双基”教学优劣的大讨论

双基教学在全国实施的初期，由当时的人民教育出版社遵循我国社会主义教育原则，以促进学生的全面发展作为教育方针，代当时的教育部制定了各门学科的教学大纲，然后下发到地方开始实行。在执行过程中，由于当时特殊的时代背景，教育工作者们对新形势下的教育理论把握并不全面，对新的教育理念、科学合理的教学方法的认识还存在某些不足，各地相继出现了一些问题，众多学者对当时的“双基”教学提出了自己的观点，褒贬不一。

有的人认为根据当时的教学大纲，在教学过程中部分教学内容让学生难以接受，学习过程较为艰难，教学效果不好，学生对某些知识和技能存在理解和执行上的困难，无法达到预期的教学目标。由此教育领域深受影响，质疑声不断。那些双基教学的支持者认为，并不是双基教学本身存在问题，而是教育工作者对教学内容的理解不透彻，教学方法没有根据学生的接受能力区别对待，没有科学合理地执行下去。还有人认为，当时正值大跃进的特殊时期，正是由于时代背景的原因才使“双基”教学的理论研究和具体执行存在某些不足和偏差。

(3)“双基”教学的重生与发展

随着时间的推移，来到了70年代末，随着十一届三中全会的胜利召开，我国实现了伟大的历史转折，转变思想，厉行改革，改革和创新成了时代的主题。在党的正确领导下，我国的各项事业都迎来了重大历史发展机遇，并提出了“科技是第一生产力”，重视人才培养，转变教育理念，进行教育改革被提上了重要日程。“双基”教学在那个时候也被重新认识并重视起来，随着教育理念的革新，教育方针政策也逐步完善起来。尽管该时期还有部分认识上的偏差和分歧，但是经过大量教育专家对双基教学的多次讨论和修订，对全国的教学大纲在原来基础上进行了大幅度的调整和修改。修改后的教学大纲指出，新阶段的教学任务和目标将不再是提高学生的阶级斗争和革命斗争，而是要加强学习四个现代化的主动性，务必要增强广大学生为了社会主义献身的自觉性，必须牢固树立广大学生为共产主义、社会主义事业而奋斗的伟大信心和坚定信念。

1986年我国开始实行九年义务教育，90年代后的教育，目的是要培养社会主义建设的接班人，在这种教育目标的指引下，学校教学不再只是注重学生思想认识的教育，而是进一步加强了知识和能力的重要性，在每一具体学科的教学目标下都清晰可见其对本学科学习的知识要求、具体能力的培养和政治意识的养成。我们可以认为，这一方面是双基教学在我国发展成熟的标志，因为已经开始注重学生的各方面需求，又可以认为这是“三维目标”教学形成的前身，正是以双基教学的发展为基础，才有了之后的“三维目标”教学理论，两者是教育理念发展的必然，并不是对立的关系。所以，邝孔秀、张辉蓉在《双基教学：摒弃还是发展》一文中指出：“‘人的发展’不等于人的自然成长，它具有丰富的社会、文化内涵；知识作为人类积累的认识和应对世界的思想图式，是儿童由‘自然人’向‘社会人’、‘现代人’发展的基本需要，知识教学是学校教育干预和促进‘人的发展’的必要和有效途径；离开双基教学谈人的发展，不仅与学校教育的属性相左，而且在很大程度上将虚化人的发展，因此，双基教学是必要和合理的。”①

2. 重“三维”的教学目标

（1）“三维”教学目标的提出

当时间来到新的世纪，随着全球经济、科技、人文等的大发展，科技的日新月异催动着新产品的不断开发来满足人民日益增长的各种需求。而科技的发展之本就是教育，教育只有随着社会的发展不断革新，培养出更多社会发展需要的人才，才能真正成为时代发展的发动机。国家颁布的《国家中长期教育改革和发展规划纲要（2010— 2020 年）》（以下简称《教育规划纲要》）提出，把“坚持以人为本、全面实施素质教育”作为教育改革发展的战略主题；把“创新人才培养模式”作为人才培养体制改革的重要内容。②《教育规划纲要》的出台，明确了现代的教育改革方向要在重视之前“双基”教学的基础上，更加注重培育学生创新思维和促进学生形成正确价值观的过程。在这个过程中，要以学生个体的发展为本，变被动的传授基础知识和技能为激发和促进学生主动学习，并且在这个过程中培养学生爱党、爱国、热爱社会主义，要让学生从内心形成中国特色社会主义核心价值观。所以，要

---

① 邝孔秀，张辉蓉．双基教学：摒弃还是发展［J］．教育学报，2013，9（03）：42-48.

② 姚林群，郭元祥．新课程三维目标与深度教学——兼谈学生情感态度与价值观的培养［J］．课程·教材·教法，2011，31（05）：12-17.

真正落实《教育规划纲要》的要求，彻底变革我国应试教育的痼疾，切实实现人才培养模式的创新，我们必须从根本上转变知识观，妥善处理好知识与技能、过程与方法、情感态度与价值观之间的关系，实现知识教学的发展价值。①

2001年，我国教育部颁布了《基础教育课程改革纲要（试行）》（以下简称《纲要》），提出应体现国家对不同阶段的学生在知识与技能、过程与方法、情感态度与价值观等方面的基本要求。② 在《纲要》中明确指出了要在各学段学生的教学中，注重“知识与技能、过程与方法、情感态度与价值观”这三个方面的目标要求，这三个目标要求，也就是学界普遍认为的“三维”教学目标。并且，在试行版的《纲要》中也明确指出：“改变课程过于注重知识传授的倾向，强调形成积极主动的学习态度，使获得基础知识与基本技能的过程同时成为学会学习和形成正确价值观的过程。”③ 从这些目标要求里我们可以看出，国家对之前的填鸭式的应试教学是持反对态度的，并不符合培养新时代发展人才这一时代要求，单纯的应试教育只会培养出一大批考试高手，但国家建设需要的是有思想、有创新思维和动手能力强的社会主义建设者和接班人，这也体现了国家能够紧跟时代发展，及时发现当前教育中存在的某些问题，及时准确地应对并予以修正，展现了国家开放包容的大国胸怀和可持续发展的指导思想。

我们把“双基”教学和“三维”教学目标进行比对后可以发现，以往存在于教学大纲中的“双基”教学目标，在某种程度上来说，更加偏向于通过教师的教学活动使学生学到具体的知识和能力，形象地说偏向于“喂给学生吃”，而《纲要》提出的“三维”教学目标更加注重怎样来体现学生的主体地位，去教会学生“怎么吃”，或者说教会学生“怎样主动地去吃”，这也是两者的主要区别。新的教学目标更注重强调学生的主观能动性，更注重发展或者说发掘学生的内在动力和形成学生更加积极向上的人生观、世界观和社会主义核心价值观。从受教育者的视角来看，前者有灌输被动之嫌，而后者有激发主观能动性、促使内在动力之意，并不是说前者是落后的，而是说后

---

① 姚林群，郭元祥．新课程三维目标与深度教学——兼谈学生情感态度与价值观的培养［J］．课程·教材·教法，2011，31（05）：12-17.

② 教育部：基础教育课程改革纲要（试行）．中国教育报，2001-07-27（2）．

③ 教育部：基础教育课程改革纲要（试行）．中国教育报，2001-07-27（2）．

者是在前者的基础之上的发展和完善。

（2）“三维”教学目标优劣的争论

随着“三维”教学目标在基层教学中的推进和实践，广大学界的工作者们对“三维”教学目标的优劣展开了讨论。实际上，我们国家实践“三维”教学的时间和“双基”教学比起来还是比较短的，但是从开始提出理论构想一直到具体实施，就不断有学者分别从其教学理论的概念层面到具体实施的各个层面，都提出了各自不同的看法。其中，学者刘次林就提出“三维”教学目标的概念并没有仔细地斟酌，而提出一个教学理论的概念必须有严谨的理论基础，他认为这个概念的提出过程仅仅是基于某些研究者对国家文件从表面意思上的简单理解，缺乏严谨的科学态度和应有的理论基础。

另外，学者白晋荣、杨翠英在质疑《纲要》中的《情感态度与价值观》一文中对《纲要》中所提的“情感态度与价值观”提出了一点看法，认为“首先，两者作为同一概念不能并列使用。其次，两者作为种属概念不宜并列使用”。① 并经过对两者概念、属性的讨论和细致辨析提出了修改意见：“第一，为了避免引起大的麻烦，仍沿用原来的几个关键词不变，但表述改为：如前所述的‘情感、态度与价值观’；第二，改原表述为‘态度、价值观与品德’。”② 他们认为经过修改之后，一是文字概念的叙述方法更加规范，二是能够更加突出在新的教学目标中对学生“品德”的重视。我们认为这种修改建议一是能够使《纲要》更加规范，更为重要的是突出国家和社会在我国优秀传统思想上对“德”的重视，并且必须在全社会强调“立德树人”。

从以上学者的相关论述可以看出，“三维”教学目标在理论层面和实践过程中确实还存在一定的问题，但是，从总体来看仍是瑕不掩瑜的，“三维”教学目标是在“双基”教学的基础上，在重视学生基础知识和基础技能的前提下，加入了对学生学习能力和形成正确价值观的正确引导，这本身就具有重要的理论创新和实践价值。

3.“核心素养”的出现

---

① 白晋荣，杨翠英．质疑《基础教育课程改革纲要（试行）》中的“情感态度与价值观”[J]．中国教育学刊，2006（05）：55-56.

② 白晋荣，杨翠英．质疑《基础教育课程改革纲要（试行）》中的“情感态度与价值观”[J]．中国教育学刊，2006（05）：55-56.

随着时代的发展和不断革新，世界范围内的教育家们提出了“新世纪要培养什么样的人”的历史之问，同时也展开了对“核心素养”的研究与讨论。在此趋势下，我国也开始了对“核心素养”的研究。2013 年，我国著名教育家，来自北京师范大学的资深教授林崇德接受教育部的委托，开始组织和实施“我国基础教育和高等教育阶段学生核心素养总体框架研究”，该项目的顺利实施是我国顺应时代发展需求，重视人才培养的重大举措，也表明我国对“核心素养”的研究正式拉开帷幕。

2014 年教育部《关于全面深化课程改革落实立德树人根本任务的意见》（以下简称《意见》）颁布，提出“教育部将组织研究提出各学段学生发展核心素养体系，明确学生应具备的适应终身发展和社会发展需要的必备品格和关键能力”，首次以官方文件的形式将“课程改革”“核心素养”与“学科教学”联系起来。① 该《意见》的发布，是我国的教育方针政策中首次提到核心素养的概念，并明确提出了发展学生核心素养的要求，预示着我国教育领域今后很长一段时间的发展方向和目标。

解读国家政策和文件可知，“核心素养”受到了国家在教育方针政策上的重点关注，已经上升到“进一步深化课程改革、落实立德树人目标”的关键位置。2016 年 9 月，随着林崇德研究团队对《中国学生发展核心素养（征求意见稿）》的顺利编写完成并发布，我国教育界诸多教育专家和学者都极为认同，在这种具有引领性的教育研究趋势下，有关核心素养的研究与讨论，在国内教育界激发了广大教育工作者的研究激情，引发了广泛关注。与此同时，核心素养作为各学段教学中的重要任务和目标，也被同步修订在高中学科的课程标准中，并要求在高中的教材修订里做进一步的要求和具体落实。

2017 年出台的课程标准相较于之前实验版课程标准的变化主要在一些表述上，体现在课程内容、目标、理念和课程性质上，主要是加入了课程标准的时代性，强调要跟随时代发展突出培养人才的终身学习，尤为特殊的是课程目标的变化。提出要研究制定学生发展核心素养体系和学业质量标准，并将组织研究提出各学段学生发展核心素养的体系，明确学生应具备的适应终身发展和社会发展需要的必备品格和关键能力，要求学校和教师准确把握教

---

① 赵富学．课程改革视域下体育学科核心素养研究［D］．南京师范大学，2018.

学的深度和广度，从实际情况和学生特点出发，把核心素养和学业质量要求落实到各学科教学中，进而完善高校和中小学课程教学有关标准。①

新的课程的目标首先要求的是坚持落实立德树人，通过教学活动不但要习得知识和技能，还要尊重学生的个性，要让学生学会学习，达到终身学习，保持可持续发展，在这个过程中培养学生的核心素养。在新的课程目标中，更加强调要突出学生的主体地位，其中，“立德”是基础，是做人的根本，是学生走进社会，成为我们社会主义国家人才的根基。也就是说，无论一个人的才能有多大，如果品德缺失，不但不会成为国家的人才，反倒会成为国家和社会的祸害，这样的人，才能越大，破坏力越强；在“立德”的基础上，才谈到“树人”，在“树人”的过程中，我们的教育不但要重视基础的知识和技能，在促进学生全面发展的过程中，还要尊重其个性或者说特点，突出其天分和兴趣的培养，使其成为某一领域的拔尖人才。我们研究和讨论的学科核心素养，正是要充分研究和挖掘各个学科的独特育人价值和特点，以此培养各类学生的全面发展，使我们的教育百花齐放、百家争鸣。我们所讨论的这些素养，就是保持学生持续发展所必备的关键能力和独特品格。

我国的教育事业历经大半个世纪的改革和发展，在发展方向和发展理念上正在一步步成熟，从“双基”教学到“三维”教学目标，再到“核心素养”，这些改革在教学指导思想、课程目标体系、课程内容、学段划分和考核评价等方面都随着时代的发展不断完善与进步，体现出党和国家在教育事业发展中的科学、严谨、务实和高瞻远瞩。

眼下，基于我国国情和教育现状的核心素养指标体系已经初具雏形，但是想要将其继续发展，并且将核心素养的理念从头到尾完全融入学校各门学科的实际教学之中，就需要不同学科依据自身独特的学科特点与核心素养的各个要素有机结合完成。从全世界的范围看，中国台湾地区和日本等国家，都已经把各自凝练的“核心素养”诸要素和各门具体的学科教学相结合，并且都已经开始在教学实践中大胆应用。他们在实践应用过程中，在注重各门学科自身的核心素养发展的同时，更加强调各个学科之间横向的互相关联，他们期望能够激发各门学科核心素养在教育学生中产生良好的化学反应，不

① 赵富学．课程改革视域下体育学科核心素养研究［D］．南京师范大学，2018.

但要发挥各学科的独特功能，更要在整体育人上促使他们体现出“核心素养”在教书育人上的完整性。

综上所述，在社会不断进步和发展的进程中，培养学生核心素养是顺应时代发展的产物，也是将来社会所必需的，是社会对新时代的学生提出的新的要求。全球范围内都在进行核心素养的研究和指标体系的构建，我国基础教育也应顺应教育教学的新思路，不断创新。结合我国教育基本国情，将核心素养与各学科教学有机融合，并通过学科核心素养充分渗透进学生的思想政治教育中，进一步体现出“核心素养”教育目标在我国教育改革中的重要作用，也为我国将来的人才培养和教育改革发展指明方向。

第二节 国际组织关于核心素养内涵的分析与讨论

随着社会的不断发展，教育教学改革也在不断进行，全球各地组织、国家和地区的教育工作者和学者都对教学中学生的“核心素养”给予了高度重视，将学生核心素养的提升放在当前教育教学改革的中心位置是大势所趋。世界范围内各国政府和组织通过研究解释了对核心素养的理解，下面对经合组织、联合国教科文组织、欧美西方发达国家、中国台湾及北京师范大学林崇德教育研究团队对核心素养内涵的阐述进行整理，进而横向比较其中的特点和重心方向以做进一步的研究与讨论。

一、经合组织关于核心素养的研究

经合组织（OECD）的核心任务是推进人类社会的经济发展，增强人们的幸福感和获得感。具体到教育领域主要是为未来社会发展所需要的人才提供培养策略，找到更加符合时代发展需求的教育目标。OECD 会系统全面地对世界各国的教育进行调查研究和比对，从中发现优秀的教育策略或者存在的问题，并结合时代发展需求，探寻指导性的教育发展方向，以保证各学段的受教育者能够获得未来社会发展所需的职业技能和人文素养。

1997 年，经济合作与发展组织启动了“素养的界定和遴选：理论和概念基础”项目，该项目构建了一个包含人与工具、人与自我、人与社会三大类别的核心素养框架。① 该项目旨在发掘“素养”的理论和概念基础，属于基础性研究，是以社会中的“人”为研究对象，探索人与社会中已知或未知的各种工具、自我认知与规划和人与人之间关系处理的能力与素养。其中，人与工具维度包括互动地使用语言、符号和文本的能力，互动地使用知识和信息的能力，互动地使用科技的能力；人与自我维度包括在复杂大环境中行动的能力，设计人生规划与个人计划的能力，维护权利、利益、限制与需求的能力；人与社会维度包括与他人建立良好关系的能力，合作的能力，管理与解决冲突的能力等。②

20 世纪 90 年代之后，经合组织在世界范围内对核心素养的定义和界定做了大量调查，目的在于督促全球各国教育工作者重视本国国民的核心素养。

经合组织的研究项目是从宏观的角度对核心素养进行探讨，不只是局限于学科核心素养，目的是构建核心素养的基本概念、总体框架，进而为核心素养指标体系的确定提供理论支撑和参考。提倡理论与实践相结合，相互发展，为国家教育政策决策者提供参考依据。在素养的界定中，核心素养的基础是人在社会中可以很好地生存，与他人进行有效良好的沟通，在工作中表现出自身的特点和能力，能够清楚地知道自己在工作岗位上所处的具体位置、具备何种职能、需要干什么、能干什么、应该以何种姿态处理各种人际关系等，并且，要能够准确知晓自身的健康状态以及如何从自身所处的环境获得各种信息并做出正确反应。在工作过程中能够正确地对待成功与挫折，对已经取得的成绩能够感到自身价值的体现所带来的成就感与喜悦，对所遭受的挫折能够理性地看待并自我检讨以期找到正确的处理办法，修正自我让自身获得成长。我们要清楚地认识到，这里所说的“核心素养”具有某种抽象意义，能够对各种繁杂的社会环境和各种人物性格兼容并处，能够提供我们在社会中生活工作的各种能力，以及面对快速发展的经济社会的良好适应性。那么，我们到底需要哪些素养？研究认为，是对人们在社会中能够安身立命具有意义的一切能力，能够使得人们在社会生产生活中满足自己的那些合理需求，并能够使人不断自我学习提高自我认知，能够给自身发展带来有

---

① 乔鹤，徐晓丽．国际组织全球教育治理的路径比较研究——基于核心素养框架的分析［J］．比较教育研究，2019，41（08）：52-58.

② 乔鹤，徐晓丽．国际组织全球教育治理的路径比较研究——基于核心素养框架的分析［J］．比较教育研究，2019，41（08）：52-58.

效帮助的素养，这些都是我们所需要具备的“核心素养”。核心素养应该具有其社会价值和个人意义，可以推动社会的进步和发展，与此同时，我们所说的这些“素养”又都应具备可持续发展的特性。

经合组织（OECD）通过全面探讨核心素养并对其进行价值定位，把核心素养界定为个人自我实现和终身发展，更好地适应社会的复杂环境，在自己所属的职业中展现能力，所必须具备的知识、技能以及态度的综合。并且认为，这些能力是可变化和可持续发展的，要能够在将来面临不同情境下与时俱进地逐步展现其功能和价值。当不同学段的教育任务告一段落时，从理论上讲，学生们应该已经具备了所需核心素养的基础功能，在这里之所以说基础功能，是因为在基础教育阶段，由于学生在该阶段认知的局限性所致，还不能真正遇到将来在社会实践中可能出现的各种复杂环境，这需要学生在掌握这些基础能力的基础上活学活用，不断通过社会实践提升自己，达到终身学习和提高。在其之后的发展过程中能够继续终身进行学习并能够充分发挥这些素养的基础性作用。通过对核心素养进行细致的分析和阐述，对核心素养的概念界定可以分为三个维度，这三个不同的维度对社会个体处理不同情境的复杂关系，各起着不可或缺的重要作用。

通过经合组织（OECD）对核心素养内涵和概念的研究之后，核心素养这一名词开始进入人们的视野，逐渐被人们所知晓。近年来，全球各个国家、组织团体也相继把“核心素养”的研究放在教育研究领域的重要位置，教育主管部门和广大教育工作者都开始重视对学生核心素养的培养，大家在纷纷研究核心素养基础理论和概念的基础之上，将核心素养作为教育改革的重要突破口，并以此为基础，开始将核心素养与不同学科的实践教学相结合，根据不同学科的特点，开展了各学科核心素养的研究。

在经合组织（OECD）对核心素养的研究结果中，特别强调了素养的“可教性”和“科学性”。核心素养能够融合于教育教学，核心素养的可教性和科学性可以通过学生的学习过程来进行培养和甄别。这就意味着，能合理地使用工具，可以在特定的社会团体中进行协作，以及能自主地处理各种复杂社会关系的能力。在实践教学中，这里所强调的“可教性”和“科学性”素养，我们可以通过在课程中设置不同的教学情境加以培养，并制定相应的评价方法来检验教学效果。

杨惠雯在其发表的《核心素养的谱系学考察——基于 OECD 的分析与反

思》一文中从理性的视角对经合组织（OECD）所研究的核心素养项目进行了深入分析与评判。杨惠雯认为：在 OECD 的政策发展过程中，人力资本、新自由主义、全球化、知识经济和终身学习等理论思想相互联结、改造，形塑了关于现代人和现代世界的真理性认识，为核心素养的出现准备了知识论基础。基于这些认识所提供的视域和立场，核心素养项目将关于现代社会需求和结构的界说内化为个体心智结构，并在实践运作中转化为可观察、可测度的表现性指标。① 杨惠雯在文章中深入分析了核心素养的由来，从深层次讨论了核心素养的目标价值，并且，从客观和深度思维层面揭示了 OECD 的成立存在某些冷战思维的考量，并不全是如现在所提的如此高尚，并且有浓厚的美国资本支持的背景。她还认为：核心素养依然是一种人力资本测量技术，它的“高级”之处在于扩大了人力资本的测量范围，将与经济生产力和竞争力直接相关的规则扩展到社会生活的各个领域，将个体的认知、元认知以及非认知因素加以统一，在更广泛的维度上对人类心智进行规训。② 在对核心素养后续的研究方面，杨惠雯从客观和理性的视角给出了以下建议：在积极推进核心素养改革的过程中，对于某些共识性理论范畴的解剖和质疑是必要的。核心素养的理论建构和解析，尚需从人的内在性维度及本土化视野进行深入探究。她所提出的这些建议对我们更好地研究和推进核心素养的教育目标具有非常重要的参考价值，要从根本上做好做实对由国外传入的核心素养这一理念的批判性接受，并要分辨其深层目的，而不能被其表象所蒙蔽，以免在教育这一国家重大领域被外部邪恶势力利用。换句话说，必须接受好的建议与意见，但是必须结合自身发展需要来探索出我们自己的核心素养发展指标，要做到以我为主，在保证自主权的前提下谋发展。

二、联合国教科文组织对核心素养的研究

联合国教科文组织（UNESCO）早在 1972 年发布的题为“学会生存”的

---

① 杨惠雯．核心素养的谱系学考察——基于 OECD 的分析与反思［J］．比较教育研究，2019，41（02）：53-59.

② 杨惠雯．核心素养的谱系学考察——基于 OECD 的分析与反思［J］．比较教育研究，2019，41（02）：53-59.

报告中，就将人的发展目标定为一种能达到“完整实现”的状态。① 这种基于整体的实现需要学校教育也要做出相应的准备，要求培养学生具备丰富内涵的个性特征，反对只重视技能培养的片面教育观，提倡“全面教育”，鼓励在教育过程中重视学生的核心素养，并指出需要通过有序的课程设计与教学手段不断改良学生的核心素养。② 很明显，UNESCO 在培养全面发展的人这一理念上提出得很早，并且明确提出了学校教育不能简单地集中于教授基础知识与技能，而要同时注重关键品格等综合素养的培养，毕竟社会首先需要能够融入其中的人，然后才是各方面的人才。

吸引全世界对于“素质”和“素养”问题关注的标志性事件是联合国教科文组织于 1996 年出版的《教育——财富蕴藏其中》，该报告首次提出了教育的四大支柱“学会认知”（Learning to know）、“学会做事”（Learning to do）、“学会共处”（Learning to live together）以及“学会成为你自己”（Learning to be），为 21 世纪需要培养什么样的人指明了方向。2003 年，“学会改变”（Learning to change）作为第五大支柱被提出。③ 随后 UNESCO 把这五大学习支柱定义为 21 世纪社会公民应该具备的基本素质。五大学习支柱的思想是对人的终身学习、终身发展的进一步强化，同时也再一次强调了以人为本的基础教育理念。

2013 年 2 月联合国教科文组织和美国著名智库机构布鲁金斯学会联合发布了“学习指标专项任务”（LMTF）的 1 号研究报告——《向普及学习迈进——每个孩子应该学什么》。该研究从身体健康、社会情绪、文化艺术、文字沟通、学习方法与认知、数字与数学、科学与技术这七个维度，建构了基础教育阶段学生应该达成的学习目标体系。④ 这个项目首先细致分析了全球各国教育现状，随后研究分析了世界各国教育教学质量监控，又通过调查访谈了全球 500 余名教育界专家学者的意见和建议，提出了以上七个维度的

---

① 联合国教科文组织国际教育发展委员会．学会生存——教育世界的今天和明天［M］．华东师范大学比较教育研究所译．北京：教育科学出版社，2006：173.

② 赵富学．课程改革视域下体育学科核心素养研究［D］．南京师范大学，2018.

③ 乔鹤，徐晓丽．国际组织全球教育治理的路径比较研究——基于核心素养框架的分析［J］．比较教育研究，2019，41（08）：52-58.

④ 滕珺，朱晓玲．学生应该学什么？——联合国教科文组织最新基础教育学习指标体系述评［J］．比较教育研究，2013，35（07）：103-109.

教学目标体系。滕珺、朱晓玲还总结道：该体系特别突出了基础教育阶段学生思维能力和工作方式的培养，非常重视学生社会性能的发展，强调知识与实践的紧密结合，重视信息技术能力的培养，凸显了社会性教育的内涵，并根据不同年龄段学生发展的特征明确了不同的学习重点，对我国未来基础教育的发展有重要的启发。① 在这个项目的研究过程中，研究只是谈论了七个维度在检验学生学习成果方面的作用，只是解决了对学前教育、小学和中学教育阶段的学生而言，哪些学习内容最重要的问题，并没有涉及国家教育政策的制定和学科教学。在该项目的研究成果中，所建构出的广大学生在基础教育阶段（欧美 0~19 岁）所应完成的学习目标体系，比较全面地涵盖了该学段学生的各种基本知识，从某种意义上说我们可以把它看作对学生在基础教育阶段所应具备核心素养的一种归纳与解释。

该项目的研究成果，特别是这七个维度的学习目标体系，虽然和我们在国情上存在某些差异，但是对我国基础教育的发展还是有一定启发的，主要体现在四个方面。其一，该教学目标体系特别注重去培养该学段学生的独立思考能力和处理某些问题的方式与方法，这里强调的独立思考能力首先是要求学生能够独自从不同的视角来观察某一事物，不能局限于固有思维而要从不同角度得到更为全面的认知。并且，在处理不同社会关系的时候，要学会相互尊重，善于沟通与合作来解决出现的各种问题，还有培养学生用批判的思维来看待问题，并能从多维度分析问题，提出自己的创造性观点。其二，注重学生融入社会的能力，这里包括清晰准确地看待自己，管控好自我情绪，捋顺社会中的各种关系，并能融入其中，这就是我们常说的社会适应能力。其三，特别注重获取各种信息技术能力的培养，即要学生通过学习，掌握现代社会各种信息传递的渠道，自己能够通过所学的技能从各个方面获取自己需要的知识与信息。强调了在不同的年龄阶段要逐级掌握的各层次的信息技术的能力，这种能力是现代社会发展的必备能力，必须在学生时代掌握。其四，在教学实践过程中特别强调了学习理论知识的延伸并要能够实践操作。拿学校体育教学来讲，该项目研究的体育教学目标对学生提出的要求不仅仅局限于知道体育锻炼可以强身健体，还要求学生能够掌握生理学、解

① 滕珺，朱晓玲．学生应该学什么？——联合国教科文组织最新基础教育学习指标体系述评［J］．比较教育研究，2013，35（07）：103-109.

剖学、训练学、康复学等理论知识。在理论知识的基础上，要求学生能够在生活中正确运用理论知识于实践之中，能够处理好现实中的运动技能、运动损伤以及运动康复等现实问题。

三、欧盟对核心素养的界定

欧盟在核心素养的研究中起步较晚，在联合国教科文组织和经合组织之后，但是其构建较为清晰，内容相对完整，总体来说研究得比较深入。欧盟执委会于 2005 年提出《终身学习核心素养：欧洲参考架构》，定义：母语沟通（communication in the mother tongue）；外语沟通（communication in a foreign language）；数学素养（mathematical competences）及科技基本素养（basic competences in science and technology）；数位素养（digital competence）；学习如何学习（learning to learn）；人际、跨文化与社会素养（interpersonal, intercultural and social competences）及公民素养（civic competence）；积极创新应变的企业家精神（entrepreneurship）；文化表达（cultural expression）等为终身学习八大核心素养。① 该执委会所提出的核心素养架构在 2006 年被欧洲议会采纳并应用于欧盟各成员国的教学指引，其各个目标内容几乎涵盖了核心素养的所有指标，只是提法略有不同，但其内涵和本质基本一致，都是指向未来社会发展所需的综合素养。

欧盟执委会提出该架构是从未来着眼，具有前瞻性，其初衷就是希望学生通过学习和实践，获得必要的能力，形成独特的品格，以适应未来社会的发展所出现的竞争、合作、共存等复杂多变的各种环境，让学生能够通过终身学习不断深化自身内涵养成，早日进入社会并能良好地适应社会，在自身工作岗位上能够胜任。并且，所形成素养的外在表现能够让他们过好接下来的生活，也可以很好地为家庭社会的发展做贡献。

该参考架构所概括的八项核心素养指标是欧盟会员国的教育政策决策者、一线学者专家、社会工作者等几乎涵盖了所有社会领域人士共同参与拟定的，在功能的衔接上密切相关，环环相扣，制定过程严谨而科学。部分核

① 蔡清田．论核心素养的国际趋势与理论依据［J］．东北师大学报（哲学社会科学版），2018（01）：149-158.

心素养彼此重叠及联结，并且相互支持。语言、识字、数学及信息与科技能力等基本技能是必要的学习基础。学会学习的能力则支持一切学习活动的开展。此外，这八项核心素养指标还蕴含和延伸出了创新能力、对待事物的批判性思维，还有要积极主动地学习和处理各种问题的能力、分析问题和对环境做风险评估的能力，以及能够独自做决断的能力等。

表1 经合组织、欧盟执委会和联合国教科文组织对核心素养的界定

	经合组织	联合国教科文组织	欧盟
内涵特征	3类核心素养，9项具体能力	7类核心素养，32～36项具体内容	8类核心素养
开始时间	始于1997年	始于2012年	始于2005年
研究背景	知识经济时代需要建构创新能力	为全面提高世界各国的教育质量	促进欧洲社会融合与满足知识社会的需求
素养目标	开发成功的生活和功能健全的社会	确定哪些方面的学习对所有的儿童和青年最为重要	建立全民终身学习的欧洲，促使欧洲成为最具竞争力的竞技体
负责组织	瑞士联邦统计局	联合国教科文组织	欧盟执委会

四、西方主要国家对核心素养的界定

美国在面对世界经济发生重大变化，发现当时教学效果不佳，学校教育出来的学生所具备的能力并不能满足当时社会需求的背景下，集合了多家大公司包括苹果、英特尔、戴尔等全球知名的企业联合出资创办了21世纪技能联盟，其中主要合作伙伴包括州立学校首席官员委员会以及国际科技教育学会。当时的美国能够敏锐地发现教育培养的人才不能使其科技水平领先全球，马上通过国家支持，联合社会资本进行调查研究。经过一段时间的研究，21世纪技能联盟提出了能够满足未来社会发展所需要的人才要素，他们认为人才的核心素养是指学生和从业者能够进一步满足适应社会需求所需要的能力，这种能力旨在培育具有核心竞争力的社会人群，也能够保证学生进入工作岗位之后能快速适应各种社会环境，能够帮助企业创造更多的价值利益。当时美国的某些研究机构认为美国的全球主导地位面临着许多挑战，认为必须改革教育策略以培养更多的优秀人才来继续保持美国在未来的领导地位。所以，该联盟把能否“创造价值”视作新世纪是否称职的标准。具体来说，该联盟所提出的核心素养主要有生活与职业生涯技能、学习与创新技能、信息媒体与科技技能。参照经合组织的观点，也可以将这些具体分成三个维度，主要包括：第一，能互动地使用工具，主要内容有沟通技能、阅读理解、通过写作传达观点、说清楚使他人理解、积极地倾听、批判观察；第二，能在不同的社会团体中互动，主要内容有人际交往能力技能、与他人交流合作、引导他人、解决冲突和协商问题的能力；第三，能自主行动，其中包括决策技能、解决问题和做决定、计划、终身学习技能、使用数学来解决问题并与他人沟通、担负学习的责任、通过研究来学习、反省与评价、使用信息和沟通技术。

在法国，相关核心素养的研究也得到重视，该国重点对基础教育的核心素养做了研究。在经过一段时间的研究后，法国于 2006 年颁布了《知识和能力的共同基础》（以下简称《共同基础》），提出七类核心素养（key competences），作为新世纪 1~9 年级义务教育的法定目标。这七类核心素养分别是：1. 掌握法语；2. 能运用一门外语；3. 具有数学和科学技术的基本能力；4. 掌握通用的信息与通信技术；5. 人文文化；6. 社会能力及公民素养；7. 自主能力和主动性。① 法国所颁布的《共同基础》所提出的七大核心素养涵盖了各类基础知识与技能、实践能力和社会适应能力。但是在经过一段时间的实践之后，又出台了新版的《共同基础》，名字变为“知识、能力和文化的共同基础”，该新版核心素养共包含五方面的内容：1. 用于思考和交流的语言；2. 学习方法与工具；3. 个体和公民教育；4. 自然和技术的相关体系；5. 表征世界和人类活动。② 新版本所提出的五大方面内容只是把之前七大方面的内容做了归纳与提炼，其主要内容都是一些基本素养，并没有提出新世纪学生发展非常必要的“创新性”这一理念，我们想，这可能是因为法国传统的文化意识形态所决定的，对核心素养培养目标的指向必然会有各国特点，并不是非要千篇一律。

---

① 夏尔·提于斯，林静．法国中小学生核心素养要求及评价——夏尔·提于斯与林静的对话［J］．华东师范大学学报（教育科学版），2018，36（01）：149-154+167.

② 夏尔·提于斯，林静．法国中小学生核心素养要求及评价——夏尔·提于斯与林静的对话［J］．华东师范大学学报（教育科学版），2018，36（01）：149-154+167.

澳大利亚学者将核心素养解释为综合职业能力和处理问题的能力，旨在正确处理工作中出现的问题以及工作中组织的能力。澳大利亚课程评估与报告管理局公布的七大素养包括：1. 读写素养，其内涵是学生在不同的情境中听、读、看、说、写作和口头创作不同文本，以及使用和转换语言的能力；2. 数学素养，理解数学的作用，使学生有目的地运用数学知识和技能；3. 信息沟通素养，充分利用可用的数字技术，适应以新的科学技术为导向的生活方式；4. 批评和创造思维素养，需要学生广泛地思考，培养学生的批判能力、推理能力、逻辑能力、想象力和创造力等；5. 个人和社会素养，培养学生的同情心、理解他人、建立积极的人际关系、在团队中有效工作、有效处理具有挑战性的问题以及团队领导力；6. 道德伦理素养，使学生建立良好的个人和社会道德观，帮助他们处理不同的情境、冲突和不确定性问题，以培养学生良好的道德水平；7. 跨文化理解素养，学习和处理不同的文化关系，承认文化共性和差异性，与他人和谐相处、互相尊重。① 总体来说，澳大利亚对核心素养的研究起步较早，在 20 世纪 90 年代初就已经开始，但前期因为研究机构的不同导致主要研究的对象是产业工人而非学生，后期随着研究的全面铺开其主要研究对象就主要针对学生了。并且，后期的研究比较完善，形成了较为完整的学校课程教学体系。他们对核心素养的阐述不是特指某一方面或者某个特定领域，而注重的是针对学生终身学习和发展所需的能力。

德国的教育领域普遍认为核心素养的内涵大体上可以分为三方面的能力，包括自主能力、社会能力、职业能力。1974 年，德国学者梅滕斯最早从职业教育的角度提出了关键能力这一概念。关键能力主要是指在各种场合和职责下应对不同情境做出判断和选择的能力，是表征个体能够适应不同场合的能力，具体来说是与专业技能不直接相关的知识、能力和技能。德国教学论视角下的核心素养提出的几个方面有：从"整全性"看核心素养下的学生角色、从"普通性"看核心素养下的教学内容、从"反思性"看核心素养下的学习活动、从"自主性"看核心素养下的教师素养。② 相信大家都知道，在国际上德国有着非常先进的工业体系，其高端制造业非常发达，德国人严

---

① 李湘．基于核心素养的澳大利亚国家课程标准研究［J］．教育与教学研究，2017，31（08）：79-85.

② 魏戈，俞蓉，巫锐．核心素养的教学实现：德国教学论传统的启示［J］．基础教育，2019，16（05）：41-48.

谨的工作态度使他们享誉全球，他们所提出的三方面能力非常实际，并且还着重提到了教师素养这一非常重要的因素。大家都知道，再好再重要的知识也要通过教师的教学实践活动来传授给学生，所以，教师的职业素养和能力在很大程度上左右着教学效果的好坏。

英国学者伯恩斯坦（Basil Bernstein）曾提出，从经济学视角看，素养是一种全新的人力资本概念，高素养的人在未来社会意味着一种优质的资源。而从社会学视角看，素养与民主主义社会发展理论具有更强的相关性，强调所有人不仅具有平等的发展机会，在发展内涵上也是平等的。① 英国的研究机构提出的核心素养共包括五方面的内容：公民素养、学习素养、信息管理素养、人际关系素养和形势管理素养。核心素养在英格兰的教育体系中指年轻人为了适应未来的生活需要具备的关键技能，这里所说的关键技能主要是指对在社会中各种工作岗位上能够起到核心作用的能力，其范围很广，涉及社会的各个角落，包括学习、工作和生活等方面所需的诸多能力。

五、中国台湾地区对核心素养的界定

近年来，中国台湾地区基于世界范围内对核心素养的研究，也开展了对核心素养的相关研究，并且在其基本教育课程的十二年改革中，核心素养扮演着重要角色，从不同层级做了较为全面的解读和规划。他们依次提出了三个层面的核心素养概念。

“国民核心素养”指自主行动、沟通互动、社会参与之三大面向及身心素质与自我精进、系统思考与解决问题、规划执行与创新应变、符号运用与沟通表达、科技信息与媒体素养、艺术涵养与美感素养、道德实践与公民意识、人际关系与团队合作、多元文化与国际理解之九大项目。② 中国台湾地区在这一层级核心素养的概括是整体范围对所有人员所提出的素养要求，涵盖的范围广泛而颇具发展性，作为上位层级将以下两个层级包含其中。

“教育阶段核心素养”指小学、初中、高中教育所对应之教育阶段的九

---

① 张紫屏．基于核心素养的教学变革——源自英国的经验与启示［J］．全球教育展望，2016，45（07）：3-13.

② 蔡清田．核心素养在台湾十二年国民基本教育课程改革的角色［J］．全球教育展望，2016，45（02）：13-23.

项核心素养，依各阶段的教育特质加以延伸，并加上阶段别编码，其中 E 代表 12 岁的小学阶段、J 代表 15 岁的初中阶段、U 代表 18 岁的后期中等教育阶段。例如，E-A2、J-B3、U-C1 等指小学、初中与高中教育所对应之教育阶段的九项核心素养。① 在这一层级的素养目标中，把学校教育各个学段的核心素养又根据学生的年龄特征做了具体规划与要求。

“领域/科目核心素养”指各教育阶段核心素养结合各领域/科目理念与目标后，在各领域/科目内的具体展现。② 对这一层级核心素养要求的解读体现了其针对性强的特点，能够从细分领域把握各个学科的教育重点，并能从反向思维推导出对核心素养的总体要求。

六、我国对核心素养的界定

我国对核心素养的相关研究是在基于对过往“双基”和“三维”教学目标的研究基础之上，并借鉴国外对核心素养的相关研究开展的。在国家相关政策和出台多项文件的支持、引领下，教育界的许多专家学者对相关核心素养的诸多内容进行了大量卓有成效的研究，并取得了丰硕成果。

在我国关于核心素养的诸多研究者中，以北京师范大学资深教授林崇德率领的研究团队的研究成果最具代表性。研究认为：学生发展核心素养，主要是指学生应具备的，能够适应终身发展和社会发展需要的必备品格和关键能力。③ 核心素养是关于学生知识、技能、情感、态度、价值观等多方面要求的综合表现，是每一名学生获得成功生活、适应个人终身发展和社会发展都需要的、不可或缺的共同素养；其发展是一个持续终身的过程，可教可学，最初在家庭和学校中培养，随后在一生中不断完善。④ 随后，该团队结合我国现实国情和教育历史与现状，对核心素养的内涵大致进行了八方面的

① 蔡清田．核心素养在台湾十二年国民基本教育课程改革的角色［J］．全球教育展望，2016，45（02）：13-23.

② 蔡清田．核心素养在台湾十二年国民基本教育课程改革的角色［J］．全球教育展望，2016，45（02）：13-23.

③ 林崇德．中国学生发展核心素养：深入回答“立什么德、树什么人”［J］．人民教育，2016（19）：14-16.

④ 林崇德．中国学生发展核心素养：深入回答“立什么德、树什么人”［J］．人民教育，2016（19）：14-16.

剖析解读，归纳出中国学生发展核心素养的三个方面和六大要素：中国学生发展核心素养，以“全面发展的人”为核心，分为文化基础、自主发展、社会参与三个方面，综合表现为人文底蕴、科学精神、学会学习、健康生活、责任担当、实践创新六大素养。根据这一总体框架，可针对学生年龄特点进一步提出各学段学生的具体表现要求。①

另外，我国的褚宏启教授认为在关于核心素养方面，我国需要有以“我”为主的主体性表达，要凸显我国核心素养研究与政策的“中国立场”。他提出了三个方面的建议：核心素养框架要反映国家现代化和人的现代化的需要，要促进中国国民素质提升；核心素养的内涵与外延要充分反映创新、理性、民主、合作、自主等现代精神，要充分回应21世纪对于中国国民素质（包括学生素质）的严峻挑战；核心素养的核心是创新能力，培养创新人才是中国教育的首要目标，是中国教育现代化的首要任务。②

第三节　学生发展核心素养的特征

一、培养学生发展核心素养已达成国际共识

从20世纪末至今，随着全球化教育改革的逐步深入，全球多个研究机构、组织、众多国家、地区从不同视角并依据自身发展需求争相开展了培养学生发展核心素养的相关研究。为了更好地开展下一步对核心素养的深入研究，我们对当前国际有关学生发展核心素养相关内容的梳理、总结和归纳，对核心素养的内涵、概念、目标和框架结构方面将大有帮助。在认真总结和归纳后，发现当今国际上对核心素养的研究主要有如下几个要点。

1. 世界范围内对学生发展核心素养的重视具有普遍性

纵观当今世界范围内的诸多组织和各国和地区的教育研究部门所出台的

---

① 核心素养研究课题组．中国学生发展核心素养［J］．中国教育学刊，2016（10）：1-3.

② 褚宏启．核心素养的国际视野与中国立场——21世纪中国的国民素质提升与教育目标转型［J］．教育研究，2016，37（11）：8-18.

各类有关教育改革的政策，包括教育工作者所发表的教学改革类的文献，有很大一部分都与学生发展核心素养相关，这充分说明了以核心素养为主导的科学研究是当下教育改革的热点和发展方向。虽然在有关核心素养的内涵、概念、指标等内容的表述上略有差异，但总体来看在研究的核心目的、中心思想上都是归于一统，即都是根据时代发展各方面的需求来培养各自范围内公民基础、必要、关键的素养。另外，由于各国的历史文化背景、现行法律制度和经济科学技术发展水平上的差异，虽然对学生发展核心素养的认识、内涵和研究目的上是趋同的，但在具体指标和实施办法上又各具特色。

2. 核心素养的内涵、概念具有多元化和抽象性

“核心素养”这一概念的提出就是源于“我们的教育要培养什么样的人”这一历史之问，这本身就是一个复杂、多元和内涵丰富的问题。纵观世界历史发展的长河，从古代的农耕文明到近代的工业革命，再到现代的科技主导，都是由大批优秀的人才完成的，这些优秀人才之所以会涌现出来，固然有其特殊的时代背景和文化底蕴，更为重要的原因是制约于当时那个时期是否有具备时代发展眼光的领导阶层，而这一时代的领导阶层首要特征就是能够重视人才、培养人才和发现人才，造就一批能够适应时代发展需求和满足国家富强的各类人才。而“人才”这一概念从范围上既可以说是某一独特领域内的人才，又可以说是全方位复合式人才，但是不管从哪方面讲，这个“人才”首先要能够生存在当下的社会环境中，所以，教育培养出来的人，首先就要具备在社会上生存的一些基础能力也可以说是“基础素养”，在这个基础上再具备一些“特殊素养”。所以说核心素养的内涵是一个多方面、多维度并具备诸多能力的多元化的复杂系统，并且核心素养的表现形式是集合了各种知识、多项技能和复杂社会适应能力，包括个人情感态度的多元化集合体，但在某些特殊领域又必须定向培养，比如某些特殊的知识和技能，所以，从不同的视角来看核心素养，既具有宏观意义上的整体抽象性，又具有微观意义上的独立性。

在实践操作中，基础素养不可以拿来单独地发展或培养，因为基础素养具有普遍性，要从多方位长时间慢慢养成，特别是把素养作为整体的教育目标时，就要注重其培养方式的整体性和教学内容的综合性。另外，在核心素养的内涵发展方面，当个体已经具备社会所需的核心素养之后，其一是能够帮助各个个体满足其在多个生活环境下的各种合理需求，比如升学、就业、

继续教育、自身持续发展以至于最终自我价值的实现等；另一方面，在个体融入社会，参与社会活动，并实现社会价值和实现自身价值后，能够促进社会经济发展，推进政治民主，实现人权平等和有益于世界和平的更高人生价值。这对个人来说，将更有存在感和民族自豪感，让个体以更加积极的态度投入更高层次的精神文明建设中，并能用自己的实际行动影响周围的人，更好地为社会和国家贡献力量。

3. 学生发展核心素养的培养过程具有持续性和发展性

人的发展是一个长期而复杂的过程，俗话说十年树木百年树人就是这个道理。任何人才的培养都不是一蹴而就的，都要根据不同阶段的心理水平、接受能力和对外界各种事物环境的认知能力而逐步形成，其过程充满了复杂、艰辛和某些不确定性。举个简单的例子，就拿小学生的作文水平来说，要写出优秀的作文来，不是一朝一夕能够完成的，这需要经过大量的阅读、理解、记忆和自身的融会贯通，并要经过反复的写作练习来逐渐累积，其中还包括许多对事物、环境的感知和体会等。所以说，学生发展核心素养的培养过程极其复杂和多变，需要教育者持续不断地施加影响，分析成效和应对办法再施加影响的持续过程。并且，在个体融入社会环境和工作之后，要具备自己教育自己的能力，或者说在社会实践过程中能够自己分析问题、解决问题，找到自己的不足和学习方向，提高自身的认知能力以达到终身学习持续发展，以此实现个体与社会相互融合、彼此互补的作用。

二、学生发展核心素养的层级特征

通过对多个国际研究组织、不同国家和地区对核心素养相关内容研究结果的综合分析，它们大都立足于本国或本地区的历史、现状和未来发展需求，并同时考虑不同学科、领域和人才培养的不同阶段对核心素养进行研究和分析，从而提出了核心素养的概念。普遍认为：从整合的观点而论，核心素养指学生透过学校教育课程而应学习与获得的统整性的知识、能力及态度。① 这一概念的叙述简洁明了，内涵丰富，特指核心素养是在学校教育阶

① 蔡清田．国际视野下核心素养教育理念之研究及其实现［J］．当代教育科学，2019（03）：19-23.

段学生通过学校的教育课程所学到的各类知识、多项技能以及对待不同事物或处在不同环境下自身应持的态度。我国台湾地区给核心素养下了三个定义，分别是“国民核心素养”“教育阶段核心素养”和“领域/科目核心素养”。这分别是从全民视角、学生群体和具体的学校学习科目三个不同范围和层次来给核心素养下的定义，可见中国台湾地区对核心素养的研究比较全面具体，针对性强，既涵盖了针对全体国民整体提出要求的“国民素养”，又包括了针对学校教育阶段学生群体提出的“教育阶段核心素养”，还具体到各行各业学习对象提出的“领域/科目核心素养”。

综上所述，对核心素养的研究不能仅仅局限于学生这一学校受教育者，还应从宏观层面对全体国民的素养提出要求，从而体现出核心素养研究的全民化，也恰恰契合了核心素养具有发展性这一特点。同时，还要具体到依据具体学科特点而制定的特定领域或科目的核心素养，这样既涵盖了整体的主体素养又兼具了具体受体的素养。所以，对核心素养的研究既应该从研究主体——“人”的不同发展阶段来进行，又要从研究受体——“知识、技能、品格”的不同领域来开展，同时，还要对教育施加者——教师、管理层的能力水平进行考量，体现出核心素养研究的整体性和具体的可教可学。因此，我们可以发现，对以学生为主体的核心素养研究是要求对学生所学知识、技能、品格等多方面要求相结合的整体体现，这里强调的是学生的学习和发展过程，在对学生学习效果或者说教学目标的达成方面，其结果导向是由管理层或者说是教育目标的规划者来决定的，其中也包含了对“领域/科目核心素养”所要达成的领域/学科教学目标的具体要求，而在对以全民为主体的核心素养目标要求方面，需要国家从宏观层面根据现实需要和时代发展来整体把握。至此，我们分别从不同视角、不同层次和主体受体的特点分别探讨其在核心素养目标上的特征。

（一）不同学段核心素养的特征

1. 基础教育阶段

现在几乎所有机构或团体对核心素养的研究重心都集中在基础教育阶段，原因很简单，因为这个阶段的学生都是以学习为主业，或者说是“学生”就是他们的职业，这个阶段的孩子几乎不用参与到社会生产中，几乎是纯粹的消费者，他们这个阶段的主要任务就是学习基础知识、技能，养成适应社会发展所需的独立品格，为将来踏入社会、服务社会和国家做准备。这个阶段的学生教育又可分为学前教育（1~6岁）、小学教育（6~12岁）、中学教育（12~18岁）。

（1）学前教育阶段核心素养的特征

该阶段孩子的教育主要是以家庭教育结合幼儿园教育为主，在三岁前主要依靠家人的呵护，此段时间应以保证幼儿的安全为基础，从身体机能方面要能够翻身、坐立、行走，语言上能够听懂简单的词语，并能够说出来，从情感上要能够感知喜怒哀乐，并能够表达自己的情绪。当孩子能够独立行走的时候就要加强其身体活动能力的提升，比如多让孩子参加室外活动、晒太阳等，当然，孩子成长的整个阶段都要合理膳食，保证身体发育的营养需求。当孩子进入幼儿园阶段，除了之前的注意事项外就要开始学习一些基础文化知识了。例如拼音、简单的汉字、简易的单词等，同时，也要学习一些绘画、音乐等方面的知识，并具备一些简单的生活自理能力（穿衣、洗漱、收拾碗筷、扫地等），更重要的是要有安全意识，明确知道哪些行为可能给自己带来危险。综上所述，学前教育阶段核心素养的特征是以家庭教育为主幼儿园教育为辅，在保证孩子安全的前提下引导孩子学习基础文化知识、发展其身体基本活动能力、平衡膳食保证身体发育所需营养、培养其业余爱好和具备自我保护意识。

（2）小学教育阶段核心素养的特征

小学教育阶段是奠定学生核心素养基础的重要时期，该学段的孩子精力充沛，想象力丰富，渴望接触更多的新鲜事物。在此阶段的教育中要注重家校一体化教育，摆在基础地位的首先是安全教育和身体的健康发展，在此基础之上，在培养核心素养上主要指向其自主行动能力的提高方面，这包括培养其养成良好的生活习惯，能够认识到自身特质并发挥潜能，对遇到的事物能提出疑问，具备一定的独立思考能力，能够给自己制订一些计划（如学习）并实施，能够体验生活，处理一些日常生活中出现的问题；学习好基本的语文、数学、外语等知识，对艺术有一定的欣赏能力，能够掌握一些体育项目的基础技能并能形成锻炼习惯；能够用语言、肢体和表情来进行沟通，具备换位思考、乐于助人、团结合作等良好的人际交往能力；具备良好的道德规范、公民意识、爱护环境和明辨是非的能力。

（3）中学教育阶段核心素养的特征

该阶段学生已经具备较强的自我意识，在对该学段学生的教育过程中要着重培养以下几个方面的能力：在自主行动能力的提高方面，要进一步培养其养成良好的生活、学习习惯，能够在较大程度上认识到自身特质并发挥自身潜能的能力，对遇到的各种事物能提出疑问，并能独立思考和分析问题的能力，继续加强自我规划能力并能自觉实施计划，能够多方位体验生活并较好地处理日常问题；进一步学习好基础知识，能够做到主动学习，具备艺术展演能力，能够欣赏和了解艺术的风格和理解其艺术价值，能够在掌握某些体育项目的技能之后进行比赛和交际，并形成习惯；善于沟通，能够结交朋友，继续增强换位思考、乐于助人、团结合作等良好的人际交往能力；具备道德规范、法律意识、民主观念，主动参与公益活动。

2. 高等教育阶段

该阶段学生大部分已经年满十八岁接近成年，在对该学段学生的教育过程中要着重培养以下方面的能力：要全面提高各项发展素养，在自主行动能力的提高方面要形成良好的生活、学习习惯，通过学习、思考和实践探索自我，增强自信，肯定自己，并能够规划自己的未来，具备较强的自我剖析能力，提高和超越自我，并能够以发展和创新思维来应对身边事物；在沟通互动方面，要具备准确地识别各类信息和表达自我能力，在继续学习新事物的过程中能够进行批判接受和反思各类信息的能力，应已经具备良好的健康习惯，重视自我身心健康，对于艺术要能够做到准确感知、欣赏，能进行创作，并能将艺术与历史、文化、社会联系起来感受之间的相互渗透和互动；主动发展自己的社会关系，在待人接物上做到求同存异、有很好的沟通协作和团队观念；具备良好品德、社会责任、法律意识、民主观念，主动参与公益环保事务。

以上根据各个学段学生的客观发展规律依次归纳了各自核心素养的发展特征。很明显，不同发展阶段核心素养的培养必然会随着学生的成长逐渐提升各项素养的要求，依据年龄阶段的不同各有侧重，其中部分核心素养只适合在某一特定教育阶段进行培养，才能够达到预期的教育目标并与其身心发展规律相协调，这样才符合实事求是和按照规律办事的原则。随着个体受教育的场所不断在变化，其核心素养培养的侧重点也有所不同，尊重学生的成长规律和不同时期的性格特点，要做到合理规划和设置教育目标，为他们未来取得竞争优势做铺垫。

3. 进入社会阶段

这个阶段的群体成分比较复杂，社会分工、收入水平、年龄分布均有不同，但都属于从学校步入社会的阶段，所以我们统称为国民素养。这个阶段的素养要求是在学生阶段素养的基础上，更多地要求在人际关系处理、社会参与程度、沟通互动能力和自我行动能力上的全面提升。原因是这个阶段的人群需要面对和考虑的问题更多，比如生存问题、生活质量问题、继续教育问题、家庭问题等，青年人要努力工作成家立业，中年人要面临上有老下有小的境地，还要面临工作的压力，老年人要面临养生养老还有照看孙一辈的任务，同时该阶段人群要面对的人际关系和各种信息更复杂。

在进入社会阶段之后，会在工作之中逐渐形成专业素养，其基础是学生时代所学的基础知识与技能，在此基础之上经由工作之后积累了更多的实践经验之后所形成的素养，也可以称之为职业素养。因此，存在于具体职业里的职业素养就有别于具有基础性和共同性的核心素养。职业素养是指职业内在的规定性和要求，是完成和发展职业活动所必需的基本意识、能力和知识、技能的综合，是从业者在从事职业活动的过程中集中反映出来的职业道德、职业精神状态和职业能力等综合品质水平。① 这里强调的是专业性和职业性，不是社会成员为了正常的生产生活需要具备的那些普遍意义上的基本知识、能力和态度。

进入社会阶段之后的核心素养是逐步形成的，其中，学生阶段发展的核心素养都应该包含于进入社会工作人员所应具备的素养，只不过进入社会工作人员的素养相对要求更复杂更深入一些。总结该阶段核心素养的内容主要包括自主行动、沟通互动、社会参与三大方面及身心素质与自我精进、系统思考与解决问题、规划执行与创新应变、符号运用与沟通表达、科技信息与媒体素养、艺术涵养与美感素养、道德实践与公民意识、人际关系与团队合作、多元文化与国际理解之九大项目。② 也就是说，该阶段的素养要求层级更高、范围更广，而学校学到的那些几乎都属于基础内容，进入社会之后，

① 方健华. 中职学生职业核心素养评价及其标准体系建构研究［D］. 南京师范大学，2014.

② 蔡清田. 核心素养在台湾十二年国民基本教育课程改革的角色［J］. 全球教育展望，2016，45（02）：13-23.

还需要通过社会实践活动获取更多更实用的经验，并且要勤加思考，通过思维和实践的反复磨炼使自己的认知层级得到逐步提升。

（二）细分领域/科目核心素养的特征

关于细分领域/科目核心素养的相关研究主要依据某一特定领域/科目的自身特点来进行，其范围包括所有的知识、门类、技能等，如数学、语文、外语、物理、化学、心理学、体育、艺术、医学等，各个学科之间既有本质区别，又有部分交叉内容，所以进行各领域/科目核心素养的培养时必须考虑各领域/科目的独特性和教授主导学校的差异性。进行领域/科目核心素养的培养重点要设计好课程规划、教学目标、教学内容、教学方法手段、考核评价等，并要注意各领域/科目所培养的核心素养会有部分重叠，但在培养时可以从各领域/科目的独特性视角来进行，以加强这种素养的培养效果。比如，体育课不单能传授健康知识与技能，还能通过各种体育活动培养学生的吃苦耐劳精神、团队意识、战略战术和爱国主义精神等。

简单来说，所有细分领域/科目的核心素养目标的结合就是综合素养，这个综合素养是所有素养的最高级，不是简单地属于学校阶段所学的科目内容，而是包含所有门类的领域/科目，包括了国民素养和专业素养，而国民素养又包含学校阶段核心素养和进入社会核心素养。

第四节　学生发展核心素养的政策定位

一、核心素养是党的教育方针的具体化

从我国目前的教育现状和历年来党的教育方针政策来分析核心素养可以发现，实现和落实核心素养教学目标必将总的宏观教育目标进一步落到实处，是我国大的教育方针、总的教学理念、教育目标和培养目标的核心部分，同时核心素养与学科的教学质量评价也息息相关。要实现我国现阶段的教育培养目标就必须有宏观的教育指导思想来指引，在党的十八大报告中就明确提出要把“立德树人”作为我国社会主义教育的根本任务，后续又将社

会主义核心价值观体系教育加入教育目标，在这些基础上形成了以我国优秀传统文化教育内容为基础，以爱祖国、爱中国共产党、爱人民、爱学习、爱劳动活动为指导的长远有效机制。各层级的教育主管部门明确了我国宏观的教育目标，对广大学生进一步增强学习意识、社会责任感、创新精神和公民意识以及实践能力的提升都起到了指导作用。

党和国家的总的教育方针是依据当前世界发展趋势并结合我国实际来制定的，是对我国教育事业的宏观把控，想要将这些方针政策落实到基层学校的具体教育教学中，就必须认真客观地分析和掌握各个细分学科的内涵和价值，抓住其本质、要素和学习规律，提炼和归纳出可教可学的各细分学科的核心素养。这里重点是从课程建设入手，完成好教师培养，设置好教学内容，制订好教学目标，选择好教学方法手段，根据要达到的教学目标制定课程评价办法，争取通过实践教学使所教授学生具备能适应社会发展需要的各学科核心素养。只有从微观层面对接党的宏观教育政策方针，才能够在教育实践中将其融入不同层级、不同学科的教学中。核心素养在其中起到了承上启下的作用，通过这个桥梁落实党的教育方针政策，使学生发展核心素养落到实处。

除了国家教育政策方针与核心素养的有机融合，我们还应该注意到随着我国社会的发展和经济的快速增长，社会对人的需求也日渐发生变化，对学生能力的要求也在逐步发生变化。因此，为了更加准确地解读和落实党的教育方针，把学生全面发展这一教育目标具体化，把学生在学校的发展规律与当今社会对人才的需求相结合，根据我国基本国情和经济发展规律，系统地建立切实可行的、与时俱进的、具有中国特色的学生发展核心素养培养体系，对我国科学技术上一个新台阶，促进经济发展，进一步满足人民对美好生活的向往，综合国力尽快赶超世界发达国家，实现中华民族伟大复兴的中国梦具有重大意义。

二、核心素养引领教育和各学科课程改革得到进一步深化

在各学段的学校教育中，课程的角色尤为重要，它是学校教育教学活动的主体部分，承载着能否实现既定的教育内容、教育目标和教育思想的重要功能。新课程改革从 2001 年启动至今，其教育改革的重心也在逐渐变化，从

最初的双基，到向三维目标推进，发展到现在以人为本的核心素养教育，可以说，核心素养推进了课程改革的步伐。当然，核心素养又与双基和三维目标有着密切的联系。

基本知识和基本技能是核心素养的表层体现，是与学科相结合对学生能力提出的具体要求。三维目标则是居于双基和核心素养之间的过渡，不是单纯地从学科出发，也没有对素养深入地探究。素养是从学生的内在特质出发对课程与教育教学进行规范和要求。双基、三维目标、核心素养是一个逐渐深化的过程，是由外而内的转变。核心素养是从培养全面发展的人的视角来对下一步教育实践活动指明方向，目标明确地提出了教育的具体任务和涵盖范围。从一定程度上说，核心素养教育目标培养体系的构建，使教育目标更加明确，特别是对基层的学校教育，细分学科领域的课堂教学目标更加具体，让老师们更加清楚地知道要干什么、怎么干、要干到什么程度。核心素养教育目标培养体系的确立是新形势下深化教育改革中以人为本教学思想的推进，是落实培养新世纪人才的重大改革，也是指导细分学科领域改革和发展的风向标，并对教师素养提出了更高的要求。

三、核心素养是实现素质教育的内涵发展与具体化

纵观中华人民共和国成立以来我们的教育发展历程，从 1957 年全面发展教育目的的确定，到 1985 年素质教育的提出，再到 2001 年基础教育课程改革和 2016 年核心素养的发布，都体现了教育目的和培养目标系统的不断深化和修正。① 以上教育目标的逐步改革和完善，都不是简单地提出某一个概念就能实现的，而是需要根据不同的教育发展阶段将目标层级逐级按要求实现，其中每一层级的目标包括教育目标、课程目标还有教学目标，而这每一层级的目标都是由上位目标到下位目标逐级落地并逐步由概括到细分，明确各级责任主体，将目标要求落实到具体任务中。

素质教育的提出是相对于应试教育提出的具有宏观指导意义的教育思想。它要求训练和培养学生，基本品质结构、素养对应的主体是人或学生，

---

① 毛红芳．从素质教育到核心素养：全面发展教育的中国实践与理论发展［J］．国家教育行政学院学报，2018（03）：44-49.

让其获得内在的、相对稳定的、长期发挥作用的身心特征。学生发展核心素养主要强调的是学生素养发展的综合性和发展特征。教育实质就是为人格的全面发展服务的普通教育，其主要功能是给人格的发展打基础，使每一个人在公民生活中能通过他的行动经受检验。① 所以，从这一公认的论断可以看出，我们的教育在任何时候都必须落脚到"人"的出发点，这也是教育事业所针对的主体对象，即人的成长和发展才是教育的根本目的。具体到个人来说，就是使其在原有基础上发展成为一个更好的自己，一个对社会对国家有用的人才。

从我国实施素质教育改革以来，虽然已取得了诸多教育成效，可是也不能否认现在的学生仍有身体素质逐年下降，进入社会后在某些方面表现出适应能力不强，具体操作和实践能力欠缺，特别是还存在创新能力这一新世纪重要人才标志不足的现象，背离了国家素质教育改革的初衷。其实素质教育就是针对应试教育造成的不良影响提出的，但是在具体实施过程中，无法解决因为"高考指挥棒"这一进入高等教育门槛的指引问题。显然，我们必须理解社会、学校、家庭对学生能够进入名校这一当下和未来会长期存在的人才观念，社会的企事业单位选择人才要看学历和教育背景（毕业学校的层次，是否是985、211），学校要知名度和国家社会资本投入（升学率），家庭要自己的孩子出人头地（好工作，高收入），所以，这都是整个社会对人才的目标导向造成的问题，并不能单单把责任归于教育本身。长期以来，受此导向而造成的片面要求各级考试成绩和升学率这一传统观念，使以素质教育为教育目标的各级评价体系并没有构建完善，导致了各级学校对教育学生的重点都放在考试考什么，就把所有教育资源投入到哪里，而家长和学生为了升学考试也是趋之若鹜，无法自拔，以至于整个教育环节忽视了除去考试科目以外素养的培养和投入，而那些以应试为唯一目的的校外培训机构异常火爆，甚至出现了排队报名的现象，这不但背离了素质教育的初衷，剥夺了学生全面发展的权利，更在很大程度上增加了许多家庭的经济、时间和精力成本。要从根本上解决这一问题，并不是一朝一夕能够完成的，而需要从教育理念发展、人才选拔标准上下大力气逐步完善。

---

① 第斯多惠．德国教师培养指南［M］．袁一安，译．北京：人民教育出版社，2001.6.

当前，国家推行学生发展核心素养这一重大教育政策，正是为了逐步改善上述问题所带来的不良影响。而在推行以核心素养为教育目标的过程中，必须充分认识到应试教育必然会带来的负面影响。所以，在加紧推进核心素养教育的同时，必须制定与其相同的考试标准导向。例如，当下正在加大力度实施的中考体育加试很好地引导了社会、学校和家庭对青少年体质的重视。相关数据显示，现在的青少年体质状况正在逐步改善，这一决策收获了良好的效果，并很有可能在未来的高考中加入体育测试。所以，正确运用考试这根指挥棒能够对教育目标的实现起到很好的指引作用。

综上所述，核心素养教学目标的提出，是对素质教育内涵的逐步深化和具体化，让基层的教育实践有了具体可操作的行动指引，但是必须进一步完善考试内容和标准的可行性分析和具体的操作指南，发挥好考试指挥棒的引领作用。只有从各个层级的核心素养教育实施上深入和细化，才能全面地推进素质教育改革，才能更大程度地提升我国教育质量，落实教育方针政策。

第四章

高校体育课程与核心素养

第一节　学校课程的系统架构

核心素养为我国素质教育所关注的“素质”提供了更为明确的内容，也对学校及其教师的工作具有更为直接的指导作用。实际上，近年来核心素养已经引起我国政府和公众的广泛关注，正在成为我国素质教育和课程改革的重要基点。学校课程需要明确核心素养在国际上的概念和体系，并结合我国教育实际情况，将核心素养有机融入学校基础课程的教学实践中，从而实现学校课程改革的价值和目标。

一、学校课程领域

作为学校的核心竞争力，课程的改革是学校教育改革与发展的关键所在。核心素养与课程体系相结合的国际热潮引领着学校教育改革与发展的方向。当前我国学校教育改革面临的重要问题是如何构建中国学生的核心素养，以及如何将核心素养与教育教学实践结合，构建相应的学科课程体系来培养学生的核心素养。学校课程应通过挖掘核心素养、发展核心素养、整合核心素养这三个阶段来全面提升学生核心素养，甚至教师核心素养，并以此为契机激发教师开发、实施课程的综合能力，实现学生的终身发展，进一步推动学校课程改革高质量持续性地发展。

根据国家和地区的不同，核心素养与课程结合的方式也有所不同，核心素养体系在教育教学实践领域有三种应用模式：第一种模式采取的是核心素养与课程相融合的模式，核心素养由专门的机构进行研制和开发，并独立于课程体系之外，代表国家为美国、澳大利亚；第二种模式在国家课程体系中明确了核心能力或核心素养，用以指导课程内容及课程设置，代表国家为芬兰；第三种模式，国家没有单独的核心素养体系，而是将核心素养融入课程标准内容和教学建议，课程以学科知识为主线，注重学科知识的系统性和完备性，充分体现培养学生核心能力和素养的宗旨，代表国家是日本、韩国。

近年来，如何基于核心素养构建课程成为中国教育界关注的焦点。通过执行国家课程计划和标准，并结合学校自身的课程建设和实施，在学科知识体系的科学性和完备性的基础上，挖掘各门基础型课程中蕴含的核心素养，这是基于学生核心素养建设学校课程体系的关键一步。

基础型课程的实施，使学生在国家要求的课程体系中形成基本素养得以实现。拓展型课程的作用则是促进学生个性的发展，发掘学生潜能，并在一定程度上强化学校办学特色。拓展型课程可分为限定型拓展课、必修型拓展课、自主型拓展课和讲座型拓展课。对于拓展型课程的建设，形成各教研室具有特色的拓展课程，再鼓励教师发挥个人特长，开设有个人特色的精品课程，力求课程适应并促进每一位学生的发展，加深他们对基础型课程所学知识理论的实际应用能力，培养学生的创新精神和意识，全方位发展各项核心素养。

首先，要根据学生的身心发展特点开设课程，其次要保证课程形式多样化的同时注重课程内容的高质量。此外，在基础型、拓展型课程齐整、充足的同时，注重将各类核心素养以专题探究、课题研究、活动设计等方式融入探究型课程，促使核心素养不仅在学科与学科之间，而且在学校与社会之间进行较好的整合。

在学校课程多维度的体系之中，基础型课程、拓展型课程与探究型课程交相呼应。一方面，基础型课程为学生的核心素养奠定了坚实的基础；另一方面，拓展型课程的建设和实施在展现学生个性的同时，进一步提升了学生的核心素养；最后，探究型课程通过课题研究、专题探究活动，为学生提供对社会、对科学进行探究的平台，最终展现出完整的学生核心素养内涵的社会形态。

二、学校课程计划

课程计划又叫课程文本或课程指南、课程标准、课程资源，是指正在或者将要实施的课程方案，主要包括资源，如教科书、教学参考书等和有待教师开发的资源，也包括教师自己编写的教案。本书中所指的学校课程计划包括学校的课程大纲、课程进度、教材以及相关教学资源等，这些材料是构成学校课程实施的重要参考资料，也是教师开展课程的基本载体。

多层次是课程计划建设的特点，主要体现为：其一，就文本开发的考虑因素而言，学校在课程计划的建设过程中体现着国家要求、地方要求及学校的具体情况；其二，综合上述三方的具体情况，就学校形成的具体计划而言，课程计划本身在研制、科目方案的编制与审核以及相关课程资源的开发中，逐步细化并融入对学生素养培养的考量。在每个层次内部，各要素是相互关联、相互影响的，如科目方案的编制以课程计划的研制为指导，而相关课程资源的开发又以科目方案为参照。

学校课程计划是由教育行政部门或学校机构依据教育目的以及学校和专业的性质而制定的，关于学校教育和教学工作的一种指导性文件。我国实行国家、地区、学校三级课程开发和管理模式，因而在不同层级上也会有相应的课程计划，而这些不同层级之间又呈现出纵向的关联。学校课程计划体现的是对国家和地区的课程计划的具体落实，同时，它也是对学校自身教育教学的顶层设计和规划。因此，学校课程计划的制订与实施要依据国家和地方的课程计划，并结合学校自身实际，从而指导学校自身教育教学工作。除此以外，学校课程计划的制订需融入让每一个学生的潜能得到充分发展的理念，整合核心素养的要求，进一步调整和优化课程结构和设置，形成课程类型多样化，内容精品化、综合化的课程特色。

学校课程计划是指导性的纲领性文件，它是国家和地方的课程计划的“校本”方案，对学校的课程中的理念、目标、内容、实施与评价等进行总体的规定和要求。例如，首先在体育课程设置上，强调以素养为中心，面向全体学生，开设丰富的可供学生选择的课程。由学生根据自己的兴趣爱好和特点进行自主选择，每个学生在自主选择的课程中切实获得多方面的发展，实现个性化需求，体验学习的成功，增强自我效能感，提升学生社会化的发展。其次，注重学生差异，体现层次性。根据不同项目和学生的发展特征，体育课可以分设男生班和女生班，给予有针对性的教学和指导，充分提升体育课的效能。最后，突破课程束缚，体现综合性。在不同的学科之间整合核心素养，不局限于单一学科，将全面发展以核心素养的形式体现在不同课程中。

第二节　体育课程的系统架构

一、体育课程核心理念：注重学生的主体地位

所有课程领域的变革都必定要求课堂教学的调整或转型，都必须通过课堂教学才能发挥效用。目标决定改革的方向。课堂教学改革的目标是变革学生的学习方式为自主、合作、探究等多样化的学习方式，培养学生的创新精神和意识，培养合作和实践能力。课堂是学生在校学习的主阵地，课堂质量的高低直接决定着学生核心素质发展的好坏，因此，在课程改革纲要的指导下，体育课程需要依据体育学科的特点进行课堂改革，形成体育课程在培养学生体育核心素养、促进学生终身发展方面的独有特征。

学生作为成长中的人在追求知识、追求自我、展示自我的过程中，对知识存在着不同的成长需要。因此，在课堂与学生的关系中，学生处于主体地位，学生在课堂中表现出的参与意识与态度以及参与程度关系到课堂教学的有效性。因此，教师在教学过程中要坚持以学生为主体，满足学生个性化成长的需要，发挥学生主体作用。具体到体育课堂教学中，发挥学生主体作用就意味着教师要关注学生的身心发展特点，以学生的身心基础为起点，掌握学生基本状况与特点，激发学生对体育课程的兴趣，满足不同学生对运动技能与知识的多样化需求。

课程的核心理念是“以人为本”，这就意味着教师不但要以“人”的发展为根本，还要关注每一位学生的发展。就体育教育教学过程而言，关注学生发展，包括学生的身体发展与心理发展及社会交往能力、意志品质

等方面的发展。学生的发育不同使得他们出现了身体形态上的个人差异，也会因发展得不充分而出现自卑感，“以人为本”就需要教师关注学生在体育教学中的情感体验，保证每个学生在体育教学中获得积极的体验。体育课程教学还应该按照不同学生不同的身体素质和运动能力，选择符合学生实际、能够促进学生发展的教学方法和教学内容，确保每个学生都能够在体育课堂上学习并掌握技能，促进学生各项能力的发展，使体育课堂成为展示自我的平台。

在体育课堂教学中，学生还存在着认知能力与运动能力等方面的差异，因此会产生对学习不同层次的需求。教师在确立学生的主体地位的理念下，关注学生的多样化需求，从而在教学中建立有效教学，注重学生的全面发展，关注学生思维上不同的需求，在师生互动中关注学生的不同的情感需求。在体育课堂的教学中，教师应充分了解学生的需求，在完成课堂教学的基础上需尊重学生兴趣、参与和探究等方面的需求。

在体育课堂的教学过程中，要明确学生的主体地位，始终将学生参与作为体育课堂教学的中心，积极引导学生自觉自愿地投入体育课堂学习的过程中，提升学生的学习效率，切实推动学生的全面发展。体育这一门课程对于学生而言，在学生生涯乃至整个人生的生活和学习中均占据着重要的地位，体育课程不仅承担着提高学生的身体素质的重任，同时还具有帮助学生树立积极的世界观、人生观和价值观的责任。体育课程应围绕学生这一主体，挖掘体育核心素养，展开体育课堂的体育核心素养的教学设计和实施，通过学生课堂上的积极参与，引导学生形成健康理念和锻炼习惯，在拥有强健的体魄的同时塑造顽强的意志和品格，从而促进学生体育核心素养的全面发展。

二、支架式教学模式

体育课堂教学中教学模式的科学性、合理性尤为重要。支架式教学可作为体育课堂教学模式的重要参考。欧共体“远距离教育与训练项目”的相关文件中对于“支架式教学”做出了阐释，支架式教学应当为学习者建构对知识的理解观念框架，框架是为了引发学习者对未来问题的深度理解。通过将复杂的学习任务分解，将学习者的理解逐步引向深入。支架式教学的特点是始终以学生的现有认知水平为基础，教师通过将新知识分解成简单概念，使学生通过“支架”自行建构知识，不断提高学生进行独立探索和学习的能力。高校体育课程应将支架式教学模式应用到体育教学中，一方面改变体育教师“手把手”教学的教育观念，另一方面改变学生在体育课堂中“简单模仿和记忆”的方式方法。

建构主义认为，学生的认知和知识是基于个人经验的操作和交流，并通过与外界的相互作用和个人反思来主动建构的，不是机械的知识迁移，而是个人内在心理表征的过程。建构主义者提出的“支架式教学”这一教学模式，是借助了建筑工程中“脚手架”的概念。支架式教学是一种以人为本的教学观，在教学中注重的是学生的主观能动性，同时尊重学生个性以及在认识方面的差异。在高校体育课程中实施支架式教学模式，在提高学生的体育技能水平的基础上，通过学生自身对动作的理解和建构，不断提升其自主学习技能的能力。

基于维果茨基的“最近发展区”理论，高校体育课堂与支架式教学模式深度融合，形成了体育支架式教学模式，其有五个基本环节。

第一，创设体育教学情境。创设体育教学情境的前提是体育教师要熟知所授课程的教材和内容，并通过合理的教学设计进行体育教学情境的创设，将体育教学中的体育技能通过体育教学情境引入课堂，激发学生的学习兴趣，引发学生积极主动思考，调节体育教学课堂氛围，促进学生主动参与体育技能学习和练习的过程。创设体育教学情境的前提，要考虑教学环境是否贴近学生生活，是否是从学生身边的事与物出发，以激发学生对新授体育内容的好奇心。同时，创设的情境一定要与本堂课新授内容密切相关。例如，在排球课授课过程中，教师以热播电影《中国女排》作为引子，向学生讲述中国女排的辉煌历史，从而引出问题“什么是女排精神”，并引出排球的新授内容，这样的体育教学情境能引发学生的兴趣，激发学生对排球技术学习欲望，提高学生学习的主动性和积极性。通过体育教学情境成功地将学生带入体育教学中，在整个教学过程以及学生练习的过程中，都展现出极高的主动性。

第二，搭建体育技能学习支架。体育教学活动中的学习支架应按“最近发展区”要求进行搭建，根据将要学习的体育技能，在了解学生身心基础、认知能力和情感状态的基础上，体育教学方法、教学形式、教学内容、教学要求要符合学生的认知规律，并能体现时代性。体育教学支架要设置不同的支架，如目标支架、范例支架等，既要符合教学内容的安排，更要符合学生认知能力的特点，通过多个支架相互作用实现学生对体育课程相关知识和技能的构建。

第三，体育教学中的独立探索。独立探索是教师提出问题后学生自己探索的过程。在体育教学活动中，要注重培养学生自己对体育技能独立探索的过程，通过自我探索，学生能够发现体育技能内在的结构和规律。教师需要提供问题支架，在教学中要留有学生独立探索的时间和空间，并根据实际情况进行及时引导。学生通过自己的经验和自我探索得出运动知识和技能的结论。与传统体育教学相比，体育课程支架式教学能使学生充分发挥主体性，在学习过程中经历思考、练习、归纳、分析、假设，而不是不假思索的简单的动作记忆和模仿。例如，排球新授课程中教师先提出问题支架："垫球是利用上肢哪个部位进行的?""身体保持怎样的姿态才能控制排球的力度和方向?"在问题支架的基础上，教师不立即给予答案，而是让学生独自练习，体会上肢各个部位垫球的感受。自我练习结束后，教师再借助范例支架来教授垫球技术，通过学生的练习体会及在学习垫球过程中的独立探索，教师通过问题支架和范例支架两种支架的相互配合成功教授垫球技术。

第四，体育教学中的合作学习。合作学习是建立在学生独立探索的基础上的一种教学模式，相对于独立探索，合作学习是更深一步的学习。体育教师要改变灌输式的教学方法，避免枯燥无味的简单动作模仿，在学生独立探索的基础上，形成主动参与、合作学习的良好体育教学氛围。学生在学习过程中，通过体育课堂中的合作学习，在主动参与练习的同时，积极表达自己作为独立个体对运动技能的理解；在对运动技能学习和创新的过程中产生分歧时，经过激烈的讨论和练习，并通过教师恰当的引导，达成最后的共鸣，共同展示合作学习的成果。学生通过合作学习对运动技能的学习进一步加深。体育教学中的合作学习展现出体育课程具有培养学生团结协作的集体荣誉感，展现学生在团队中的个人能力的独特优势，体育教学中的合作学习也是学生的团结协作能力以及社会交往能力培养的过程。

第五，体育效果评价。体育效果评价主要是从教师"教"和学生"学"两方面进行。在体育支架式教学中，教师要注意目标支架是否合理、问题支架是否恰当、范例支架是否清晰明确、工具支架是否运用得当、在体育教学情境创设上是否能激发学生兴趣、教学过程中独立探索和合作学习是否有较好的教学效果。学生在学习中的学习态度和学习能力是否提高，学习效果如何，这些都是效果评价的重要内容。在评价方式上除了对教师评价以外还包括学生自评和互评。

第三节　体育学科核心素养的整体分析

一、核心素养与学科核心素养、体育核心素养与体育学科核心素养

（一）核心素养、学科核心素养

1997 年联合国经合组织（OECD）的“素养的界定与选择”研究项目中最早开始研究核心素养，严谨界定了“能互动地使用工具”“能在异质社群中进行互动”与“能自律自主地行动”三项核心素养。直至 2003 年《核心素养促进成功的生活和健全的社会》的报告中，才首次使用了核心素养（Key Competencies）这个词。

核心素养（Key Competencies）这一概念的首次使用是在欧盟（EU）的《知识经济时代的核心素养》的文件中。核心素养代表了一系列可迁移的、多功能的知识、技能和态度的集合，它是每个人发展自我、融入社会及胜任工作的必备素养。

联合国教科文组织（UNESCO）与其他组织所提出的核心素养有着不同之处，它认为培育核心素养需要终身学习，始终与学习有着紧密的联系。提出终身学习的五大支柱——学习求知、学习做事、学习共处、学习发展、为了改变一起学习，并在《全球学习领域框架》（2013）报告中将核心素养划分为身体健康、社会情绪、文化艺术、文字沟通、学习方法与认知、数学与科学、科学与技术七个一级指标。

《中国学生发展核心素养》（*Core Competencies and Values for Chinese Students' Development*）是北京师范大学等多所高校组成的联合课题组历时三年提出的具有时代性、科学性和民族性的核心素养框架。学生发展核心素养

以培养“全面发展的人”为核心，分为文化基础、自主发展、社会参与三方面，包含六大核心素养：人文底蕴、科学精神、学会学习、健康生活、责任担当、实践创新，以及 18 个基本点。

通过国际组织和地区以及我国学者对核心素养的探究，核心素养的概念指向的是“教育应培养什么样的人”，每个人在终身成长中需要的素养有很多，有基础素养，也有核心素养，然而每个人发展都需要基础素养，其中处于核心地位的素养也是最关键和必要的素养，被称为核心素养，它是个人在成长过程中知识、技能和态度的综合表现。

国际课程改革领域已将学科核心素养体系的构建作为引领和推动教育与课程改革的发展趋势和重点。学校课程改革将改革的目标指向学科核心素养。不同学科核心素养的建构和培育是学校课程改革的核心。学科核心素养的形成需要核心素养真正融入具体的学科课程中，学生在接受相应学段的教育过程中，通过相应学科的学习逐渐将核心素养内化为终身发展的关键能力，逐步形成适应社会发展需要的必备品格。学科核心素养是以培养学生核心素养为目标，通过学科核心素养来培养学生的潜力，落实核心素养的理念，集中体现学科的育人价值。

（二）体育核心素养、体育学科核心素养

体育核心素养与体育学科核心素养有着密切的联系，也有很大的区别。

体育核心素养的对象是全体公民，它指的是个体通过不同形式的体育学习，掌握运动项目和体育知识，将体育锻炼融入实际生活之中，达到增强体质、增进健康的目的，最终实现人的终身幸福。体育核心素养体系应包括三大指标：第一，体质和健康；第二，体育技能；第三，体育社会情感。

与语文、数学、外语其他学科一样，体育作为学校教育领域的一门学科，同样是学校育人体系的重要组成部分。体育学科核心素养将核心素养与体育学科教育有机结合，将核心素养在体育学科教学领域具体化，将核心素养的育人功能在学科课程延伸，并带有体育学科教学领域的独有特色。体育学科核心素养的对象是学生。体育学科核心素养是学生通过体育学科学习，掌握与形成的终身体育锻炼和全面发展必备的素养。体育学科核心素养体系中也包括三大指标：体育情感与体育品格、运动能力与运动习惯、健康知识

与健康行为。①

二、国内外体育学科核心素养研究现状

（一）国际组织与各国体育学科核心素养的研究状况

21 世纪全球化、信息化与知识时代新格局下，核心素养的热浪席卷全球。联合国教科文组织（UNESCO）、经济合作与发展组织（OECD）、欧盟（EU）等国际组织为了配合教育国际化的发展进程，相继开始研制和推行一系列与核心素养有关的教育法规和制度。美国、英国、加拿大、日本等国家将核心素养作为国家发展的前瞻性问题，纷纷从国家及公民的角度，提出一批各具特色的核心素养框架和体系，具有代表性的模型有美国彩虹型以“21 世纪技能”为代表的整体系统核心素养模型、日本同心圆型“21 世纪型能力”核心素养结构模型。

基于核心素养的不同学科课程标准的研制已成为国际趋势。在体育学科核心素养方面，美国、英国、德国、澳大利亚、日本、韩国、新加坡等国家将培育学生体育学科核心素养作为课程改革框架的重心。下面分别就美国、英国、澳大利亚等国家的体育与健康标准中的核心素养内容进行解读。

1. 在美国《国家体育标准》2013 年版中描述了“具备体育素养的个体”应达到的目标。体育素养（Physical Literacy）的概念由 Mararet Whitehead 提出，她将体育素养定义为平稳地、有效地、有信心地在多种有挑战性的场合下移动；有能力“读懂”周围的环境，对动作的需要和可能出现的动作做出预测，并且灵活地、有想象力地对上述情况做出反应。“具备体育素养的个体”应具备五个条件：第一，掌握参与各种体育活动所必需的技能；第二，清楚参与各类体育活动产生的影响和益处；第三，有规律地参加体育锻炼；第四，拥有健康的身体；第五，重视体育活动以及体育活动对健康生活方式的影响。同时，“具备体育素养的个体”还拥有五个非常明确而具体的目标：第一，能够展示多项运动技能和运动形式；第二，能够运用与运动相关的概念、策略和战术类知识；第三，能够达到并保持体育活动和体质的健康水

① 于素梅. 核心素养背景下“乐动会”体育课堂建构［J］. 体育学刊，2018，25（2）：63-67.

平，并能展示出体育活动的知识和技能；第四，能够展示出尊重自己和他人的个体与社会行为；第五，能够认同体育活动在自我健康、快乐、自我挑战、自我表现和社会交往方面的价值。

如图 1 所示，美国国家体育标准以“终身体育”思想为引导，体现了人本主义的精神和“以人为本”的教育理念。体育素养的提出，指出了个体在社会性的身体教育活动中应具有的行为和认识水平，以学生的需要为出发点，充分肯定了体育对人的发展的重要作用，形成学生的终身体育之路。

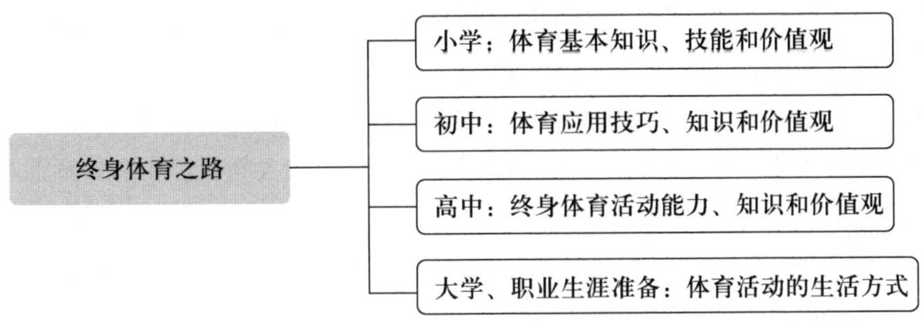

图 1 美国终身体育之路

2. 在 2013 年版的英国国家课程标准中没有明确提到核心素养概念，但在体育学习纲要中包括核心素养内容，内容包括四个方面，分别是发展多种身体活动能力、保持长时间持续性的体力活动、参与竞争性的体育活动、形成健康积极的生活方式。英国体育课程的目标与内容相对应，促进学生参与体育锻炼的持续性、竞争性体育活动的参与度、自身的身体活动能力的发展以及健康积极的生活方式的形成。英国体育课程中的特点是针对不同年龄、不同性别、不同阶段的学生进行体育关键期的划分，关键期的划分为体育学科核心素养培育提供直接路径，并根据关键期构建便于推行的体育学科核心素养培育的教学建议。

3. 澳大利亚的体育课程与我国体育健康课程一样，将体育与健康教育合为一门课程。在 2016 年版的澳大利亚的《健康与体育课程标准》中，体育学科核心素养强调通用素养以及健康素养知识和技能的理解力与实践运用能力。知识、技能、理解力是澳大利亚体育核心素养的重心。澳大利亚体育课程改革的目的是将学生培养成为“能够适应未来生活的、身心健康的、具有直面困难和具备冒险精神的全面发展的公民”。澳大利亚体育课程中，核心素养内容首先强调的是“General Capabilities”，即“通用素养”，分别是“读写能力 ”“计算能力”“信息沟通技术”“批判和创造性思维”“社交能力”“伦理道德理解和跨文化理解”。① 在七大通用素养的基础上，提出体育核心素养五个方面的课程目标：（1）获取、评价和综合运用体育相关信息，采取积极行动去促进和维护自己和他人健康、幸福与安全，并提倡终身参与身体活动；（2）开发和运用个人的、行为的社会认知技能和策略，提升个人认同感和幸福感，建立并维系良好的人际关系；（3）习得、应用和评价运动技能及其相关的概念和策略，能自信出色地参与各种体育活动；（4）积极参与并享受体育运动，理解体育运动对个人、社会、文化、环境和健康的积极意义；（5）分析多样和多变的个人和环境因素在地方、区域乃至全球范围对体育和健康活动产生的影响。② 五个课程目标显现出澳大利亚健康和体育课程中，健康与体育知识和技能的“获取”—“开发与应用”—“习得与应用”—“理解”—“分析”整个过程，可以看出澳大利亚在体育核心素养的培养中强调理解力，注重通用素养、健康素养在体育课程中的应用，全方面地培育学生体育学科核心素养。

4. 加拿大安大略省《健康与体育课程标准》在目标部分重点提到“体育素养”（ Physical Literacy）和“健康素养”（Health Literacy），加拿大的体育核心素养结构分为通用素养和体育素养以及健康素养。在加拿大健康与体育课程中，通用素养三大内容——个人技能、人际交往技能、批判与创造性思维技能作为目标统领，在每个教学与评估过程中渗透三大生活技能，同健康与运动能力、活跃生活、健康生活三个课程内容充分融合。在此基础上，加拿大的健康与体育课程的核心素养中重点强调健康素养，“健康”理念始终贯穿于课程之中。除此以外，加拿大健康与体育课程还注重跨学科课程的融合，除了自身具备综合课程（涵盖了体育教育与健康教育）的特征外，还注重与语言、科学技术、社会与历史、地理、数学、理财、职业规划、伦理

① 朱琳，党林秀，董翠香．美英澳新韩加体育学科核心素养特征分析及启示——基于六国现行体育课程标准文本的分析［J］．体育教学，2018，38（03）：54-57.

② 刁玉翠，李梦欣，党林秀，董翠香．澳大利亚健康与体育课程标准解读．体育学刊，2018，25（2）：85-90.

等学科的融合。①

加拿大的核心素养显著的特征是将通用素养有机融入体育学科核心素养中形成完整的结构体系。一个人的健康积极的生活，是要在“活跃生活”“运动能力”和“健康生活”中拥有“个人技能”“人际交往技能”“批判性与创造性思维技能”三大生活技能，以及一个人必备的健康素养和体育素养。

纵览各国的国家体育与健康标准，对核心素养的表达方式各不相同，主要名称有体育素养（Physical Literacy）、健康素养（Health Literacy）、关键能力（Key Competencies）、通用素养（General Capabilities）、技能（Skills）等，但是根据核心素养是学生在学习过程中逐渐形成的正确价值观念、必备品格和关键能力的观点来看，各国的国家体育与健康课程标准中都蕴含着核心素养的理念，而且都存在着共同的趋势：

第一，体育学科核心素养高度重视学生的跨学科素养。澳大利亚体育与健康课程采用通用素养和课程内容深度融合的模式，在教育理念上“聚焦教育性目的”，注重提升学生的批判和创造性思维、个人与社会、道德理解等七大通用素养，充分显示了体育学科全面育人的教育价值；法国的体育核心素养的内容，除了运动技能层面以外，对个人的社会适应能力和德行方面的培养所提的要求更为丰富，比重更大，在个人德行培养中呈现出从简单到多元的趋势。新西兰的健康与体育课程中除去运动概念和动作技能，更强调个人的健康与身体发展、人际关系、健康的社区与环境等其他方面的核心素养。

第二，体育学科核心素养都发挥着独特的健身育人作用。体育学科最基本的价值是健身，各国对体育学科核心素养的表述都富有体育特色，比如美国为运动技能、体能；韩国使用身体锻炼能力、竞技执行能力等。但与此同时，各国还要求在促进学生运动的过程中注重学生价值认同、道德理解、个人与社会等方面的素养，体现出体育学科的价值不仅仅局限于体育本身，而是基于体育锻炼的基础上，更关注对人的教育，注重培养学生健康的生活价

---

① 党林秀，董翠香，朱琳，刘兴石，刘超，刘素红，苏银伟．加拿大安大略省《健康与体育课程标准》的解析与启示［J］．北京体育大学学报，2017，40（06）：79-87.

值观和个人的社会化。

第三，体育学科核心素养与健康的关系密不可分。随着时代的发展，新的生产方式让人们的活动量大幅度下降，肥胖、糖尿病等慢性疾病严重威胁人类健康，青少年现在已经成为健康受到危害最大的群体之一。因此，“健康”成为世界各国体育课程中的重点，体育课程与健康课程已浑然一体，而且维护学生健康成为体育学科核心素养的核心内容。例如，澳大利亚国家课程标准提出要学生获取信息维护自身和他人的健康，并能分析个人和环境对健康造成的影响；俄罗斯重视学生健康监测的能力与健康行为；韩国强调学生的健康管理能力；新西兰的健康标准指出要注重个人、他人与社区健康等覆盖了健康的方方面面，凸显了体育学科在促进健康方面的重大意义。不难看出，各国都将培养学生健康价值观、形成健康行为以及健康管理能力作为体育核心素养的核心内容。

（二）中国体育学科核心素养研究进展

1. 中国体育学科核心素养的研究背景

随着信息化时代和知识社会的来临，世界各国都致力于公民素养的提升，掀起了以核心素养为导向的教育改革浪潮。如何根据我国国情来培养新时代德智体美劳全面发展的新时代人才，成为我国在教育改革中无法规避的问题。学生核心素养的构建与培育是提升我国人才高质量培养的关键举措，因此，开展我国学生核心素养的构建和培育刻不容缓。真正掀起我国核心素养课程改革热潮的是 2014 年《关于全面深化课程改革落实立德树人根本任务的意见》文件的颁布，教育部首次明确指出要研究制定符合学生发展的学科核心素养体系和学业质量标准，根据学生的成长规律和社会对人才的需求，把对学生德智体美劳全面发展总体要求和社会主义核心价值观的有关内容具体化、细化，深入回答“培养什么人、怎样培养人”的问题。教育部组织研究提出各学段学生发展核心素养体系，明确学生应具备的适应终身发展和社会发展需要的必备品格和关键能力。① 基于此，学科核心素养成为基础学科课程改革的热点议题，产生了一批优质的科研与教研成果。自 2012 年

---

① 中华人民共和国教育部．教育部关于全面深化课程改革落实立德树人根本任务的意见（教基二〔2014〕4 号）［EB/OL］．http：//old. moe. gov. cn//publicfiles/business/htmlfiles/moe/s7054/201404/167226. html.

《体育与健康国家级课程标准（修订版）》颁布以后，体育课程改革的重点与焦点是体育学科核心素养的形成与培养，学科核心素养在学校体育领域也掀起了研究热潮。

2016 年 9 月，北京师范大学召开了中国学生发展核心素养研究成果发布会，发布了 21 世纪中国学生发展核心素养，研究成果是以基础教育阶段的中国学生作为研究对象，是关于中国学生核心素养的权威发布。中国学生发展核心素养，以“全面发展的人”为核心，包括自主发展、社会参与和文化基础 3 个领域、6 项核心素养指标，如图 2 所示 ，综合表现为学会学习、健康生活、责任担当、实践创新、人文底蕴、科学精神。① 每项核心素养指标又具体细化为 18 个基本要点。每个核心素养之间都存着在联系，既相互补充又彼此促进，这些核心素养作为一个整体可以在不同情境中对学生的全面发展起到重要的作用。

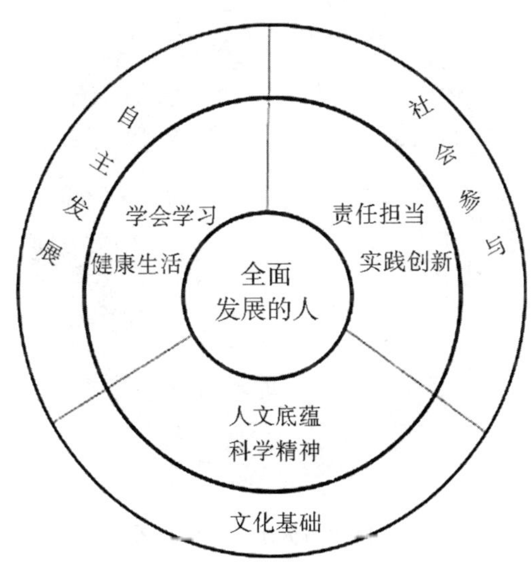

图 2　中国学生发展核心素养

教育部颁布的《普通高中体育与健康课程标准（2017）》中指出，体育

① 林崇德. 中国学生核心素养研究［J］. 心理与行为研究，2017，15（02）：145-154.

与健康学科核心素养，是在中国学生发展核心素养的总体要求下，依据体育学科的独特性而制定的，是体育与健康学科育人价值的集中体现，是通过体育与健康学科学习而逐步形成的正确价值观念、必备品格与关键能力。① 体育与健康课程标准把健身育人作为学科目标，通过3方面学科核心要素、9个基本点来体现，并通过体育课、课外体育活动、体育竞赛活动、体育社团活动和健康课程的形式来完成。② 这是我国首次提出体育学科核心素养，如图3所示，明确了“健身育人”的学科目标，运动能力、健康行为和体育品德3个核心素养，体育课、健康课、课外体育活动、体育竞赛活动和体育社团活动5个活动主线。自2018年之后，体育学科核心素养成为我国体育学科研究的焦点问题，全国各地围绕体育学科核心素养的课程化问题展开了形式各异的教学实验探索。

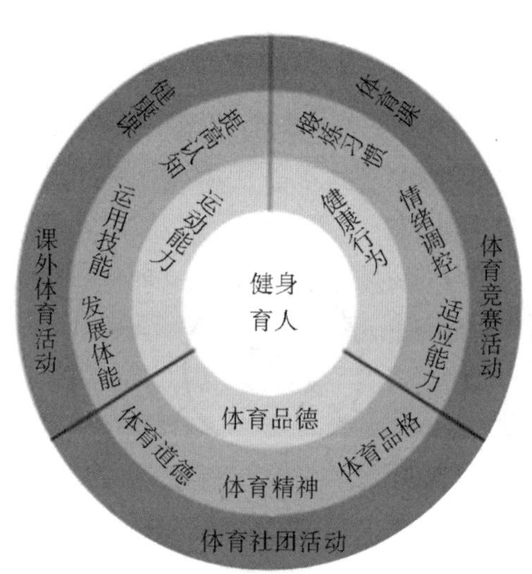

图3　体育与健康学科核心素养

① 中华人民共和国教育部．普通高中体育与健康课程标准（2017年版）[M]．北京：人民教育出版社，2018.

② 杨文轩．课程改革背景下学校体育改革与发展研究[J]．体育学刊，2018，25(05)：1-4.

2. 我国体育学科核心素养研究现状

我国学者虽然对于体育学科核心素养的内涵以及体育学科核心素养的建构有着不同的看法，但都明确了体育学科核心素养的重要价值，从不同的出发点展开对体育学科核心素养内涵的诠释，在国际组织的核心素养体系的基础上对体育学科核心素养的结构进行建构。于素梅研究员在经合组织核心素养概念以及国家政策的基础上，对体育学科核心素养从 3 个维度 6 个要素进行建构，3 个要素分别是体育精神、运动实践、健康促进。①

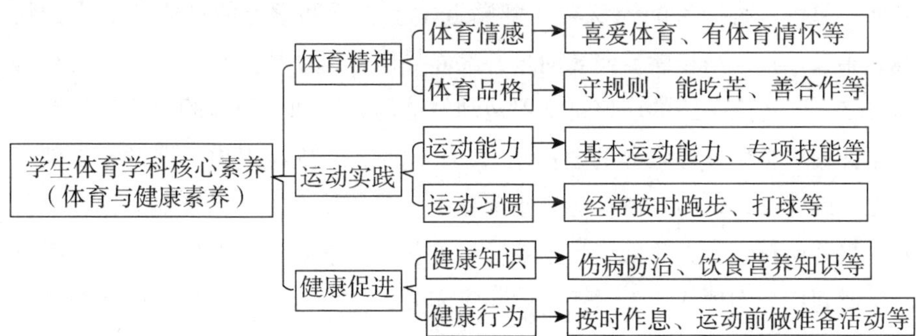

图 4　中国学生体育学科核心素养框架（来源：于素梅）

赵凤霞以社会主义核心价值观为导向，采取“鱼骨式”模型，以经合组织划分的“人与工具、个人发展、个人与社会”三个领域为依据，按照工具（体育物质层面）、个人（文化传播）、社会（社会服务）三个层面构建体育学科核心素养。②

赵富学依据学科结构理论，在进行体育学科核心素养研究时采用综合型研究方法，进行核心素养构成要素的选取，且符合“过程—结构”要素组合要求，构建了一种以体育品德与修养、运动兴趣与能力、健康行为与习惯、运动品质与意志四要素构成的镶嵌式的程序性体育核心素养结构。③ 这项学

---

① 于素梅．学生体育学科核心素养培育的基本思路与多元途径［J］．体育学刊，2017，24（05）：16-19.

② 赵凤霞，程传银，张新辉，李菊红．体育核心素养模型构建研究［J］．体育文化导刊，2017（01）：154-159.

③ 赵富学，程传银，储志东．体育学科核心素养研究的国际经验与启示［J］．体育学刊，2019，26（1）：89-100.

术研究提供了针对性的体育教师教学程序设计，奠定了学生进行体育学习实践的学理基础。

在体育学科核心素养的培育路径方面，我国学者纷纷从教学经验及学理角度提出自己的见解。于素梅研究员认为，有效实施学生体育学科核心素养培育的工作，需要将课内外、校内外结合形成由课堂主阵地、课外阳光体育、校外自主锻炼组成的多元途径。张细谦提出，体育课程构建体育与健康课程的教学目标应以健康生活核心素养为主导，教学目标的制订要实现两个转变：第一，将抽象的知识转化到贴近学生生活和学习的具体的真实的情境；第二，将运动技能导向转向核心素养导向，运动技能只是体育学科核心素养之一，重点关注的应该是学习运动技能的方法和学习体验，注重体育与健康课程中学生核心素养的全面培育。① 同时，张细谦提出了课堂教学效益精准化的建议，认为在体育与健康课程中，课堂教学的目标应瞄准体育学科核心素养的培育，力争做到教学效益精准化。教学效益精准化是指在有限的教学时间内，实现从注重形式转向注重实效，注重过程与结果，体育教学过程中注重运动密度和运动强度的精准度，提升学生体育学科核心素养的效益。除体育课堂教学以外，要注重发挥课外体育锻炼和体育竞赛的独特作用，与体育课堂教学相辅相成，互为补充，共同培育学生的体育学科核心素养。

如何通过体育课堂来有效培育学生学科核心素养？体育课程需要改革，将体育教学过程进行转型。因此，体育学科核心素养课程化研究逐渐成为引领课程改革的风向标。体育教育工作者依据核心素养理论，结合体育教学实践，构建学生体育学科核心素养体系，将学生体育核心素养有效融合于体育课程体系的改革之中。季浏通过对《普通高中体育与健康课程标准（2017 年版）》的课程性质与基本理念、学科核心素养与课程目标、课程结构、课程内容、学业质量与学习评价、实施建议等进行全面和深入的分析和讨论，明确指出体育学科核心素养的培育中，处理好运动能力、健康行为和体育品德 3 个要素之间的关系是关键，通过体育学科素养帮助学生形成良好的生活方

---

① 张细谦，张仕宜．核心素养导向下体育与健康课程实施路径的优化［J］．体育学刊，2018，25（2）：76-80.

式。[①] 姜勇从具身认知的理论视角出发，提出体育学科核心素养的“具身性”的观点，认为体育课程应树立以身体为主体的教学理念，在体育教学过程中应创造具身认知思维，在体育教学情境的创设应关注积极身体生成。[②] 罗伟柱认为体育深度教学超越工具性教学与浅表层教学的局限，“直抵知识内核和学科本质，实现体育多维价值，是体育学科核心素养培育的应然进路”，教学的“深度”体现体育教材的深度开发，培养学生的高阶体育素养。[③] 尚力沛认为，基于发展学生核心素养的体育深度学习，不是学生学习内容难度和量的增加，而是强调在运动技能的学习过程中注重学生的参与体验和情感需求，帮助学生体验和获得技能背后的价值，关注学生的进步与成长需要，让学生的学习与生活建立一定的联系。[④]

（三）体育学科核心素养现有研究存在的问题

1. 关于高等教育阶段的体育学科核心素养的研究较少

国外关于体育学科核心素养的研究，一般都指向基础阶段的体育学科核心能力或体育学科核心特征以及包括通用素养在内的体育素养。从我国现有的体育学科核心素养来看，对体育核心素养内涵的研究具有一定的局限性，几乎大部分研究都指向基础教育阶段。体育学科核心素养结构清晰，并提供不同的学段核心素养培养路径。对于高等教育阶段的体育学科核心素养缺乏学术争鸣和争议及缺乏针对性的阐释。例如，高等教育体育学科核心素养的构成要素如何选取、顺序及相互关系如何？体育学科核心素养框架体系中构成要素与基础教育阶段的不同之处是什么？体育道德是否也是构成体育核心素养的关键要素？

正如学者褚宏启认为的，核心素养的培养并不应仅仅针对中小学生，而

① 季浏．我国《普通高中体育与健康课程标准（2017 年版）》解读［J］．体育科学，2018，38：3-20.

② 姜勇，王梓桥．对体育与健康学科核心素养内涵特征与构成的研究［J］．中国学校体育，2016（10）：39-43.

③ 罗伟柱，邓星华．体育深度教学：体育学科核心素养培育的应然进路［J］．体育学刊，2020，27（02）：90-95.

④ 尚力沛，程传银．超越技能：基于发展学生核心素养的体育深度教学［J］．沈阳体育学院学报，2018，37（03）：96-103.

是面向全体的“国民核心素养”，应该是所有类别教育的“共同目标”。① 与其他学段相比，高等教育阶段是学生世界观、人生观、价值观形成的重要时期，高等教育阶段也是学生从学校向社会过渡的重要阶段。面对经济快速发展和时代不断变革，人们的价值取向发生深刻变化，出现了道德失范和道德危机，高等学校在“立德树人”的理念下，应进行高等学校的内涵式发展，以人为本，以学生为本，开展对高等教育阶段的学生进行核心素养的培养。而从个人角度来说，在信息化、全球化的21世纪，作为新时代的“新人”，大学生学科核心素养的养成是促进其在未来个人终身发展过程中获得必备品格和能力的重要途径，高等教育阶段学生综合核心素养的构建和培育的重要性不言而喻；同时，高等教育阶段的体育学科核心素养的培育更是刻不容缓。高等学校体育教育中直面的挑战是来自大学生的体质健康问题，大学生体质状况堪忧，耐力、力量等指标都出现明显下滑的趋势，视力不良率居高不下，甚至受肥胖、高血压等慢性病的困扰。除此以外，高等学校体育在培养大学生道德和意志品质以及社会化方面有着独特的作用，有效促进高等教育“立德树人”内涵式发展。

2. 关于体育学科核心素养中课程化研究不够系统深入

在联合国教科文组织、国际经合组织等国际组织对核心素养进行不同角度的阐释之后，核心素养已经成为全球课程改革的焦点和热点。国际上的体育学科核心素养体系也是基于核心素养的基础上，除与运动相关的核心素养，还包含着跨学科核心素养的因素，如合作、交往、信息通信技术、社会文化技能、公民素养创新能力等，体现体育学科在培育学生核心素养方面的独特育人功能。通过知网查阅与学生体育学科核心素养相关的研究发现，研究的主题基本是体育学科核心素养的理论阐释和经验解读等宏观层面，而关于如何在体育课程中开展体育学科核心素养培育的研究较少，现有研究注重“体育核心素养课程内容”，缺乏针对体育核心素养的体育课程建设的专项研究。

国际组织和各个国家对于课程改革领域中核心素养的态度是一致的，核心素养是学生为适应社会进步与自身发展所必须具备的品格和能力。落实学

① 褚宏启．学生核心素养及其培育：教育发展方式的转变［J］．教育视界，2019(01)：4-7.

生体育学科核心素养的关键在于体育课堂教学这一主阵地。体育课程是贯穿学生学前教育、小学教育、中学教育、大学教育的基础学科，体育学科在培育体育学科核心素养这一课程改革中面临着巨大挑战。例如，构建不同学段所对应的体育学科核心素养体系，体育核心素养与体育课程的融合，体育学科核心素养体育课程的目标、方法的转变；学生体育学科核心素养的培育；如何对体育核心素养进行质量评价；如何体现体育学科在培养核心素养过程中的独特价值。

3. 关于教师核心素养研究的缺乏

杨志成认为，教师发展核心素养、学科核心素养、学生发展核心素养共同构成了基于核心素养变革的三大要素。① 同样，在体育学科核心素养的研究中，不能只将关注点放在学生体育学科核心素养上，而要同样关注体育教师核心素养，或者说应该将体育教师核心素养放在首位，因为，教师是影响学生核心素养落实的重要因素，在学生核心素养发展过程中扮演着转化者的重要角色。② 体育教师核心素养是培养学生体育学科核心素养的前提与基础。因此，体育学科核心素养应先对体育教师进行核心素养的培养，提升体育教师培育学生体育核心素养的能力，开展基于核心素养的体育教师专业发展的研究。从 20 世纪 80 年代开始，澳大利亚就已经关注体育教师专业素养体系的建构。美国则始终贯彻“职业核心标准”的理念，构建体育教师职业核心素养发展标准模型，模型内容是体育教师在职前、职中、职后教育中的体育课程中的教学素养。英国在《教师资格标准》中对体育教师的课程教学素养做出规范性要求，并提出这一核心素养要建立在持久性专业发展过程中。与国外研究相比，我国关于体育教师核心素养框架的研究相对偏少，整体上表现除研究内容分散且深度不够，关注的多为体育教师职前教育，对职中及职后的教学素养缺乏关注，高校体育教师专业发展关注度低，体育教师核心素养框架的研究缺乏，高校体育教师核心素养标准的制定，尚未形成对高校体育教师核心素养的聚焦的研究设计和规范的研究程序。

---

① 杨志成 . 核心素养的本质追问与实践探析［J］. 教育研究，2017，38（7）：14-20.
② 林崇德 . 21 世纪学生发展核心素养研究［M］. 北京师范大学出版社，2016：259.

三、体育课程中核心素养内容的分析

（一）体育品德

体育品德包含的内容有三方面，一是体育运动中需要遵循的行为规范，二是体育运动中的价值追求，三是体育运动中的精神风貌。其中，行为规范体现的是体育道德，价值追求体现的是体育品格，精神风貌体现的是体育精神。体育品德的作用是积极维护社会规范、树立良好的社会风尚。

体育课程作为学校教育的组成部分和重要手段，其功能不仅仅是增强体质，掌握运动技术，而是促进学生自我实现和发展的重要途径。蔡元培先生曾经说过："完善人格，首在体育。"体育课程是一门"成人"的学问，它以身体为载体，通过身体运动自身的感知觉、思维与情绪体验各个方面，逐渐提高身体的自我认知，获得正向的情感体验，磨炼意志品质，完善个性、塑造人格。而体育品德首先是国家"立德树人"的顶层设计在体育教育领域的重要展现，同时也是体育学科所特有的培养目标，在内涵上体现出跨越年龄、跨越学段的独特的核心育人价值。

1. 体育精神

从宏观层面来看，体育精神被认为是人的精神或人类精神。费孝通先生从"人的角度"出发，认为体育精神就是人类精神，包括公平竞争、运动家风度、团队精神。体育精神作为一种价值导向，无论是对国家、社会还是个人，都具有极其重要的作用。体育是面向人的发展的活动，学生参与体育课程学习，不仅仅要实现体育知识和技能的掌握，更要激发他们在精神层面的强烈追求。体育精神对学生的培养，具体表现在能够帮助个体形成竞争意识、规则意识和协同意识，加深对自身与世界的认知，从而拓展作为人的精神世界。

不同学者对体育精神的构成理解不一样，结合高校大学生的特点，体育精神应包括自尊自信、顽强拼搏、积极进取、超越自我等内容。例如，清华大学的体育一直是我国高校体育课程的标杆，清华大学具有良好的体育传统。清华大学原副校长施一公院士曾经说过，他之所以能够带领团队立于世界生命科学研究的巅峰，是因为在清华大学期间有规律的长跑，磨炼了他勇敢顽强、敢于拼搏的意志。

2. 体育道德

体育学科核心素养中的体育道德，强调的是学生形成良好的修身与立德的观念。体育道德的内容包括正确的体育观念，良好的体育道德修养，良好的体育行为习惯，遵守规则和制度；尊重对手；自觉维护体育教学或体育活动秩序，文明参赛观赛等方面。体育道德不仅仅体现在体育教学课堂遵守课堂秩序，还体现在体育竞赛中对规则、对裁判、对对手的行为中。由于体育竞赛具有规则性、竞争性和不确定性的特点，对体育道德这一核心素养的培育具有独特的作用。例如，体育竞赛的规则性，促使学生在潜移默化中将"规则意识"迁移到实际生活和学习中，自觉地形成遵守社会秩序的素养。体育竞赛最大的特点是具有竞争性，通过体育比赛激烈的竞争，促使学生在竞争的环境中正常或超常地发挥自我。体育竞赛的不确定性，使学生能够正确地看待胜负，形成正确的胜负观念。体育竞赛在体育道德这一核心素养培育中的作用是不容忽视的。

3. 体育品格

体育品格指的是个体在参与体育运动的过程中体现出来的正向的稳定的特征，它是品格在体育运动中的具体体现，具有可塑性、积极性的特点。体育品格涵盖了文明礼貌、相互尊重、团队合作、社会责任感、正确的胜负观等方面，具有帮助个体判断对错与好坏、激励个体养成好的行为的正面作用。① 体育品格可以看作人的基本素养。学生通过参与体育运动，熟练掌握多项运动技能，体能水平得到提高，比赛中获得胜利，这些都是体育运动的外在表现。实际上通过体育运动，学生逐渐形成了文明有礼、尊重对手、团队协作、集体责任感和正确的胜负观，这些体育品格事实上就是做人的基本素养。可以说，体育品格是学科核心素养的基础，是实现学生体育核心素养的最基本条件和最初保障。

（二）健康促进

健康是体育学科核心素养的重要因素，健康促进则是促进健康的重要过程，即健康的基本条件保障。健康知识与健康行为是健康促进的两个关键要

---

① 尹志华. 论核心素养下体育品格与体育品德的关系［J］. 体育教学，2019，39（12）：4-7.

素。体育核心素养中的健康教育的主要内容是健康知识，健康知识掌握的量和程度决定着学生良好健康行为的发生，也决定着健康促进所发挥的作用。健康行为是人们为了维持身心健康而进行的各种良好的行为和活动。健康行为是改善健康状况、维护身心健康，以及积极适应外部环境的综合表现，健康行为的发生是健康促进的关键。

1. 健康知识

第一，体育锻炼时的健康与安全常识。能了解自然环境与生态环境对体育锻炼的影响；能够合理进行锻炼，训练和比赛中有必备的安全意识。第二，理解、运用体育健康信息，学会使用这些信息来检测自己的健康状况并能调整自己的体育锻炼计划。如测算自己的体脂百分比，通过心率来判断自己的运动量，以及锻炼计划的运动量遵循循序渐进的原则，在活动时间和锻炼频率以及运动项目的选择方面有自己的判断。这些健康知识是学生走向社会进行自我保健和运动时必备的健康原理。

2. 健康行为

健康行为是增进身心健康和积极适应外部环境的综合表现，是提高健康意识、改善健康状况并逐渐形成健康文明生活方式的关键。健康行为包括养成良好的锻炼、饮食、作息和卫生习惯，控制体重、远离不良嗜好，预防运动损伤和疾病，消除运动疲劳，保持良好心态，适应自然和社会环境的能力等。健康行为的具体表现形式为体育锻炼意识与习惯、健康知识掌握与运用、情绪调控、环境适应。① 体育锻炼意识与习惯，指的是学生具有体育锻炼的意识，学会锻炼的方法，能够参与并坚持体育锻炼，养成良好的体育锻炼习惯。健康知识掌握与运用，是指学生通过了解危害健康的影响因素，掌握促进身心健康的方法和策略，并拥有运用方法和策略来测量自身身心健康的能力与素养。

在健康知识与健康行为之间的中介就是运动方法和策略的能力，即健康技能。健康技能是通过获取、理解、管理、运用健康知识，最终形成合理利用健康服务，健康生活的行为方式。在健康意识与健康行为这两个核心要素中，最终目的是要学生树立“健康”的理念，在自身成长的过程中形成健康

---

① 中华人民共和国教育部．普通高中体育与健康课程标准（2017 年版）［M］．北京：人民教育出版社，2018.

的生活方式。

（三）运动能力

在《普通高中体育与健康课程标准（2017 年版）》中，体育学科核心素养被凝练成运动能力与健康行为和体育品德这三个结构要素。较之健康行为、体育品德这两个核心素养，运动能力核心素养带有鲜明的体育色彩，在整个体育与健康学科核心素养体系中处于关键地位。① 它对于促进学生身心健康、强健体魄的作用是其他要素所不能替代的，而且与健康行为和体育品德这两个要素有着广泛而密切的联系。

运动能力是人类身体活动的基础，是身体活动中的综合表现，不仅仅是体能，还包括技战术和心理能力。“运动能力分为基本运动能力和专项运动能力。基本运动能力是从事生活、劳动和运动所必需的能力；专项运动能力是参与某项运动所需要的能力。运动能力的具体表现形式为体能状况、运动认知与技战术运用、体育展示与比赛”②。

运动能力是学生的综合表现，拥有良好的运动能力的学生，不仅仅需要在体能和技术方面，还需要在战术意识和心理能力等方面综合协调发展。良好的运动能力是保持运动兴趣的重要保障。拥有良好的运动能力的学生会产生愉快的体育经历，不断追求体育活动带来的快乐体验，主动反思并改进技术动作，调整运动策略。在体育运动过程中，良好的运动能力带来了巨大的身心满足感与正向积极的情绪体验，运动心理学将由运动带来的“流畅体验”的现象作为研究对象。因此，专项运动能力具有较大的针对性，必须对所学的运动项目学精、学透，甚至在某个阶段达到自己的最佳状态，而且需要专业的体育教师教授。③ 体育课程中的主要目标是帮助学生促进运动能力，激发运动学习兴趣，这是提升学生终身体育意识的根本路径。

1. 体能状况

体能成分是组成人体各组织器官的成分，由脂肪部分和非脂肪部分构

① 尹志华．论核心素养下体能与运动能力的关系［J］．体育教学，2019，39（02）：7-10.

② 中华人民共和国教育部．普通高中体育与健康课程标准（2017 年版）［M］．北京：人民教育出版社，2018.

③ 姜勇，仝梦梦．身体素养与体育学科核心素养的异同辨析及启示［J］．山东体育科技，2020，42（04）：11-15.

成，分为基础体能和运动体能。基础体能包括心肺耐力、肌肉耐力、柔韧性；心肺耐力是指呼吸和循环系统为满足长时间身体活动所需的氧气和营养的能力；肌肉耐力是指肌肉持续工作和肌肉所能发挥出的最大力量的能力。柔韧性作为重要的体能成分，指的是关节的活动幅度以及韧带、肌腱、肌肉、皮肤等组织的弹性与伸展力。

运动体能与运动技能密切相关，灵敏性、平衡性、协调性、爆发力、速度、反应时等运动体能成分能够反映出运动水平高低。灵敏性是人体迅速改变体位、转换动作和随机应变的能力。通过灵敏性练习提高学生快速反应的能力，增加大脑皮层神经传导的灵活性，提升动作速度以及准确性。灵敏性的提高为快速掌握多种动作技能提供基础；平衡性具有复杂性、综合性的特点，在原有平衡系统的基础上，通过体育锻炼平衡性水平能够不断提高；协调性是视觉、听觉、平衡觉与动作技能的结合，反映出身体各个部分在时间和空间上配合的准确性、合理性与有效性；爆发力是指在最短时间内，以最大的加速度克服一定阻力的能力；速度是指身体或身体某部位在短时间内快速运动的能力，包括对外界信号刺激快速反应的能力、人体快速完成动作的能力以及快速移动的能力；反应时是一个评价人体反应速度的常用的生理和心理指标。①

季浏教授认为“体能才是运动之母”，体能是提升学生运动能力的基础。现行的国家体质健康测试中，例如“800/1000 米”测试的是心肺功能，仰卧起坐测试的是“肌肉耐力”，坐位体前屈测试的是“柔韧性”，这些实际上就是在测评学生的体能水平。体质健康水平的下降与青少年学生基础体能水平有着密切的关系，而改善体质健康水平的关键是体育课程。季浏教授的实验团队证实，“当学生每节体育课有 10 分钟左右的多样化体能练习、运动密度在 75% 左右、运动强度达到 140~160 次/分钟时，加之结构化的技能练习和比赛，可有效促进儿童青少年身体质量指数（BMI）、心肺功能、速度、柔韧、肌肉力量、肌肉耐力、灵敏性以及心理健康方面的发展”②；同时，良好的体能是掌握运动技能的前提条件，是动作技能的深度学习的充分条件。在

---

① 季浏，钟秉枢．普通高中体育与健康课程标准（2017 年版）解读［M］．北京：高等教育出版社．2018.

② 季浏．聚焦前沿热点问题、关注体育教育发展、共探学生成长未来：2019 国际体育课程与教学大会综述［J］．成都体育学院学报，2019，45（5）：27-34.

体育课程中体能这一维度应包括体能重要性的认知程度，体质健康测试水平评估、体能锻炼的科学方法、体能练习的原则和方法、体能锻炼计划的制订和实施。

2. 运动认知

运动认知分为体育认知和运动专项认知两大范畴，体育认知包含了体育内涵、体育文化、体育目的和手段、体育评价等内容。体育认知促使学生形成正确的体育价值观，充分理解体育的意义和重大价值，使学生深刻意识到体育在促进自身健康水平提升、促进社会发展与和谐、促进国家认同感提升等方面的独特作用，这是形成运动能力的思想基础。体育认知是形成运动专项认知的基础，运动专项认知是运动能力的基础。在体育运动中运动知觉、运动思维和运动记忆都是运动专项认知。例如，游泳运动中的“水感”、球类运动中的“球感”等都是专门化的运动知觉，是运动项目的高水平认知阶段，反映在某项体育运动中是运动能力的标志，也可以看作高阶体育核心素养。

3. 技战术运用

在运动能力中最典型的外在表现是技战术运用。技战术的运用是体育运动明显的特征。在提升运动能力的过程中，与体能、运动认知、体育展示与比赛这些要素相比，技战术运用这一核心要素处于关键且核心的地位，它是运动能力提升的关键核心载体。学生在良好体能和高水平运动专项认知的基础上，只有具备高水平的技战术及技战术运用能力，才能有高水平的体育展示和比赛。

传统体育教学中，过分注重运动技能的传授，忽略战术及技战术的运用，体育教学中呈现出的是“无运动量、无战术、无比赛”的景象。“三无体育课”，无运动量，学生的体能得不到提升；无战术，学生对所学运动项目中的战术不了解，对战术的重要性认识不充分，就更谈不上技战术的运用，更无法展开体育竞赛。无战术的体育课，使得学生体会不到团体协作的精神。因此，在技战术运用中应注重技战术的学习和应用，包括在教学过程中多种技战术练习方法使用以进行战术意识的培养，通过对技战术时空特征的理解明确战术，通过开展比赛强调技战术在比赛中的运用。

4. 体育展示与比赛

技战术的运用作为运动能力的核心载体，其存在使体育展示和比赛丰富多彩。体育展示与比赛这一要素则是运动能力提升的终极载体。体育展示与比赛是运动能力这一核心素养中体能状况、运动认知、技战术这三个结构要素的整合过程。在具备良好体能基础和运动专项认知基础上，通过合理运用技战术，最终体现在体育展示和比赛这一终极载体中。体育展示与比赛这一过程是调用运动认知，进行分析问题和解决问题的过程。学生在这个情境中需要思考如何取得胜利。体育展示与比赛这一问题情境为学生提供了发现问题、分析问题、解决问题的过程。例如，在遇到比赛不利的情况下，要冷静分析原因，寻找解决办法；在体育比赛过程中，发现对手的缺点，寻找破解之道。

四、体育学科核心素养理念的分析

1. 体育学科核心素养的根本任务是落实国家“立德树人”的理念

党的十九大报告指出，“要全面贯彻党的教育方针，落实立德树人根本任务，发展素质教育，推进教育公平，培养德智体美全面发展的社会主义建设者和接班人”。教育工作者应更加重视对学生作为“人”的培养，以及通过教育改革过程来解决“培养什么样的人、怎么培养人、如何培养人”这一根本问题。因此，从国际课程改革趋势、党的教育方针的指向以及素质教育改革的需要这三个出发点来看，教育的本质最终是要落在发展学生核心素养这个基本点。

“立德树人”是党和国家对学校教育提出的根本要求，培养德智体美劳全面发展的社会主义建设者和接班人指明了我国教育改革的发展方向。“德”育，不能仅仅通过思政课程开展，还应该在各门课程和思政充分融合的同时，发挥自身学科在“德”育方面的独特育人功能。体育在“德智体美劳”五育之中，是不可缺失的重要环节，在落实立德树人的根本任务中有着其他学科无法替代的作用。体育是世界上最美好的教育，美就美在它能使人身心健康、体魄强健、意志坚强、心胸开阔、充满活力、团结合作、遵守规则等。① 习近平总书记在全国高校思想政治工作会议中指出，“高校立身之本在于立德树人”，因此在落实立德树人的过程中，体质教育是大学体育立德树人的物化、意识培育是大学体育立德树人的内化、道德塑造是大学体育立德树人的社会教化。② 高校体育课程要在传授知识和技能的基础上，做好价值引领和社会教化，发挥自身在落实“立德树人”方面的学科优势，积极构建和培育大学生的“体育学科核心素养”。

2. 体育学科核心素养坚持“健康第一”的指导思想

中共中央国务院颁布相关文件都明确了“健康第一”的思想，如《中共中央国务院关于深化教育改革全面推进素质教育的决定》《中共中央国务院关于加强青少年体育增强青少年体质的意见》《国家中长期教育改革和发展规划纲要（2010—2020年）》《教育部国家体育总局关于进一步加强学校体育工作切实提高学生健康素质的意见》《国务院办公厅关于强化学校体育促进学生身心健康全面发展的意见》。各类文件中都提出学校要牢固树立“健康第一”的思想，指出青少年健康体魄的重要性，同时也指出学校体育在素质教育中的重要性和紧迫性，确保体育课、课外体育锻炼和群众性体育活动的开展，促进青少年掌握运动技能，实现身心健康和体魄强健。基于体育学科核心素养的体育教育改革应以国家政策为导向，坚持“健康第一”的指导思想。

同时，国家将健康放在国家发展战略地位，发布了《“健康中国2030”规划纲要》，在《纲要》中明确指出“要强化个人健康责任，提高全民健康素养，引导形成自主自律、符合自身特点的健康生活方式，有效控制影响健康的生活行为因素，形成热爱健康、追求健康、促进健康的社会氛围”，以及“建立健全健康促进与教育体系，提高健康教育服务能力，从小抓起，普及健康科学知识”。③ 可以看出，《纲要》中强调了“健康”，从个人健康到

---

① 季浏．增进学生身心健康是我国学校体育发展的根本和方向——学习贯彻习近平总书记在全国教育大会上的重要讲话精神［J］．吉首大学学报（社会科学版），2020，41（01）：28-37.

② 齐立斌．立德树人：大学体育的时代使命、价值基础、实践进路［A］．加快“双一流”建设 实现内涵式发展——“2018高等教育国际论坛年会”论文集，2018：1.

③ 中共中央、国务院“健康中国2030”规划纲要［R］．http：//news. xinhuanet. com/health/2016 -10/25/c-1119786029. htm．2016-10-25.

全民健康，还强调了要“强化学校健康教育，注重健康知识的传授和健康行为的引导，使健康促进得到应有的保障”。①

“健康第一”指导思想的明确与“健康中国”战略的实施，促使学校体育课程改革中注重“健康”，并将其贯彻在与学校体育相关的教育领域中，健康已然为体育学科核心素养指明了方向。

3. 体育学科核心素养凸显“以学生发展为中心”的课程理念

从哲学的角度出发，核心素养是教育本体的回归，是由“知识本位”到“人本位”的教育本体的回归。核心素养教育理念的提出是对知识本位的超越和内化，使得教育从关注学科知识走向关注学生，从知识和技能传授转向关注学生的需求。

“知识本位”视角下的体育课程体现出“知识理性”的色彩，注重体育知识的系统性与运动技能的完整性；“人本位”的价值观念下，体育课程着眼于学生作为“人”在未来发展的实际需要，强调以学生为主体实施身体教育，具有“价值理性”的色彩。体育课程在观念上已由注重课程及技能的系统性和完整性转向以学生的发展为中心。

核心素养理念下的体育课程，在课程目标定位上已从课程与知识转向提升学生生命质量，培养健康促进能力；课程发展超越运动技能，技能学习和体育教育过程成为人的体育核心素养发展的过程和工具；课程评价不再局限于技能，而更加关注技能之外的认知和情感因素。体育学科核心素养强调“以学生为中心”，突出学生的主体地位，以学生的发展为出发点，注重学生的实际需求与情感体验，在发挥教师主导作用的同时，培养学生主动学习的能力和创新精神，以及人生观、价值观和世界观。体育课程中，学科核心素养的培育要符合学生未来发展的需求，如健康的维护与体育锻炼计划的实施，以及学生体育锻炼的习惯，极大增加个体在社会中体育参与的可能性，从而实现终身体育。此外，体育学科核心素养为学生提供符合社会发展和需要的体育品德，如团队意识、互助精神以及调控管理情绪的能力、抗挫折能力等。

---

① 于素梅. 中国学生体育学科核心素养框架体系建构［J］. 体育学刊，2017，24（04）：5-9.

第四节 基于核心素养的高校体育课程体系建设

在国际教育改革关注学生发展及核心素养发展的趋势影响下，各国都基于核心素养开展课程体系改革以落实学科核心素养。面对世界各国核心素养课程体系的变革，我国的课程改革也应以“核心素养”的理念作为基础，构建与国际教育改革接轨，且具有中国特色的核心素养课程体系，使我国学生具备适应未来社会发展的能力。

一、基于核心素养的高校体育课程改革的意义

（一）顺应国际课程改革趋势，服务于国家教育改革发展

当今，在世界教育发展的潮流中，国际组织与国家都在探讨“培养什么样的人”的命题，且明确了“培养全面发展的人”是教育的最终目标。经济合作与发展组织（OECD）和欧盟（EU）分别推出核心素养理念及框架体系，林崇德教授所带领的科研团队为中国学生提供了核心素养框架，在此基础上，我国展开了新一轮教育改革，各个学科纷纷从自身学科特性出发，构建符合各学科特征的核心素养体系。

体育学科核心素养体系的构建不仅仅是对学科核心素养改革的积极响应，是体育学科对自身进行正本溯源的实践探索，也是落实“立德树人”理念的重要举措。《普通高中体育与健康标准（2017 版）》以高中学生为目标人群，首次从学科核心素养的角度对体育与健康课程进行修订，并明确了体育与健康核心素养的内容体系。但对于高等教育阶段的学生而言，体育核心素养的基本内涵究竟“有哪些方面”“是什么内容”“到什么程度”都亟待进一步探究。建构适应我国现阶段社会需要、适应时代发展和我国文化特色的以发展学生核心素养为中心的高校体育课程体系，对深化高校体育改革、落实“核心素养”和“立德树人”理念有着重要的学术价值和实践意义。同时，基于核心素养的高校体育课程改革是落实十九大报告精神和“健康中国2030”战略规划的重要举措，深化高校体育课程改革，更好地服务于国家教

育改革。

（二）直面大学生体质健康的重大问题

实施体育与健康课程改革十几年来取得了显著成绩，“健康第一”的指导思想和“以学生发展为中心”的理念深入人心。① 在《中共中央国务院关于加强青少年体育增强青少年体质的意见》中曾提出目标：“通过 5 年左右的时间，使我国青少年普遍达到国家体质健康的基本要求，耐力、力量、速度等方面明显提升，使营养不良、肥胖和近视的发生率降低。”但是现实情况与目标不符，大学生体质健康水平下滑的趋势并没有得到遏制。根据国家体育总局连续发布《中国青少年体育发展报告》显示，青少年在爆发力、耐力、力量素质方面依旧处于弱势。2019 年教育部印发的《关于深化本科教育教学改革　全面提高人才培养质量的意见》明确指出，不能达到《国家学生体质健康标准》合格要求者不能毕业，以引起大学生对体育锻炼的重视，但是由于学校在实际操作时存在困难，学生并没有因此重视锻炼，体质仍是羸弱不堪。

造成大学生体质差的原因，主要是大学生主动参加体育锻炼的自觉性不强，沉迷网络、作息不规律、缺乏良好的饮食习惯和体育锻炼习惯，因此透支了身体健康，从而造成大学生身体素质逐年下滑。究其根本原因，第一，“重智轻体”的传统观念。在基础教育阶段，体育课程一直处于“劣势”的地位，常常被“语数外”等课程占用；在家庭教育中，家庭观念中对“智育”的重视程度远超过“体育”。在家庭观念和应试教育的双重影响下，体育对智育的促进作用完全被忽视，大学生形成了“体育与智育的关系是对立的”的观念，大学生对体育的认知肤浅，对体育锻炼的重要性认识不足，主动参与体育锻炼更无从谈起。第二，体育运动习惯尚未形成。基础教育阶段，学生长期进行智力活动，基础体能水平不高，更谈不上运动体能的提升，因此，在对体育缺乏认知以及体能水平不高的情况下，体育参与不足，更谈不上体育锻炼习惯。进入大学后，虽然学习负担减轻，但是体育锻炼都是被动参与的，表现出薄弱的协作意识和意志品质。第三，学校体育自身发生了问题。高校体育未建立差异化体育教育课程体系，体育课程的开设与大

---

① 杨文轩．课程改革背景下学校体育改革与发展研究［J］．体育学刊，2018，25（05）：1-4.

学生个性化需求不匹配，缺乏个性化发展的基础。在教学理念上，还未从运动技能的系统性和完整性转变成以学生发展为中心。教学内容与学生实际生活需要脱节，体育学习兴趣的丧失，更无法激发大学生参与的主动性，结果使然，学生参与体育课的目标只在于“达标”；从体育教师方面来看，由于校园安全事故频发，体育教师在体育课上都畏手畏脚。王宗平教授将体育课的现状总结为“三无”：无强度、无难度、无对抗；“七不”：不出汗、不脏衣、不喘气、不摔跤、不擦皮、不扭伤、不长跑。① 这使得大学生体质更加雪上加霜。除此以外，由于大学生参与主动性不高，体育教师容易产生教学惰性，在体育教学中缺乏主动创新体育教育方法的动力，造成的结果是体育教育方法灵活性较差、学生参与性较低、大学生获得感较弱，大学生参与体育课程学习的态度消极。②

国务院办公厅《关于强化学校体育　促进学生身心健康全面发展的意见》指出：“强化学校体育是实施素质教育、促进学生全面发展的重要途径，对于促进教育现代化、建设健康中国和人力资源强国，实现中华民族伟大复兴的中国梦具有重要意义。”③

二、基于核心素养的高校体育课程改革

（一）体育学科核心素养与高校体育课程改革

在国际课程改革和发展中，核心素养在推进课程改革的进程中发挥着主导作用。“教育改革和发展中，课程建设处于基础性、先导性、全局性的战略位置，教育改革和发展的许多任务和方案，最终都要通过课程改革落实到学校中，落实到课堂中，落实到教师和学生的行为上。”④ 因此，在体育高校课程改革过程中需要进行基于核心素养的高校体育课程建设，处理好核心素养与学科课程两者之间的关系，才能促进核心素养在学科课程中的落实。关

① 王宗平．强化体育锻炼：增强青少年体质［N］．中国体育报，2020（01）：007.

② 伍波．新时期大学生体育素养的缺失与重构研究［J］．广州体育学院学报，2017，37（04）：126-128.

③ 国务院办公厅．关于强化学校体育促进学生身心健康全面发展的意见［Z］．2016-05-06.

④ 陈宝生．发挥课程标准的龙头作用［J］．基础教育课程，2018（1）：1.

于体育学科核心素养和体育课程之间的关系在国际上存在以下三种类型。

1. 交互并行型

澳大利亚是国家健康和体育课程标准与地方学校体育课程体系交互并行的典型国家。在体育学科核心素养体系构建上已经走在世界的前列，在体育课程标准中形成了“通用学科核心素养+跨学科核心素养+体育学科核心素养”的体系。①

澳大利亚在不同学科课程内容方面对“读写技能、计算能力、信息与通信技术能力、批判及创造性思维、个人和社会能力、道德理解能力和跨文化理解能力”七大通用素养有着明确的界定。通过不同学科课程目标对核心素养的全面体现，强调了核心素养在国家新世纪人才培养中的直接指导性作用。② 国家和地方体育课程互相支持，使体育学科核心素养在课程化后更加具体明确。在交互并行型的学校体育课程体系中，通过顶层设计的课程标准将体育核心素养和课程内容有机结合的同时，需要一定的质量标准作为保障，并内化到体育课程教学实践中，最终在学校体育课程体系中落实学生体育学科核心素养培育要求，从而达到国家对学生体育核心素养的要求。

2. 融合型

芬兰、瑞典、荷兰等国家在学校体育课程体系中采用的是融合型，它们对体育学科核心素养的内容进行分解和细化。根据欧盟及本国社会发展层面对于合格公民的培养要求，芬兰、荷兰在国家层面的课程具体设计了学校各学科核心素养的框架与范围，国家课程标准对学生体育学科素养有着明确的要求，展现出体育学科核心素养体系中最核心的部分，直接将核心素养融入体育课程体系中，对学生发展体育学科核心素养进行了相应的界定与规范，提出相应要求，国家课程标准直接引领和指导教师的教学活动。在体育学科核心素养课程化的进程中，这些国家按照学段进行分类，遵循学生身体发展特点，提炼出每个学段所需掌握的核心技能，将体育学科核心素养主题课程化到每个学段，依据学生表现的标准进行质量评估，测评学生每学段结束后所具备的体育学科核心素养水平，以此来验证培育的有效性。融合型的特点

① 尹志华，孙铭珠，汪晓赞．核心素养视域下发达国家体育课程标准比较与发展趋势分析［J］．天津体育学院学报，2020，35（06）：626-632.

② 许祎玮，刘霞．基于核心素养的课程教学改革——基本模式、国际经验及启示［J］．北京师范大学学报（社会科学版），2017（05）：40-48.

是通过将体育学科核心素养的要求嵌入体育课程结构中，在相应的学段有着核心素养标准指导，使体育学科核心素养课程化更加精确和完整。

3. 相互独立型

由于美国、加拿大等国家实行联邦制的国家管理体制，虽然均具有国家层面的体育学科课程标准，但是在国家标准中并未对体育学科核心素养做出明确规定。加拿大没有全国统一的教育制度，各省需按照自己的发展需求制定相应的教育发展规划与政策。① 以安大略省为例，体育健康标准的实施由安大略省教育部制定健康与体育标准，现在已经经历了三个版本（1998 年、2010 年、2015 年）的课程标准的修订，在体育核心素养方面注重健康素养和跨学科核心素养。又以美国为例，美国是典型的分权制国家，在课程内容的构建过程中，联邦教育部、州教育厅、地方学区教育委员会和学校分别承担不同的职能和责任。② 体育学科核心素养是由社会性部门（学校管理协会、学校体育教学联盟）联合制定。2013 年美国健康与体育教育者学会（SHAPE America）（其前身为美国健康、体育、娱乐和舞蹈协会）任命专门的课程标准工作组（Task Force）负责 K-12 年级国家体育课程标准的修订③，明确了动作技能、知识、体能、个人与社会责任和价值认同五大体育学科核心素养。美国、加拿大在具体课程内容体系中拥有自己独特的修订版本和评估体系，且均独立于国家层面的体育学科课程体系之外。

（二）基于核心素养的高校体育课程化机制

在体育课程改革过程中，体育课程改革目标由“双基”“三维目标”到“核心素养”，核心素养目标作为双基和三维目标在内涵上的拓展和深化，为高校体育课程改革提供了深层次的动力，促进高校体育内涵式的发展。然而，体育学科核心素养最终的落实需要依靠体育课程这一重要载体。因为在学校体育教学活动中，具体的体育课程与教学程序才是发展学生体育学科核

① 党林秀，董翠香，朱琳，刘兴石，刘超，刘素红，苏银伟．加拿大安大略省《健康与体育课程标准》的解析与启示［J］．北京体育大学学报，2017，40（06）：79-87.

② 张文学．美国基础教育课程内容更新机制及其启示［J］．湖南第一师范学报，2006，6（3）：53-55.

③ 殷荣宾，季浏，蔡赓．美国 K-12 年级学校体育课程内容体系解析及启示［J］．体育学刊，2016，23（03）：94-99.

心素养和关键能力的基本路径。在体育学科课程作为学校主要课程的前提下，体育学科课堂教学必然是培养学生体育学科核心素养的主要形式。① 体育课程作为联系学生、教师、教学三者交互作用的纽带与桥梁，是培育学生必备品格和能力的主要途径，教师应在体育核心素养的教学理念引领下通过教学理念和角色转变，合理设置体育学习情境，充分考虑学生的需求，通过不断的教学反思，改进教学的方式方法，在教师与学生之间、学生与学生之间的对话与合作中培养学生的体育核心素养。

基于核心素养理念的体育教育改革关键在于确保体育课程、教学与评价各个环节有效配合，形成互相配套、协调一致的教育体系，共同推进核心素养教育目标的落实。② 基于核心素养的课程发展，无论是课程开发者抑或一线教师都需要在“核心素养—课程标准（学科素养/跨学科素养）—单元设计—学习评价”这一连串环环相扣的链环中聚焦核心素养展开运作。③ 因此，基于核心素养的体育课程需要进行课程转化，其转化的路径为“情境生成—复合需要—规划研制—活动设计—反思评价”④，为体育学科核心素养提供了科学合理的落地化过程。

1. 情境生成。首先，高校教师应根据大学生的身体状况和运动兴趣，配合体育学科核心素养培养的要求，在体育学科核心素养课程化过程中生成特定的情境。其次，在教学过程中，采用形式多样的体育教学方法，对课程进行精心设计，增加有效教学环节，营造符合学生特点的体育学习情境，激发学生的体育学习兴趣，调动学生体育学习的积极性，在情境中掌握运动技能、健康知识，把握体育学科核心素养的课程化节奏。

2. 复合需要。以学生的发展为出发点，体育教学要充分考虑大学生身心发展的需要，还要考虑学生的体育认知与身体运动规律之间的关系；在体育教学互动中，将学生的“学”和教师的“教”有机结合，使学生在体育教育

---

① 赵富学，程传银，尚力沛．体育学科核心素养研究的问题及其破解之道［J］．体育学刊，2019，26（06）：88-93.

② 岑艺璇，张守伟．国外核心素养框架下体育教育改革的探索［J］．体育学刊，2018，25（01）：104-109.

③ 钟启泉．基于核心素养的课程发展：挑战与课题［J］．全球教育展望，2016，45（1）：3-25.

④ 赵富学．课程改革视域下体育学科核心素养研究［D］．南京师范大学，2018.

中满足身体运动需要，获得愉悦的身心体验。除此以外，教师在教学中要为学生创设体验成功机会，为学生搭建自我展示平台，目的是使学生将体育学科中积累的成功体验正向迁移到日常的学习和生活中，通过复合需要实现促进学生体育核心素养全方位的发展。

3. 规划研制。规划研制的目的是保障体育学科核心素养课程化质量。在课程规划研制的过程中需要明确，体育学科核心素养应以“身体教育”为基点。体育学科是以运动技能的学习为载体，运动能力、健康行为、体育品德都体现在身体运动技能的学习过程中，通过身体教育来促进大学生体质的改善，促进学生熟练掌握运动技能，最终达到育人的目的。

4. 活动设计。体育学科核心素养课程化的质量保证是活动设计。教师应结合体育课程改革实际，开展体育学习主题和设计。根据学生体育学科核心素养的要求，有针对性地选择教学方法，引导学生学习，且独立思考，积极地分析问题并自助解决在体育学习中存在的问题，培养学生探究精神和创新意识，摸索有效的课程化的途径与方法。教师和学生以及同侪之间积极互动和配合，体育课堂中交流、合作、互助，有效地保证体育学科核心素养的质量。

5. 反思评价。反思评价包括学生反思和教师反思。学生的反思评价是指对完整的动作技术学习、必要的课堂规范、学习认真钻研的程度、与他人合作等方面进行评价和判断，尝试找出自己在体育课程中存在的问题及突破方法，将反思评价“精细化”。教师反思要以学生的学习效果作为重要观测点，对体育学科核心素养的课程化结果进行反思评价。反思采用的教育方法是否有效地引导学生进行运动技术学习，反思教学过程是否有效地促成学生体育学科核心素养，并对体育课程中的各个环节形成自己的判断，将体育学科核心素养课程进行落地化。

三、基于核心素养下高校体育课程体系的教学要素分析

教学要素在实际的教学工作进行过程中不可或缺，它是教学工作进行的指向性因素，也是教学计划构成的关键性内容。现代课程体系应至少包含四个部分：第一，具体的教学目标。从课程教学落实到具体核心素养的目标。第二，内容标准。在具体学科的核心素养领域中应知应会的知识技能等。第

三，教学建议（机会标准），指的是课程内容的结构、组织安排、重点、难点及教学方法，学习环境的创设。第四，质量标准。学生通过一段时间的课程学习，在知识技能、社会适应等方面应该达成的基本能力的水平和程度。

（一）高校体育课程的教学目标

一直以来，“三维目标”一直统领着高校体育课程，即 KAPO 模型，通过具体的体育教学事件使知识及技能成为载体，利用体育教学过程及方法，培养情感、态度及价值观的多向整合型模型，在体育教学中注重情感、态度及价值观与知识技能的结合。在三维目标 KAPO 模型的引领下，体育课程已摈弃过分注重运动技能传授的理念，着重强调在体育学习过程中学生能够自主探究或与他人合作，习得动作技能学习的方法，并格外注重学生在体育学习过程中的情感体验、培养学生的责任感和意志品质。

如今，国际课程改革提出学科核心素养的课程目标，从知识与技能的角度出发，可以看作知识与技能的理解、知识与技能的迁移和知识与技能的创新三个层次，分别与三维目标中的知识与技能，过程与方法，情感、态度及价值观相匹配，可以说，学科核心素养的内涵比三维目标要丰富，学科核心素养目标是三维目标针对性的超越、凝练与升华。

在高校体育课程中，应从三维目标转向体育学科核心素养的课程目标，课程中应强调体育学科核心素养目标的实现是第一位，在教学中用体育学科核心素养引领课程内容与教学方法，使学科核心素养目标层层贯穿于各层次的教学目标，最终通过体育课程对高校学生进行核心素养培育。因此，高校体育改革中首要任务是明确体育学科核心素养的课程目标，依据高等教育阶段的特点，凝练高校体育的学科核心素养，明确高校学生通过学习体育知识与技能的过程应形成的正确的价值观念、必备品格和关键能力，进而提出各领域、各水平目标，最后设计课程内容与教学模式，以此保证立德树人的根本要求在体育学科课程教学中得到有效落实。

我国学者对学生体育核心素养开展了深度研究。在 2016 年发布的《中国学生发展核心素养》的研究成果中，确定了中国学生的核心素养包含文化基础、自主发展、社会参与三个方面，综合表现出六大素养：人文底蕴、科学精神、学会学习、健康生活、责任担当、实践创新。① 在中国学生核心素养的基础上，高中体育课程标准组建构出体育品德、运动技能、健康行为三个维度的体育学科核心素养体系。于素梅所构建的体育学科核心素养框架是三方面内容：体育精神、运动实践、健康促进；并由6个要素构成，分为体育精神维度中的两个要素——体育情感和体育品格，运动实践维度中的两个要素——运动能力和运动习惯，健康促进维度的两个要素——健康知识和健康行为。赵富学在其研究中将体育核心素养框架分为体育品德与修养、运动兴趣与能力、健康行为与习惯、运动品质与意志四个领域，包括15个一级指标和44个二级指标。② 姜勇则从人本论出发，认为体育学科核心素养体系是由人与工具、人与自己、人与社会三个维度构成，三个维度包括三个要素：工具方面为体育理论知识、运动技能、体育创新；自身方面为健康体能、心理健康、体育意识；社会方面为社会适应、迁移能力、体育道德。这些体育核心素养框架出发点各有不同，但它们都遵循教育改革的规律，回归教育本体，从人的发展的角度出发，对体育学科的育人价值进行重新定位，为高等教育阶段的体育学科核心素养的构建提供了一定的思路。

在高校体育学科核心素养框架的构建中，应充分考虑通用素养在体育课程体系中的体现。我国学者在大学生核心素养研究中，通过文本分析对大学生核心素养进行归纳和总结。通过对普通本科院校中开学典礼寄语进行文本分析，王为民教授在研究中绘制出当代大学生核心素养图谱：图谱中构建人文底蕴、科学精神、学会学习、健康生活、责任担当、实践创新六个维度，六个维度中还包括39个关键点③，例如，科学精神包括理性思维、批判质疑、勇于探究三要素；学会学习包括乐学善学、勤于反思、信息意识三要素，健康生活包括珍爱生命、健全人格、自我管理三要素等。臧玲玲以文本分析法为依据，对10所世界一流大学的制度文本进行分析发现，世界一流大学中核心素养领域关注度最高的是问题解决与创新、语言与沟通、自我管

① 林崇德．中国学生核心素养研究［J］．心理与行为研究，2017（2）：145-154.

② 赵富学．体育学科核心素养的内涵及其生成维度［J］．体育文化导刊，2019，6（6）：53-57.

③ 王为民．哲学视域中人的素质及其教育意蕴［J］．教育理论与实践，2003（23）：1-5.

理三个核心要素。① 高等体育学科核心素养应将大学生通用核心素养的精华融入体育课程体系中，大学生通用核心素养应在高校体育课程中充分体现。

课程目标有三个层次，依次是课程总教育目标、学科教育目标与教学目标。课程总教育目标是统领性的教育纲领，它需要教育决策者、课程开发者和全体教师共同遵守；学科教育目标是用来指导课程的设计与开发，承载着具体学科的育人目标；教学目标是教师依据学科教育目标的要求，在日常教学活动时设立的具体要求。高校体育课程在教育目标的实现上通常采用的是“分层转化”的方式，首先要明确总教育目标在体育学科情境中的主要表现，根据总体目标确定学科课程目标的内容体系，在学科课程目标的基础上选取具体课程内容进行教学设计，最终提出具体的课时教学目标。

高中体育课程的教学目标正是通过分层转化的方式进行落实。在《普通高中体育与健康标准（2017 年版）》中，总的课程目标是落实国家立德树人任务和健康第一的思想，学科教育目标是培育学生的体育学科核心素养。如图 5 所示，体育与健康课程针对三个体育学科核心素养目标，分别提出具体教学课时分目标。例如运动能力这一核心素养，运动能力发展的重点是发展体能、运用技能和提高认知。运动技能目标强调“运用”，在体育展示与比赛中，通过技战术运用，提高学生在运动情境中分析与解决问题的能力。在运动认知目标上，强调学生对体育知识和技能的专项认知，用以指导体育活动实践。学科教育目标与课时分目标都在教育总目标的统领下，表达的是对学生通过体育课程学习效果的预期。课时分目标应该根据实际教学情况有针对性地制订，做到可达成、可测量。因此，高校体育课程目标根据大学生体育学科核心素养框架，遵循“分层转化”的策略，在具体的课程中逐层实施。

---

① 臧玲玲．国际视野下的大学生核心素养研究：基于文本分析的视角［J］．现代教育管理，2017（12）：102-106.

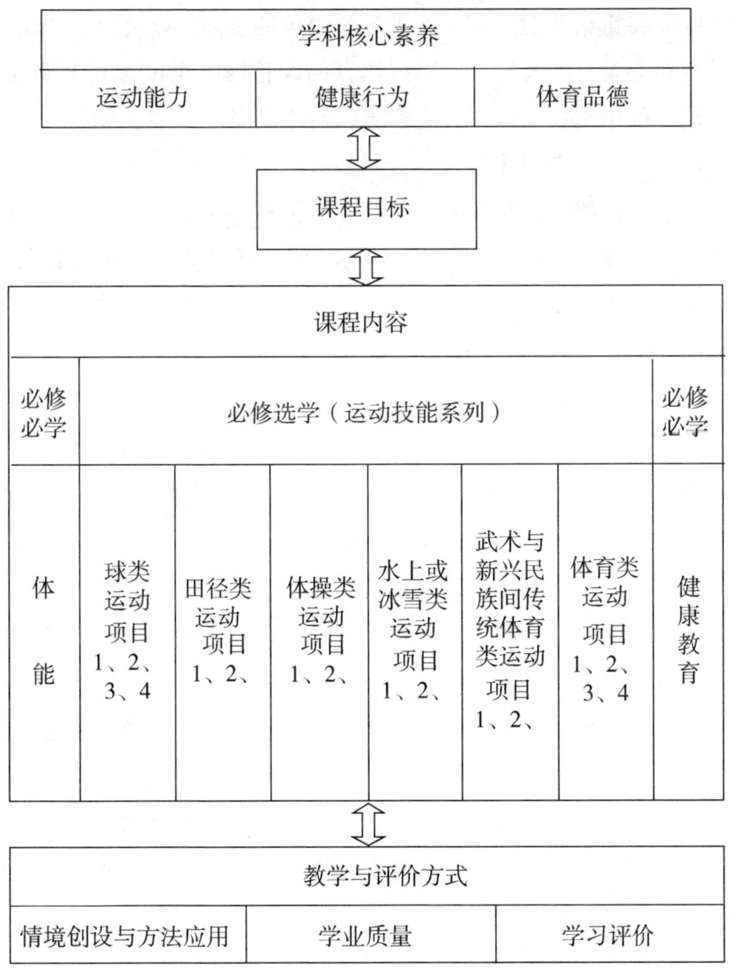

图5 普通高中体育与健康课程结构

（二）高校体育课程的内容标准

1. 课程内容是课程教学的核心要素

课程内容反映两个方面，一个是内容本身，另一个是内容的程度。以往的体育课程中，课程内容是从具体运动项目出发，注重双基，基本体育知识和基本的运动技能。由于过分关注知识和技能这一维度，造成了情感、态度与价值观和知识与技能这两个维度在体育教学过程中的分离，体现在对学生情感体验、体育品格等情意因素重视程度不够。因此，重塑体育学科核心素养的理念则需要重组教学内容，注重教学内容的全面性以及内容的深度。

在学科核心素养的目标下，高校体育的课程内容应包含五个部分：动作技能、体能、健康素养、体育人文素养、跨学科核心素养。这五个教学内容构成了一体化的体育课程体系。

第一，动作技能。动作技能是体育课程的核心，学生对结构化的动作技能的学习，除了基本动作技能如跑、跳以外，还要掌握专项动作技能如球类、体操类等，不断促进学生在运动技能上达到熟练掌握的程度，而且会“运用”运动技能，并投身于比赛和展示场景中。

第二，体能。这里的体能指的是学生的体能训练以及体能练习知识和原理。在“中国健康体育课程模式”中，显示出体育课程中运用10分钟左右进行体能练习在学生体质健康促进方面有着重要性和有效性。可见，在体育课中有限的技能学习时间，仅仅利用10分钟进行体能练习，对促进学生体能，改善大学生体质健康状况的作用却不容小觑，而且学生通过学习体能练习相关原理和知识，能利用信息进行体能自我评定以及锻炼计划的实施。

第三，健康素养。国际教育改革中强调健康，我国教育也提出了健康第一、健康中国等理念，充分证明健康之于人的重要性。健康素养包括安全教育和健康教育。安全教育是保障生命的教育，健康教育是指向生命质量的教育。体育学科核心素养强调“健康素养”的重要性，因此健康理论知识与实践是高校体育课程的重要内容，体育与健康的有机融合，有利于树立体育健康意识，促进体育健康行为的发生。

第四，体育人文素养。体育是一种文化，体育课程中不仅仅是运动技能，而且拥有文化的内涵。中国传统体育项目如武术，包括中国传统哲学思想、武术大家、武术道德、武术礼仪等。通过体育文化的熏陶，逐步提高体育人文素养。

第五，在课程内容上要融入跨学科的核心素养，如信息素养、问题的解决与创新等。

体育学科核心素养的最终目的，是通过体育学习，使学生获得运动能力、健康行为和体育品德等必要的能力和品质，促使学生个体积极融入社会或幸福地生活。因此，体育课程内容要“生活化”“社会化”，内容要符合学生的生活需要，这些需要通过长时间活动累积成生活经验，包括课堂学习经验、课外锻炼经验、体育社团活动经验。体育课程以学生的实际生活需要和经验为内容，激发学生体育学习兴趣，促使课外体育锻炼的发生，逐渐形成健康行为，获得运动能力和体育品德。

另外，需要强调的是，学科核心素养下的课程内容要有“深度”。课程内容的深度，不是指增加课程内容的量与难度，而是将知识和技能结构化，要构建知识与技能之间的关联性，从宏观或整体上对学科进行把握，不是简单的知识和技能间的迁移，而是学科间或学科内部之间的迁移与应用，使学生拥有创造性的学科思维来理解和掌握所学内容。因此，高校体育教学内容要做到由“单一技术”转向“整合链接”，应做到不同项目、技术之间相互融合，努力实现体育知识的关联性和学生学练的结构化。学生通过掌握结构化的运动知识和技能及熟练运用，并尽量结合比赛情境，使学生在不同运动情境中综合运用体育运动认知和技战术来分析和解决问题。让人受用终生的不是显性的体育知识与技术，而是知识和技术背后隐含的内在价值、运动思维方式、体育价值观念，以及在体育学习和活动过程中所获得的丰富的情感体验。高校体育教学内容应深度地挖掘体育教学内容背后隐藏的教学价值。核心素养下的体育课程内容不是运动技能本身，它应超越运动技能，关注学生的运动参与体验和情感体验，帮助学生体验运动技能背后隐藏的隐性价值。正如毛振明教授所言：“在激烈的体育运动训练中可能蕴含着强大的意志力，在体育团体竞赛中可获得合作精神和规则意识。”①

在《教育的适切性》一书中，教育家布鲁纳提出，学习分为表层过程和深层过程，学习的表层过程是掌握知识，而在知识学习的同时实现思维方法、学习规律以及学习态度的培养才是学习的深层过程。因此，深层学习是实现高阶体育核心素养的最根本路径。而深度学习的过程不应浅尝辄止，必须强调学生对体育知识和技能的深度理解以及在真实运动情境中应用和解决问题的能力。学生能够做到举一反三，在学习情境中准确判断和把握关键要素，也能在新情境中分析判断差异并将原则思路迁移运用。大学生在心智和认知上已处于成人阶段，完全有能力进行认知和自我学习的建构，高校体育课程在教学内容上要有深度，通过教师对教学内容深度的引导以及学生的深度学习的过程，了解运动技能的结构化与规律性，并形成自己的体育学科思维，对于培育高阶的体育核心素养有着重要作用。

---

① 毛振明．面向未来，学校体育该如何改［J］．人民教育，2017（1）：72-74.

2. 课程内容设计策略

高校体育的课程内容设计通常是基于体育学习情境开展的。体育学习情境目标指向学生的学习，是体育教师创设出的一切利于学生学科核心素养培育的情境。其目的是通过情境创设，激励学生积极参与到体育课程学习中，用以培养学生的体育学科核心素养。国内外先进的教学模式的课程内容设计值得高校体育借鉴，如西登托普（Siedentop）的运动教育模式、海尔森的个人与社会责任教学模式、尚力沛的综合教育模式、季浏的中国健康体育课程模式。

在西登托普提出的运动教育模式中，体育学习情境是以运动赛季的形式对课程内容进行整体规划，使比赛贯穿于教学之中。运动赛季分为运动季前赛、运动季中赛、运动季后赛、庆典活动。在整个赛季中，教师合理分配体育教学内容，将学生进行小组划分，借助运动项目的规则、仪式和传统培养学生的规则意识，又通过运动赛季加深学生的体验，激发学生运动兴趣及运动技能的掌握。通过参与比赛培养学生团结协作的精神。运动教育模式培养了学生的体育核心素养，囊括了运动礼仪、运动规则、欣赏运动能力、团结协作等，在运动知识、运动技能、社会适应、终身体育等方面成效显著。

在美国学校体育和德育教育改革的共同要求下，海尔森提出了社会责任教学模式。在社会责任教学情景模式中，海尔森强调责任，重视对学生责任品质的培养，他认为体育课程的教学程序为关怀时间、认知谈话、身体活动、小组讨论和自我反思。他认为教学策略的使用能更好地引导学生达到每个责任层级的要求与目标，这五个责任层级分别是尊重与感受、努力和合作、自我导向、帮助他人与引导能力、迁移。

尚力沛认为体育课程的主题教学中应融入先进的教学模式，可采用综合教育模式，将运动教育模式与个人和社会责任教育模式综合使用，运动教育模式以赛季的形式对课程教学内容进行规划和设计，促使学生在掌握运动技能的同时培养其规则意识、团结意识、欣赏能力；采用个人和社会责任教学模式中的 5 个教学程序，将其贯穿于每课时的教学中，通过关怀时间、反思等教学程序在促进学生学会技能的同时，实现对社会责任品质的塑造。①

季浏教授在普通高中体育与健康课程标准的解读中，提出了具有中国本土特色的体育与健康课程模式——中国健康体育课程模式。② 针对中国青少年体质健康持续下降的状况，中国体育课程需要真正关注的是运动负荷、体能练习、运动技能这三个要素。中国健康体育课程模式的基本理念是“健康发展、学会运动、激发兴趣”。在模式中，特别强调运动负荷和体能练习的重要性。实验证明，每节体育课有 10 分钟左右形式多样的体能练习、运动密度在 75%左右、运动强度为 140～160 次/分钟时，可有效促进学生的体脂百分比、心肺功能、速度、柔韧、肌肉力量等指标的改善，再加之结构化的运动技能和体育展示与比赛。中国健康体育课程模式的这 10 分钟体能训练，不但使中国学生体质下降的重大问题迎刃而解，而且能解决中国体育课程中学生技能掌握匮乏的问题。

（三）教学建议

1. 课程目标的转变：由技能导向转向素养导向

高校体育课程目标应由技能导向转向素养导向，改变传统教学中以传授运动技能为教学目标的体育教学，运动技能作为体育学科的核心素养之一，主要是通过运动技能的学习方法及运用来全面培育学生体育核心素养。高校体育教师应明确学科核心素养的目标意识与目标引领内容和方法的思想，学习目标的设置要充分体现体育核心素养，将核心素养目标转化为明确的具体教学目标，根据体育学科核心素养目标通过体育教学情境创设，开展课程内容的设计，教学方法选择，实现每一课时的具体学习目标，最终促进学生体育核心素养的培养。

2. 教师角色转变：由“权威”变成“伙伴”

面对高等教育阶段的学生，体育教师要摒弃高高在上的权威形象，由“控制他人”转向“需要他人”，与大学生互动时更适合的身份是“伙伴”和“朋友”，在不断的教学反思中实现与学生“平等对话”，通过“师生对

① 尚力沛，程传银．基于发展学生核心素养的体育单元教学设计［J］．体育学刊，2018，25（1）：98-103.

② 季浏，钟秉枢．普通高中体育与健康课程标准（2017 版）解读［M］．北京：高等教育出版社，2018：16.

话”实现“育体”与“育德”。在体育学习过程中，了解学生的运动学习需求和生活经验，重视学生运动学习中的自我本体感受。教师发挥主导作用，以学生为主体，通过体育教学情境的创设，调动学生学习积极性，激发学生运动参与的热情，注重学生学科思维的培养，使学生在和谐互助的课堂教学氛围中开展同侪之间的正向交流与合作，全方位对学生进行核心素养培育，从而提高高校体育教学改革的效果与质量。

3. 教学方向转变：由浅层教学转向深度教学

体育深度教学是体育课程发展学生学科核心素养的教学走向。它是体育教师借助特定的体育活动情境，引领学生进行体育知识与技能背后的思维方式和价值领域的学习，学生通过深度学习，深刻把握体育知识与运动技能的学习方法与内在结构，深刻体验体育运动的隐性价值以培育学生学科核心素养的体育教学活动。

传统的体育教学在教学方向上存在偏差，注重浅层教学，关注运动技能与技术本身，无视运动技能背后的育人价值，那么体育深度教学就是要回归体育课程的育人价值，重新关注运动技能的价值，既关注学生掌握和运用运动技能的情况，更关注学生的体育学科思维与方法。发展学生的体育学科核心素养，不仅是发展学生的运动知识和运动技能，还要发展学生的健康行为，以及体育道德、体育品格和体育精神等核心素养。体育深度教学是对浅层教学的超越，加深学生对运动技能的认知，对动作结构的掌握，实现动作自动化，并促进体育学科内运动项目之间技术的融合，提高学生的运动能力和分析与解决问题的能力。

深度教学也要体现体育知识的传授。随着时代的发展，体育知识应与时俱进，具有发展性，对体育的知识不能只停留在体育锻炼的价值和意义等笼统层面和浅显阶段，体育基础知识是大学生对体育的根本性知识，是大学生体育意识形成的前提，在此基础上，高校体育课程中体育知识还应符合学生的生活需求。例如，锻炼计划的制订、运动损伤的防护与处理等专项体育知识。如今，阻碍学生体育行为的发生的原因是体育知识缺乏针对性、实用性。因此，高校体育课程的深度教学要同时存在体育知识与运动技能教学过程中，实现体育知识的针对性、实用性和运动技能的隐性价值。

4. 课程内容的转变

（1）课程内容要加入一定时间一定负荷的体能训练

面对大学生体质逐年下降，且大学生普遍不重视体育锻炼，缺乏运动锻炼习惯的状况，在体育课上进行体能训练就显得十分必要和重要。季浏教授实验团队证明，持续时间为10分钟，运动密度为75%，运动强度为140~160次/分钟的多样化体能训练，可以有效提高学生的体能水平。国家体质健康测试中的指标，如50米跑、立定跳远、800米跑、坐位体前屈分别测试的是速度、肌肉力量、心肺功能、柔韧性等体能状况。通过长期坚持有运动负荷的体能训练可以增强大学生体质水平，积极改善大学生体质健康问题。在专项运动项目中专项体能得到锻炼，再通过补偿性的针对性的体能练习来发展其他体能，通过多种形式及高质量的体能练习，促进学生体能全面发展。除此以外，在体育课程体能训练过程中，学生掌握多种体能练习方法用以课外体育锻炼，并用于体能锻炼计划的制订中。不仅如此，通过体能训练还能实现对学生意志品质的培养。

（2）运动技能结构化转变

传统的体育课教学的弊端是注重单个运动技术的学习，碎片化的教学割裂了技术之间的相互联系。引发的直接后果是学生缺乏运动完整概念，只学会单个技术却不能掌握这项运动。因此，高校体育课程要注重运动技能的结构化、模块化，引导学生学练多种单个技术、组合技术和战术，创设运动展示与比赛情境，使学生在快速变换的运动情境中，综合运用体育知识和技战术去解决问题。结构化运动技能的益处是，促进学生从宏观上把握技能并能在展示与比赛中熟练运用技能，培养学生在体育学科的运动项目中进行动作技能的迁移，以及在运动技能上的体育学科思维与创新能力。

（3）保证定期教授健康知识课程

《“健康中国2030”规划纲要》指出要建立高校健康教育推进机制，构建相关学科教学与教育活动相结合、课堂教育与课外实践相结合的健康教育模式。体育与健康有着密切的关系，体育锻炼促进人的身心健康的作用显而易见，体育学科与健康教育自然而然地结合在一起形成了体育与健康课程。高校健康课程展开的形式，一般是充分利用风雨天等特殊天气，通过讲座报告、讲授、交流讨论等方式分散教学，通过在教学中开展与健康相关的体育实践活动，如班级体育健康知识竞赛，来提高健康意识，促进健康行为。

5. 教学形式：线上线下学习深度融合

信息技术的迅猛发展，促使高校体育教师在教学形式上要不拘泥于实践教学，应充分利用信息教育技术，将其与体育教学紧密结合，要树立用技术支持学习的理念，采用线上与线下学习深度融合的方式开展体育教学。线下通过体育实践教学对学生进行体能、运动技能、健康行为、体育品德培养；线上充分利用现代信息技术手段将体育课程由课上拓展到课外，通过微信、智慧树、腾讯会议、钉钉等多种平台开展微课、翻转课堂等教学，使学生获取信息，视频片段和社区资源，在拓宽体育与健康视野的同时，为学生提供更多现代化的学习体验。线上学习是体育教师在体育教学中有效的补充，使体育知识以系统化和运动技能以结构化的形式呈现，助力学生体育学科核心素养的持续发展。

体育课程中的信息构建除了能够在课内与课外为学生搭建核心素养的桥梁，更是学生校内和校外的辅助平台，在校内有助于提高学生的体育课程的学习效率，在校外则有助于体育锻炼有参照、有目标。教师还可以通过微信、QQ 等加强与学生在校外的互动，细致地了解学生在校外的实际锻炼情况，有针对性地进行技术与方法的指导，增强学生锻炼的主动性，确定未来体育课程中的教学起点和策略。信息技术指导下的体育课程更精准地反映出学生的实际生活需求，是体育学科核心素养体系的助力系统。

（四）质量标准与教学评价

体育课程中的学业质量反映的是学生经过一段时间体育课程学习之后，在学科核心素养方面表现出的学业水平。《普通高中体育与健康课程标准（2017 年版）》以培养“全面发展的人”为核心，将体育核心素养分为运动能力、健康行为与体育品德三个核心要素，将学业质量划分为 5 级水平：1 级为最低水平、2 级为合格水平、5 级为最高水平。高校体育课程也可以针对具体运动项目采用等级划分来区分学生的学科核心素养的水平。

教学评价是对教学目标是否达成、教学内容的组织是否得当以及教学过程是否合理等情况做出价值判断的过程。基于核心素养的高校体育课程中的评价方式已达成共识，在体育教学评价过程中体现出评价方式综合化和评价主体多元化，评价方法多样化和强调结合运动情境进行评价的评价方式。评价采用终结性和过程性评价相结合、定性和定量评价相结合、绝对性和相对性评价相结合的方式。评价主体多元化，指的是评价主体包括教师，还包括学生自我评价，教师对教学效果进行评价，是否达到培养学生的相关核心素养的目标。学生要根据核心素养目标来评价自身核心素养的达成度；评价方法的多样化，将学生自评、同伴互评和小组捆绑式评价的方法作为体育核心素养评价的指标。运动情境中的评价是通过体育比赛、体育展示等运动情境来体现的，对体育学科核心素养中的无法量化的评价内容，如规则意识、团结协作的精神等，通过行为观察和记录进行评价。

以于素梅研究并构建的“乐动会”体育教学课堂作为范例，来看体育教学评价。整个体育教育评价体现出多维度综合性、动态发展性、现代式的特点。该评价模式是多维度的，顾名思义，“乐动会”是从乐、动、会三方面进行体育教学评价。“乐”是正向的情感体验，用以评价体育运动给学生带来的情感状态。“动”体现的是运动行为和能力，即评价学生在体育运动中的运动表现。“会”体现的是获得感，评价体育学习中的学习结果。通过将过程性评价与结果性评价结合，突破只看结果、成绩的评价方式的局限性，通过具有激励作用的评价，全面地评价学习中的状态和学习结果。同时，“乐动会”体育教学评价是一个动态发展性的评价，通过“乐”能够了解符合学生需求和兴趣的课程内容及组织方式，了解学生的学习方式和方法。“动”中的各种行为和心理表现，如学习中“智”的运用、“体”的投入、“德”的发生，都可以成为对学生的评判。“会”则显示的是在“乐”与“动”的动态发展过程中学生的学习结果。从不会到会，到会的深度逐渐累加，再从知识与技能了解发展到运动技能的展示与运用，这些都体现出动态发展性的特点。此外，“乐动会”的体育教学评价是现代式评价。在评价过程中应用了信息技术，提高了评价客观性和科学性。通过表情识别智能识别系统评价“乐”。通过智能化穿戴设备记录学生实际心率变化和能量消耗，通过计算各部分的密度和课堂的总练习密度，对“动”开展科学化的评价。采用人工智能的仪器通过时间、距离、高度等指标监测“会”的程度。“乐动会”对现代电子化仪器设备的利用，使得学习过程与学习结果更为客观、准确。信息技术和智能化设备的使用是未来体育教育发展的大趋势。

四、高校体育课程的学科核心素养培养路径

（一）加强优质体育课程建设

实现学科核心素养的课程目标，高校体育课程需要重新定位体育学科在高等学校人才培养中的位置，根据国家立德树人的根本任务，积极构建高校学生体育核心素养的框架体系，充分整合高校体育课程资源，制订体育学科核心素养的课程计划，明确高校学生体育学科核心素养培养总体目标、教学策略与保障措施，切实发挥课程计划在体育核心素养培养中的导向作用。

在体育核心素养目标下，高校体育课程应进行课程内容的重置，课程内容要丰富，要将体育理论知识、体育意识、体育品德等多方面内容综合，构建出集不同体育教育功能于一体的多样化体育课程体系，满足大学生差异化体育需求，切实提升体育教育课程适应性。体育教育课程设计力求与高校可控资源衔接起来，丰富体育教育课程内容，打破传统的以技能为中心的课程桎梏，积极有效地发挥大学生主体作用，依据学生的个性化需求，根据水平的不同开设多层次的体育教育选修课程，充分发挥大学生的体育特长，逐步树立终身体育的理念。体育课程选用先进的教学模式，依据核心素养的各方面制定学业质量标准，采用多元主体、多样化评价以及创设比赛情境进行评价，开发优质体育课程，高质量地培养大学生体育学科核心素养。

在中国健康体育课程模式的基础上，汪晓赞教授开发了 KDL 体育与健康课程。KDL 课程从三维课程目标出发，将培养学生体育与健康核心素养作为落脚点。Know it、Do it、Love it 培养的是懂运动文化、有运动能力实施运动参与、热爱运动的人。该课程内容体系具有目标引领内容、多学科融合、适合学生身心发展等特征，它从培养学生基本动作技能出发，逐渐发展至培养学生专项运动技能，并以“主题化”的形式体现目标引领内容的教学理念，以常规课程六个方面建构课程框架。①

① 侯士瑞，尹志华，汪晓赞．学科核心素养背景下引导发现式体育教学风格的内涵及其实施途径［J］．体育师友，2020，43（02）：4-6.

（二）立足于体育课堂教学，深度挖掘体育教学“育人”价值

高校体育是通过有组织有目的的身体实践活动，对高校大学生进行“成人”的教育，强调体育课程中的体育情感、体育道德、体育精神与体育文化认同。传统的课程模式存在严重的弊端，将体育课程看作身体的“物化”的过程，造成身体的“文化”的缺失。将体育教学过程看作“技”的传承，忽略“术”的文化价值，“技”的身后蕴含着深层的体育文化与体育精神，高校体育课程丢失了核心的育人价值。

基于核心素养高校体育课程改革，体育课程要立足于体育课堂教学，既要保证以运动项目技能教学为主线，发展学生的运动技能，激发学生对体育运动的兴趣，促使学生积极主动地进行体育学习；还要在体育课堂教学中将体能训练与专项技能教学相互补充，可以达到学生体能的提升、体质的改善、专项运动能力的提高多层面的效果。在体育课堂教学中的重中之重是要从“人”的观念出发，牢固树立“立德树人”的观念，围绕“人的存在”“人的生活”和“人的生命”开展体育教学，以体能和结构化动作技能为载体，深度挖掘运动技能所蕴含的精神、道德与文化内涵，并将其潜移默化地融入体育教学过程，培养学生作为人在未来发展中所具有的能力和品格。武术运动项目中强调和合的哲学精神、行侠仗义的侠义精神、以礼待人的为人处世精神。跆拳道项目注重礼仪、百折不屈的精神，球类运动项目培养竞争与合作、规则意识与团结协作的精神，这些精神对大学生的世界观、价值观和人生观具有潜移默化的作用。体育运动项目中所蕴含的文化资源并不缺乏，缺乏的是体育教师对其充分发掘以及在体育课堂教学中的运用。因此，在高等教育阶段，高校需要更加重视体育课程的育人价值，将体育文化及精神贯穿于体育教学的全过程，不只是身体教学，而是使学生获得身体的“教育”，加深体育课程与“立德树人”的逻辑关系，发挥体育课程“立德树人”的价值。

（三）营造积极的学校课外体育文化氛围

不仅要保证优质体育课堂建设，高校体育课程的内涵建设也是重要组成部分。高等学校体育活动的组织形式要多样化，打破传统高校运动会体育活动项目的局限，丰富高校运动会体育活动项目。高校通过在校运动会中引入体育趣味运动项目，使高校体育运动充满了乐趣，符合学生兴趣，

使运动会不仅仅是拥有体能、速度、力量的少数运动精英的激烈竞争，吸引更多的普通大学生积极参与到体育运动会中来，在运动会中享受体育的乐趣与团结协作的精神。此外，学校体育社团的建设、校内外的体育竞赛的开展、校运动队的梯队建设都是学校体育内涵建设的重要组成部分。高校体育应增加丰富多彩的体育宣传活动，包括专题讲座、体育报刊、体育宣传栏等，充分发挥媒介作用，注重中国以及世界体育社会热点，利用体育宣传活动扩大学生视野，激发学生的责任意识，促使大学生更加深入地了解体育的功能性、娱乐性。通过多种体育活动组织形式全面开展对大学生体育核心素养的培养。

1. 积极构建高校体育社团。高校体育社团一般是在校团委和体育部的指导下，通过学生自治的方式，拥有明确的管理制度，明确社团成员的权利和义务，有共同体育兴趣爱好的同学构成的组织。高校体育社团中技术突出的成员代表学校参加体育竞赛，在为学校争得荣誉的同时也进一步有效地激励体育社团其他成员进行体育参与的情感和行为，社团也起到督促成员体育参与的作用，帮助学生形成稳定的体育锻炼行为。构建高校体育社团不仅仅为学校体育文化建设做出贡献，同时也对大学生的体育学科核心素养具有良好的培育效果，帮助学生形成比较稳定的体育行为，更有效地促进了学生之间的体育交流和互动。

2. 主动开展校内以及校际、地区之间的体育竞赛。体育竞赛对大学生的体育核心素养的培育效果显著，表现在体育技能的提升、体育战术意识的提高、拼搏和团结协作等体育精神的培养。校内的体育赛事，能够以赛代练代学，为体育技能提升、技能展示以及战术意识的发挥提供机会，也是促使大学生积极参与体育运动的直接有效的路径。校级以上的比赛，学生要最大限度地调动自身的本体感觉、综合运用运动思维来对快速发展的运动场景做出准确的判断，这是体育核心素养的综合运用。学生在竞赛过程中能够发现自身的不足，进行自我反思，促使改进体育运动技能，调适在运动竞赛中的心理状态和情绪体验，进一步巩固学生对特定运动项目的热爱，从比赛外环境这一层面促进学生体育学科核心素养。

3. 针对体育素养水平较高的大学生，只参与一般的体育课程教学或体育社团活动，无法满足其需要。开展个性化、专业化的体育特长培训，比如裁判培训和高阶技术培养等，满足其对某项运动的技战术和自身体质健康水平的体育需求，有效发展体育知识、运动技能、体育情感、社会行为等方面的体育核心素养，是培育大学生体育核心素养的有力途径。

4. 清华大学素有重视体育的优良传统，必须提到的是“清华第一堂体育课”，它是我国著名体育家马约翰开设的，就是在新生入学教育时专门为新生解读清华精神，亲身示范、讲解清华体育课的要求，激发学生的体育锻炼热情。清华第一堂体育课已经成为清华大学的一种传统。在“清华体育精神”号召下，“爱国爱校”“坚持到底、永不放弃”“体育家精神”“争取至少为祖国健康工作五十年”，还有由清华学生自发喊出的时代口号“无体育、不清华”，清华大学开展了一系列长跑活动，包括新生 20 公里野营拉练、新生赤足运动会、阳光长跑、校园马拉松、人生起航毕业长跑。清华大学还有一项重要的传统和特色，即长跑。通过长跑增强学生的体质，锻炼学生的意志品质，清华特别重视由长跑带来的对人的发展的迁移价值。同时，清华大学目前有 40 个体育类的社团协会、43 支清华体育代表队和拥有 40 多个竞赛项目的大型体育赛事“马约翰杯”。清华大学不仅为学生的科学文化知识、思想道德素质负责，更为学生的身心健康负责，清华大学的“第一堂体育课”以及长跑传统是高校开展学校体育内涵建设的最佳借鉴。

高校体育课程要树立大课程观，绝不应把体育课程理解成课堂教学，课堂教学、课外锻炼、社团活动与体育竞赛是一个有机联系体，开展不同层次的体育竞赛活动，如班级之间、年级之间、校际之间的竞赛，使更多的学生都能通过形式多样的竞赛参加体育活动，充分体验由体育运动带来的乐趣，培养对运动的喜爱，展现体育精神，养成体育锻炼的习惯，真正做到体魄强健、身心健康，营造良好的学校体育文化氛围，用体育比赛来丰富学生的课外生活，全面培养学生学科核心素养。

（四）构建学校—家庭—社会多元联动，强化校内外体育环境的建设

高校体育通过体育课程及多种体育活动组织形式全面加强学生的学科核心素养，除此之外，高校需要加强与大学生家庭教育的家校联系。从体育学科核心素养的健康要素构成出发，健康知识与健康行为仅仅借助体育教学的力量是单薄的，需要家庭这一重要的生活场所来形成健康习惯，如健康的饮食习惯、体育锻炼的习惯、运动损伤的预防与处理等。高校可以通过与学生

家庭建立家校联系，通过学科核心素养的理念宣传和构建学生体育学习档案的方式，使家长了解学生在校内的体育学习情况，重视学生体育家庭作业的完成质量，实现在校外配合完成对学生体育核心素养培养的工作。通过家校联系，借助学生家庭的参与，共同促进学生健康行为的发生，实现对学生在校内校外健康行为和运动习惯的养成，构建校内外多元联动的体育核心素养培养的大环境。

体育具有社会化的功能，学生通过参与社会体育实践，激发学生的体育参与，丰富学生对体育的认识。在高校体育课程中，体育教学应该鼓励学生进行社会体育参与，包括参与社区体育活动、观赏体育赛事、开展体育交往等。通过观看体育赛事，尤其是现场观看，直观感受现场体育氛围，内化由体育赛事带来的民族责任感和国家认同。通过欣赏体育赛事，不断了解赛事的规则，加深对运动项目的兴趣。通过参与社区体育活动，以体育运动为载体促进学生学会与社区人员交往。高校体育课程应以学校为中心创建家庭和社区的“社会生态模型”。

社会生态模型被公认为是身体活动、健康促进和行为研究的主要的、最佳的理论模型之一，该模型用于影响因素研究更具有适用性和科学性。该模型的核心观点是，人的行为既受个体内在环境因素，也受个体外在环境因素的影响。① 社会生态模型如图 6 所示。

高校体育应从社会生态的大环境出发，充分考虑外在环境、社会以及内在环境对大学生体育核心素养的培育，以大学生的价值观和自我效能为内在环境，通过学校体育注重对学生的价值引领和在体育运动中自我效能的提升。对其进行体育核心素养培育的同时，在社会因素中，要重视家长的教育理念及朋友、社交媒体对大学生体育行为的影响。在环境因素中，要注重学校设施和社会公共体育设施的便利性，从而将学校、家庭以及社会充分联合，形成促进大学生体育锻炼和健康行为的大环境。最终，通过不同的体育情境，学生体育核心素养不断内化，最终成为学生终身发展的必备能力和技能。基于大学生的体育核心素养的社会生态模型的建立，将全面提升学生适应时代和社会发展的能力。

---

① 黄美蓉，张艳平，SUN，Haichun. 基于社会生态模型的我国大学生体育生活化促进机制研究［J］. 天津体育学院学报，2019，34（01）：14-22.

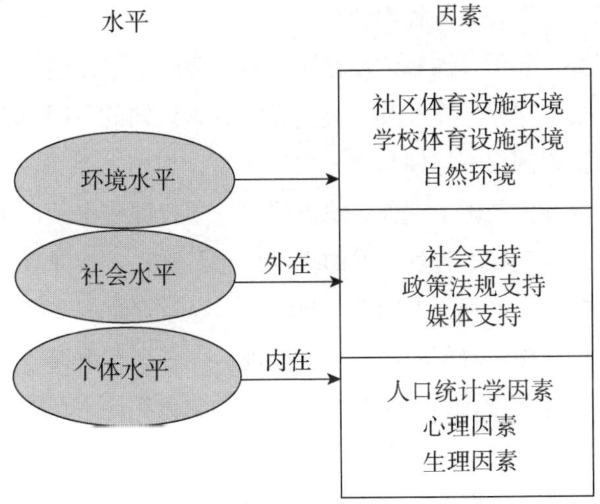

图 6 社会生态模型

第五节 校本体育课程的开发与管理

一、校本课程的开发

从历史与逻辑的角度看，从学校诞生的那一刻起，校本课程开发活动就是客观存在的，且拥有漫长的历史，可追溯到中国先秦时期和古希腊时期。

自 1949 年中华人民共和国成立之后，我国第一次在课程表中规定地方课程是 1992 年颁布的《九年义务教育全日制小学、初级中学课程计划（试行）》。自 1996 年中共中央国务院发布《关于深化教育改革全面推进素质教育的决定》后，我国课程在素质教育阶段试行国家、地方、学校三级课程管理体制。1999 年全国教育工作会议提出实施三级课程管理的决策，这也是“校本课程”的概念第一次出现在国家政策性的文件中。

校本课程的开发进入了 2001 年国务院颁布的《关于基础教育改革与发展的决定》的政策文件，使校本课程有了政策保障。政策要求在符合素质教育的基础上，加快构建基础教育课程体系，鼓励地方和学校开发适应本地区和学校特点的地方课程以及校本课程。

校本课程开发和学校课程建设在认知与实践两个层面的差异是客观存在的，原因是对校本课程开发及其相关代表性概念认知的不同。在校本课程开发的过程中要正确理解和把握与之相关的概念，如国家课程、地方课程，并能明晰校本课程开发与国家课程、地方课程、学校课程之间的逻辑关系。国家课程和地方课程是校本课程开发的重要思想基础，学校课程决定着校本课程课程建设的格局、课程开发的方向与课程内容等方面。

随着课程机制深化改革的进程不断推进，很多高校都以“一校一品一特色”开展校本课程开发，借力学校办学传统、文化积淀，在传统与现代中谋求高等学校自身的办学特色。例如，河南理工大学在体育课程中要求所有新入校大一学生必修一学期的陈式太极拳，河南是陈氏太极拳的发源地，这也是地方特色，通过此项传统，陈氏太极拳的校本课程已成为河南理工大学独有的特色。

但是我国校本课程开发处在成长期，面临许多实际问题和困难，最主要的问题是容易将学校课程和校本课程混为一谈。什么是学校课程？学校课程与国家课程、地方课程一起，都是国家三级课程管理体系的不可或缺的组成部分，属于课程管理的范畴。学校课程是在确保国家课程、地方课程的前提下，结合学校的传统和办学理念，以及从学生的兴趣与需要出发，对学校自身的教学内容与教学进程进行设计规划，构建成的具有鲜明校本特色的课程体系。学校课程不是具体的课程类型，从国家课程到地方课程再到学校课程，是逐步具体化的过程，也是将国家课程和地方课程的校本化实施的过程。学校课程具有唯一性，它将国家课程和地方课程与学校自主开发的课程融于一体，形成自身的课程体系。

校本课程的开发逐渐完善，其中包括理论逐渐成熟、认知逐渐统一、内容和成果不断丰富。对校本课程相关概念认知的深度和广度决定着研究者和实践者的价值取向和行动方向。每个人都可以根据自己的经验和对社会、知识、教育、学校乃至学生的不同观点，对校本课程开发做出差异化的理解和解释，当这些理解和解释逐步趋向一致的时候，校本课程开发将获得更加强劲的思想力量。

二、核心素养与校本课程的开发

（一）以学生发展为中心是校本课程开发的价值取向

教育的本质是对“人”的培养，教育的目标是让每一位学生都成为一个大写的“人”。校本课程的开发需要回归本质，以学生发展为中心，发挥对“人”的塑造的重要作用。

国家课程标准是纲领性文件，它是教材编写、教学评估以及考试命题的重要参考文件，体现的是对基础教育课程的规范性，实现的是国家对课程的管理与评价。国家课程标准反映的是国家对不同学段的学生在学科核心素养等方面的目标，规定了国家对学生在某学科领域的核心素养的具体要求，无论是课程教材，还是课堂教学与教学评价，无不体现着国家课程标准。在整个教育课程逐层实现的过程中，国家体育课程是地方和学校课程的灵魂。

修订和完善课程标准是一个渐进而长期的过程，至今仍未停下脚步，校本课程的开发始终不能偏离“以学生发展为中心”这一教学方向，在课程教材的选择、课堂教学过程、课程质量评价等方面都致力于对学生学科核心素养的培养，其目的都是通过校本课程的开发和应用，为养成学生作为未来的人才所应具备的能力而服务。纵观 21 世纪以来国际教育的改革与发展，都是以“素质教育”“核心素养”为课程改革的风向标，校本课程的开发是落实“核心素养”以及“立德树人”的具有特色的重要途径。

（二）学生发展核心素养引领校本课程开发

党的十八大、十九大都强调将立德树人作为教育的根本任务，培养德智体美劳全面发展的社会主义建设者和接班人，从国家层面上确定了教育的本质和价值。十九届五中全会中习近平总书记再次强调高校教育的立身之本在于立德树人，高校的核心点是全面提高培养人才的能力，只有培养一流人才的高校才能成为一流的大学，同时，提出大学生要坚持中国特色社会主义的四个自信，道路自信、理论自信、制度自信、文化自信，成为德智体美劳全面发展的社会主义建设者和接班人。

随着国家对素质教育的重视程度越来越高，学生核心素养研究也在国家教育改革的进程中不断地繁荣与发展。2014 年 3 月，教育部发布了《关于全面深化课程改革落实立德树人根本任务的意见》，首次在课程改革文件中提出“核心素养”的概念，明确了落实立德树人工程的十大关键领域，将制定核心素养体系作为落实立德树人的首要任务，要让核心素养来统领课程改革的各个环节，核心素养成为课程内容、课程设计以及学业质量标准的唯一依据。2016 年《中国学生发展核心素养》的制定与颁布，就是全面贯彻党的教育方针，在基础教育阶段落实立德树人根本任务的重要举措，课程改革把核心素养放在前所未有的高度，充分体现了以学生发展为本的教育思想。

在这里，首先要明白核心素养与素质教育的关系。素质教育相对的概念是应试教育，素质概念的提出，主要是转变我国教育目标的指向，是一种宏观指导性质的教育思想，目的是将我国的教育目标由单纯强调应试转向关注人，以及人的全面健康发展。而核心素养概念的提出，指向人的发展，是人适应终身发展和社会发展所必备品格及关键能力的体现，由此可以看出，核心素养是对素质教育这一教育思想内涵的具体表达，使素质教育的目标更加丰富和明确。

2016 年 9 月，《中国学生发展核心素养》以培养“全面发展的人”为核心，确立了符合中国学生特点的核心素养框架，中国学生发展核心素养由文化基础、自主发展、社会参与三个方面构成，三个方面又包含六大素养和十八个基本要素，主要体现在人文底蕴、科学精神、学会学习、健康生活、责任担当、实践创新六方面。学生发展核心素养框架的提出，解决了中国教育“培养什么样的人”这一最根本问题。学生发展核心素养是从知识与能力、过程、方法、情感、态度与价值观等多个维度，对于课程改革的价值和素质教育内涵进行了具体规范的描述，从而解决了在推进素质教育的过程中，“素养”一词被频繁提及但又缺乏明确内涵界定，素质教育目标模糊、难以落实的问题。在课程改革实践中，它将发挥引领和指导作用，从多个层面引导和促进教育课程的变革，课程方案、课程标准的修订和完善，教育质量评估体系的重新构建。我国教育以学生发展核心素养为核心，使得课程深层次改革进入快速发展时期。

基于学生发展核心素养的高校课程改革，在贯彻我国立德树人的基本任务的过程中，回应了教育中的另外一个问题——怎样培养人。核心素养体系在理论和内容上已经解决了“培养什么人”的问题，基于学生发展核心素养的高校课程改革，则应致力于寻找和优化“怎样培养人”的路径。高校教育强化课程改革“以学生发展为中心”的教育改革思路，落实“立德树人”的根本任务，凸显核心素养的重要地位，并贯穿于大中小各个学段，融合到学科教育中，形成不同学科的核心素养，转化为学生适应社会发展需要的必备品格和能力。高校课程改革进一步加强课程对学生发展核心素养的承载功能。

我国学生核心素养的构建，为高校体育课程改革提供了创新点和突破点，高校体育核心素养作为体育课程育人价值的集中体现，应贯穿于课程目标、课程结构、课程内容、课堂教学以及质量标准与评价的整个教育过程，这是一个循序渐进和逐步完善的过程，不会一蹴而就。同时，高校体育课程标准的修订完善也是一个渐进的过程，我国《普通高中体育与健康课程标准（2017 年版）》为高中学段制定了课程标准，高校的体育课程标准如何从大学生的特点，从课程内容、课程结构、课程理念三个层面对大学生体育核心素养加以体现，依然任重道远。

（三）校本课程开发促进核心素养培养

校本课程开发的意义，在于通过落实国家课程、地方课程要求，使学校课程满足学生发展核心素养的实际需求。国家课程、地方课程、学校课程，都是以培育学生发展核心素养为出发点和归宿。如果脱离了学生发展核心素养体系，简单地认为校本课程就是学校课程，只是国家与地方课程的延伸，是学校课程的一部分，忽视了校本课程在学生发展核心素养过程中的独特的承载功能，那么校本课程的开发就丧失了其存在的意义。

核心素养教育思想下的高校体育课程，课程标准所包含的课程，还不能承担起学生发展核心素养的全部任务。学生发展核心素养有三个方面、六大素养及十八个基本要点，不同学段学生有着具体的相应的要求。这样的教育目标，仅仅依靠课程的力量是难以实现的。体育核心素养还体现在课堂教学和课外活动中，蕴含在学校显性和隐性文化中。

课程标准虽然在各学科力求广泛体现学生核心素养要素，但仍存在核心素养要素在学科教育中分布不均衡、对社会参与性和人文性较强的要素重视不够、跨学科素养体现不充分等问题。学生核心素养在内容结构上具有多维度的特征，它以“培养全面发展的人”为核心，是知识与技能、态度与情感的集合，对跨学科、综合性、整体性素养教育提出更高的要求。从学生获取核心素养的途径来看，核心素养可分为三个层次：第一，通过学科教育过程获得具有鲜明学科特色的素养。第二，通过多个学科的学习获取的跨学科素养。第三，通过系统知识和技能学习，并将学习经验应用于社会实践，从中获取的自我成长层面的素养。

教育的本质和目的决定了学生核心素养应该以国家课程标准设定的课程为主要载体，贯穿在基础教育阶段的全过程和各个学科中。校本课程丰富了以学生核心素养为统领的素质教育思想的内涵。在现行课程标准之下，校本课程存在的价值在于，校本课程弥补了课程标准中素质教育所缺失的部分，通过校本课程体现了学校课程的办学特色。比如，学生的交流能力、合作能力、批判性思考能力、创造能力等，这些能力在学生发展核心素养的体系中有着重要地位，是德智体美劳兼具的未来人才必备的品质和能力。

习近平总书记在党的十九大报告中提出要优先发展教育事业，教育要全面贯彻党的教育方针，落实立德树人根本任务，发展素质教育，培养德智体美劳全面发展的社会主义建设者和接班人。贯彻落实十九大精神和习近平总书记对教育工作的要求，高校需要用十九大精神的高标准、新时代的新方位来衡量工作，围绕教育现代化、教育强国和办人民满意的教育，全面提高高校培养人才的能力，谋划教育事业的改革发展。

党的十九大报告明确了教育的根本任务，而且在内容上极大丰富了“立德树人”的内涵，提出担当民族复兴的“时代新人”以及“社会主义核心价值观”的潜移默化的作用，可通过融入社会发展转化为情感和习惯。强调中华优秀传统文化的继承，包括中国传统的思想观念、人文精神和道德规范，同时也要强调结合时代对中华文化进行创新；强调理想信念教育，弘扬民族精神和时代精神，爱国主义、集体主义教育，树立正确的民族观、国家观、文化观。强调道德建设，包括社会公德、职业道德、家庭美德、个人品德；强调社会责任意识、规则意识、奉献意识。这些“立德树人”的丰富内涵，其实就是中国特色社会主义“时代新人”核心素养的基本要求，也是新时代教育工作的重要任务。

三、校本课程的管理和规范

（一）校本课程教师管理

1. 准备

授课教师应该按照学校教学部门要求，提前五分钟到指定场地候课。其一是为了迎接学生，尤其是每学期的第一堂课，大一的新生对学校运动场地不是很熟悉，教师笑容可掬地站在场地里面迎接他们，学生会备感亲切。其二，给教师一定的时间来调整好自己的心理状态和精神面貌，顺利完成从教学课堂到校本课堂的角色转换，酝酿好情绪，进入校本课程教学的最佳状态。

2. 签到点名

教师上课前要做好学生考勤点名工作，对于不按时到课的学生及时和学生取得联系，了解学生缺勤的原因并记录在案。

3. 安全事项

体育课程开课的第一节课是课堂安全教育课。尤其需要提示学生本课程中涉及哪些安全问题，存在哪些安全隐患，如何主动防范，一旦发生危险该如何采取措施，快速应对等，要反复强调安全意识，做好预案。

4. 备好课

开设校本课程前，教师应填写课程申请表，申请表的内容包括开课依据、课程目标、课程内容纲要、预期效果。校本课程申请通过后，与其他学科一样，采取的备课程序要做到备学生、备教学内容、备教学方式等。书写教案要求有教学主题、教学目标、教学重点和难点、教学设计、教学过程和教学反思。

5. 组织教学

教师按照课程教学计划组织教学，在教学中应认真听取学生意见，可以根据实际情况对教学计划做出适当修改与调整。校本课程在教学方法上需注重学习方法的引导，强调学生体育思维，强调知识的拓展，强调同侪之间的互助，课堂气氛要轻松愉快，教学方法要不拘一格，多给学生动手实践的机会，在教与学的良性互动中不断提高学生的学习和动手能力。

6. 教学评价

对校本课程教学要进行多元化的课程评价，目的是从多个角度对课程的实用性、针对性以及教学效果进行评估总结。为下一学年的校本课程设置和课程的修改完善提供依据。教学评价在学生、教师、家长和学校多个层面开展，最后对每门课程给出综合评价意见。

7. 教材编写

校本课程教材编写是一个不断完善的过程。开设校本课程的教师根据课程需要自编讲义，写出教案，在教学中不断丰富和完善教案，在专家指导下形成校本教材。在教材的编写过程中，要充分考虑到学生的年龄特点、兴趣特长、认知水平，要符合学生的接受能力，激发学生的求知欲。

8. 教学研讨

要定期开展校本课程教研活动，课程组教师成员充分地交流与讨论，实施校本课程的教学经验和收获。通过教学研讨，校本课程教师经历了学习、发展、成长的过程，校本课程也逐渐完善，形成机制。

9. 考核

学校把教师开设校本课程的情况记录在教师业务档案中，并作为年终考核工作内容之一，同时，将学生作品、课程影像、教学成果等资料整理存档。

（二）校本课程学生管理

1. 学生应服从学校安排，按时到指定运动场地上课。

2. 学生应在校本课程上课规定的时间前到达场地，等候签到、上课。

3. 学生应认真参加校本课程的学习，不能无故缺勤；因病、事假不能上课的学生，需跟授课教师请假并出示假条。

4. 学生应遵守课堂纪律，服从教师安排，积极参与课堂互动。

5. 学生上课期间要尊师重道，与同学互动要文明懂礼，举止大方得体，自主带操时要声音洪亮。

6. 学生应积极参与校本课程建设，通过对教师和课程的评价，对校本课程提出合理化的意见和建议。

四、校本课程的评价和发展

校本课程是一个不断发展的过程，如何对校本课程展开评价对于促进课程的不断革新有着重要的作用。首先要建立促进课程的动态的评价体系，通过定期对课程执行的情况，以及课程实施中发生的问题进行及时的分析评估，合理调整课程内容，改进教学管理方法，促成校本课程持续革新的机制。通过对校本课程的评价，满足学生终身学习和终身发展的需要。通过对校本课程的评价，使校本课程的教学走向科学性和规范性。

校本课程评价体系是多元的、全方位的。多元校本课程评价体系实现了对校本课程全方位的客观评价，对校本课程的不断完善提供支持，促使教师在调整课程内容过程中不断创新具有活力的教学方式，从而形成科学规范的适合学生发展的校本课程体系。

首先，建立对学生发展的评价体系。评价内容包括学生的学业成绩，还包括学生的态度、情感、道德等多方面的内容，校本课程要满足学生发展中的需求，发掘学生多方面的潜能，促进学生在原有水平上的发展和提高。其次，要建立促进教师发展的评价体系。强调教师的教学反思，如教学设计、教学方法等。在评价方式上以教师自评为中心，再通过学校校本课程委员会、部门、其他教师的评价，学生及学生家长等多种渠道的评价，形成共同参与的评价制度，通过分析与评估，提出合理化建议，为教师完善校本课程提供参考，不断提高教学能力和水平。

在校本课程课堂中，老师会通过多种方式来了解学生的想法，可以是谈话式也可以是问卷式，通过学生对课程的评价了解学生对校本课程的意见和建议，及时改进课堂教学内容和方式，让校本课程从学生主体出发，真正做到为学生的终身发展服务。

学校管理部门也要开展学期结束后学生对体育课程评价的调查。在每学期结束时，采用问卷调查的形式面向全体学生进行一次对所有校本课程的评价。在完成校本课程问卷调查后，将调查结果进行统计和分析，形成调查报告，提交学校校本课程委员会讨论，总结经验，制订下学期校本课程计划。对每一门课程的数据进行统计，反馈给任课教师，并与任课教师沟通，鼓励好的方面，提出建议改进的地方，以便校本课程老师发扬成绩，纠正不足，完善课程，更好地改进教学。每学期结束，校本课程任课教师要对自己的课程做出自我评价，目的是积累经验，纠正不足，完善课程，改进教学。

第六节　基于核心素养的高校体育教师专业发展

高等学校教育改革的关键在于课程改革，课程改革的关键是课堂教学，课堂教学的核心是教师。在高等学校的内涵式发展中起决定性作用的是教师的专业发展。高校教师在培养时代新人核心素养的任务中起到了非常重要的作用。在培育学生核心素养的发展过程中，教师要具有培养核心素养的能力，是在学科教育过程中将学生核心素养转化为必备品格和能力的重要角色。核心素养与课堂教学两者在相互融合的过程中，教师专业发展的引领至关重要。教师承担着立德树人的重要教育使命，承担着培养德智体美劳全面发展的未来社会建设者的重要任务，那么教师核心素养是什么或者说教师如何开展专业发展，也应是教育改革的重要话题。事实上，教师核心素养研究的开展，是新时代对教师的殷切期望，也是学生核心素养培养的必要条件。

一、教师核心素养

1. 教师核心素养

世界各国及国际组织都充分认识到教师核心素养的重要性，在各自社会文化和教育传统的基础上，相应提出了教师核心素养的框架。代表性的教师核心素养框架有：

（1）新加坡

新加坡的《教师教育 21 世纪框架》中，如图 7 所示，教师核心素养强调价值观念的引领，这三个价值观念分别是学习者中心、教师身份认同和服务于专业和团体。教师核心素养指的是在价值引领下教师需掌握的知识和技能。教师需要掌握的知识主要有自我知识、学生知识、共同体知识、学科内容知识、教育学知识、教育基础和政策知识、课程知识、多元文化素养、全球意识、环境意识；教师需要掌握的技能主要有反思性技能和善于思维技能、教育学技能、人力管理技能、自我管理技能、公共管理技能、交流技能、促进发展技能、技术技能、革新与创新技能、设计技能和情商。①

价值观念一——学习者中心	价值观念二——教师身份认同	价值观念三——服务于专业和团体
-移情 -相信所有学生都可以学习 -致力于激发每个学生的潜能 -注重多样性	-高标准的目标 -探寻本质 -探索学习 -努力完善自我 -激情 -适应性和灵活性 -道德观 -专业化	-合作学习和实践 -建构学徒制和导师制 -社会责任和社会参与 -管理工作
技能	知识	
-反思技能和批判思维倾向 -教学技能 -人员管理技能 -自我管理技能 -行政管理技能 -交流技能 -创新和创业技能 -社会智力和情商	-自我 -学生 -社区 -学科内容 -教育学 -教育基础和教育政策 -课程 -多元文化素养 -全球意识 -环境意识	

图 7　新加坡教师教育 21 世纪框架

（2）澳大利亚

澳大利亚《教师素养框架》将教师的发展分为三个阶段，具体包括专业态度、专业知识和专业实践。如图 8 所示，专业态度包括合作、忠诚、有效沟通、道德、创新、包容、积极、反思。专业知识包含以下方面：了解课程框架的结构和功能，理解校本课程的开发和教学；掌握评价策略的目的、本质和运用；了解影响学生成长的各方面因素；掌握指导相关学习领域的重要概念、内容和过程；教育政策和法规；理解政府、地区和学校相关的教育支持和服务项目。② 以上专业态度和专业知识是所有教师必备之素养，而专业实践素养则以 5 个维度具体划分了每个阶段的标准。这种渐进式的参考框架根据教师专业发展的阶段形成了具有连续性的教师素养训练模式，同时又兼顾了教师成长的差异性、发展性和一致性。

① 王潇晨，张善超．教师核心素养的框架、内涵与特征［J］．教学与管理，2020（03）：8-11.

② 曾文茜，罗生全．国外中小学教师核心素养的价值分析［J］．外国中小学教育，2017（07）：9-16.

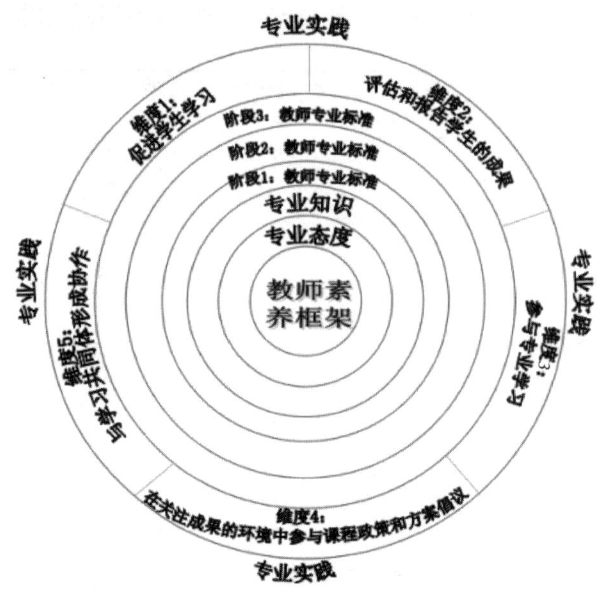

图 8　澳大利亚教师素养框架

（3）欧盟

自学生核心素养框架颁布，欧盟一直很重视教师核心素养的研究，公布了一系列关于教师专业发展的文件，从 2005 年的《欧洲教师素养及资格的共同标准》到 2011 年的《教师核心素养：需求与发展》，再到 2013 年的《为更好的学习结果，支持教师素养发展》，教师核心素养的概念和内容更加清晰明确，如图 9 所示，认为教师核心素养是知识、技能和情感态度三方面素养的有机组合，强调教师应具有学会学习、适应变化，具有批判意识、自主性和自我反思这些信息时代所需要的高级技能和态度，具有交际与团队合作技能以及灵活性、开放性和问题解决与责任担当等核心素养。① 欧盟这一国际组织为欧盟成员国教师核心素养提供了共同的参考标准。

① 张光陆．教师核心素养内涵与框架的比较研究［J］．宁波大学学报（教育科学版），2018，40（05）：101-106.

与他人合作	充分运用知识、技术和信息	紧密联系社会
教师的工作应当建立在社会包容的基础上，去培养每一个学习者的潜力； 教师必须拥有关于人类身心发展规律的知识，在与他人交往时能充分展现出自信； 了解学习者，并支持他们成为充分参与社会的成员； 教师能通过教学增加学习者的群体智慧，通过与同事相互协作提高自己的教学能力。	教师需要掌握多种多样的知识； 教师所受的教育和专业发展应当能使他们使用、分析、验证、思考进而传递知识，并在适当的教学场合充分利用科学技术； 教师应能娴熟地将信息技术与学习、教学充分结合； 教师应能够指导学习者运用网络搜寻和创建信息； 教师还必须充分理解自己的学科知识并坚持终身学习； 教师的实践和理论技巧应使他们能从自己的经验中汲取营养，进而与一系列旨在满足学习者需要的教学和学习策略相匹配。	致力于培养具有全球责任感的欧盟公民是欧盟国家教师的重要使命； 教师应该促进欧洲教育之间的流动和互相合作，鼓励不同文化之间的相互尊重和理解； 教师应当尊重理解学习者的文化多样性，挖掘不同学习者文化中的共同价值并保持平衡； 教师还要能高效地与合作伙伴、地方社区、相关利益者——家长、教师教育机构、代表团体展开合作； 利用自身经验和专业知识对教育质量保证体系做出贡献。

图 9　欧盟通用教师核心素养

（4）美国

美国制定的教师核心素养框架是从学生的角度出发建构的。在《21 世纪预备教师的知识与技能》中指出，21 世纪教师应具备指导联邦标准课程的创新能力，对教育评估结果的有效解读能力，对学生学习需求的积极反应能力以及对学生持久性学习热情的塑造能力，对技术的应用能力，理解学科知识、专业知识与技术知识之间的关系问题能力。① 美国首席教育官员理事会发布的《教师素养：面向个性化、学生中心的教学》将教师素养界定为认知素养、内省素养、人际交往素养和教学素养。教师需要知道的包含学科知识、人类智力发展的知识、人类社会发展的知识；需要处理的包含面对教学中的情况能够自我管理和调节的内在技能与习惯；须要关联的是与学生、同事甚至更广泛的社区人士交流协作；须要实践的主要在于应用教育专业知识技能。②

（5）中国

王光明等人从文本分析和问卷调查双重视角出发，探索教师核心素养和能力的结构体系，如图 10 所示，教师核心素养包括道德修养、教育精神、文

① 刘丽强，谢泽源．教师核心素养的模型及培育路径研究［J］．教育学术月刊，2019（06）：77-85.

② 王潇晨，张善超．教师核心素养的框架、内涵与特征［J］．教学与管理，2020（03）：8-11.

化修养，教师核心能力包括教育教学能力、学习与创新能力、沟通与合作能力。① 这一结构体系为我国教师核心素养和能力的发展提供了明确而清晰的目标指向。

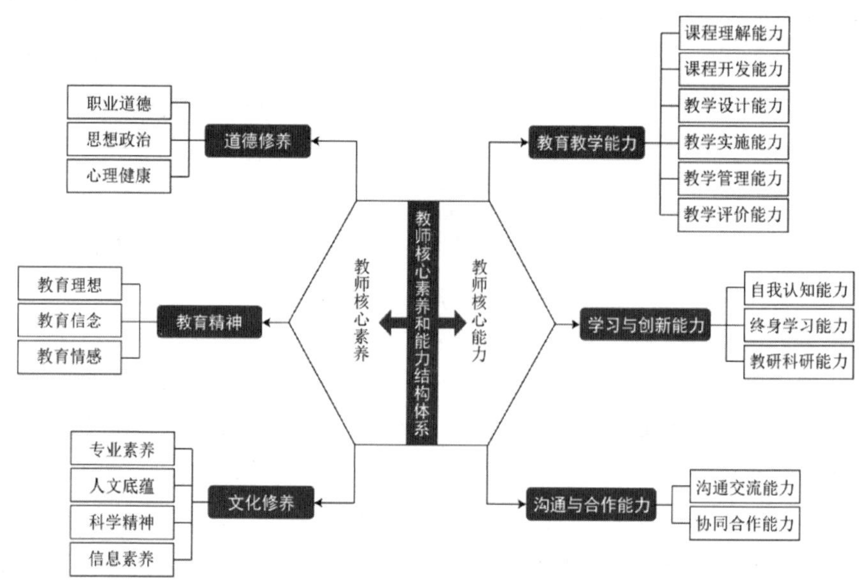

图 10　教师核心素养和能力结构体系（来源：王光明）

2. 体育教师核心素养

（1）美国

美国全国教师教育认证委员会作为一个非营利非官方的独立认证机构，制定了新体育教师专业标准。该标准分为两部分，即初级标准（Standards for Initial）和高级标准（Standards for Advanced）。初级标准主要是针对体育教师教育专业的本科毕业生，而高级标准主要是针对体育教师教育专业硕士学位的研究生。② 这一专业标准是新体育教师必备的素养。同时还针对在职的体育教师制定了在职优秀高级体育教师专业标准。美国对新体育教师和在职优秀高级教师不同阶段专业标准的制定体现出美国对教师核心素养及专业发

① 王光明，张楠，李健，杨蕊，张胜．教师核心素养和能力的结构体系及发展建议［J］．中国教育学刊，2019（03）：81-88.

② 尹志华，邓三英，汪晓赞，季浏．美国 NCATE 不同级别新体育教师专业标准的比较研究［J］．北京体育大学学报，2010，33（07）：95-98.

展较高的重视程度。

（2）德国

德国在体育学科核心素养的研究中的重点在教师自身专业素养方面。体育教师除掌握教师必备的核心素养以外，还需掌握体育学科知识和能力，在知识方面，掌握体育学科课程知识与体育学科相关的其他领域知识，如社会学、心理学、人类学、教育学、体力测验、体能发展及运动心理的知识和技能；体育课程自我整合能力；由体育学术知识、教学实践知识构成的体育课程拓展知识等，以便使体育教师能更好地诠释自己的课程经验，合理地采取培养学生体育学科核心素养的行动。①

二、基于体育核心素养的高校体育教师的专业发展

（一）基于体育核心素养的体育教师专业发展研究的必要性

1. 时代背景的变化

随着人类的经济模式的快速转变，已呈现出全球化和知识化的特点，当代的人才需要拥有专家思维和复杂交往能力才能适应时代经济发展。教师作为“人类灵魂的工程师”若不跟随时代的发展而发展，亦不能满足新时代对人才的需求。体育教师为了适应时代的发展，为了具备培养时代新人的能力，同样也需要具备适合在社会中更好生活和生存的价值观念、必备品格与关键能力。因此，将体育教师与核心素养结合是势在必行的，从诠释人的发展方向分析，无论是体育教师还是学生都要围绕“核心素养”来构建体育学科核心素养的宏图，特别是基于体育核心素养的体育教师专业发展已然是现阶段高校体育改革的当务之急。

2. 体育教师专业发展的现状需要改变

现阶段我国高校体育教师专业发展存在着一系列严重的问题，这些问题和体育教师核心素养观念的缺失，诸如自我职业认同感的丧失、人格魅力的缺失、缺少教学反思和自我更新能力、体育继续进修意识淡薄等，这些观念使高校体育教师整体素养落后，在教学观念以及能力上无法匹配国家“核心

---

① 赵富学，王相飞，汪全先．德国课程改革进程中体育学科核心素养的构建及启示［J］．西安体育学院学报，2020，37（05）：523-531.

素养”以及“立德树人”的教育要求。面对高校体育教师专业发展滞后的现状，新时期呼唤具备体育职业素养和专业知识与技能的核心素养的高校体育教师的出现，也符合高校体育教师对于自身专业发展迫切和现实的需求。在核心素养导向的体育教育改革的浪潮中，高校体育教师专业发展的紧迫性不言而喻，高校体育教师应积极主动地投身于基于核心素养的高校体育教育改革中，通过对体育核心素养知识和技能的理解，对自我体育知识与经验重新构架，不断进行反思，发展体育教师核心素养，重塑新时代高校体育教师形象。

3. 提高学生体育学科核心素养培养能力的迫切需要

教师是影响学生核心素养落实的决定性因素，教师扮演着学科核心素养中转化者的重要角色。因此，在发展学生核心素养的教育改革中引起价值联动，教师核心素养改革也自然而然地发生。开展教师核心素养的研究，为教育领域中教育理论研究提供了创新点，同时给教师教学方面提供了新的发展朝向。教师核心素养是实现学生学科核心素养的根本保障，决定了教育目标实现的程度和教育教学活动的最终效果。具备指导学生核心素养能力的前提是教师先具有核心素养，因此，在体育学科核心素养体系中，应遵循培养教师核心素养在先、指导学生核心素养在后的原则。然而，我国体育学科核心素养体系将关注点放在了学生体育核心素养上，体育教师核心素养，尤其是高校体育教师核心素养的重要性被忽视，因此，开展基于体育核心素养的体育教师专业发展的研究是极其必要的。

（二）基于核心素养的体育教师专业发展的国内外研究现状

1. 体育教师专业发展的国外研究现状

（1）美国在职优秀高级体育教师专业标准

美国的体育教师专业标准的发展经历了三个阶段，在教师教育标准化的进程中，美国体育教师专业标准快速发展，已经具备成熟的体系和完善的认证程序，如今已广泛应用到大学的体育教育专业以及中小学体育的教师行业。

为了解决师范教育改革的困境，卡内基教育公司小组发布了《国家处于准备之中：世纪的教师》报告，值得一提的是，这一报告的发布具有重要的意义，它是美国教师专业标准制定的起点，为美国教师专业标准制定奠定了基础；在这一报告的激励下，国家教学标准委员会（NBPTS）于1987年成立，从此拉开了美国教师职业标准开发的序幕，并出台了教师专业总标准框架，对每一学科都提出作为一名在职优秀教师最基本的要求：应具备的最基本知识、技能和性情等方面的五条核心建议，并颁布了不同学科在职优秀高级教师相应的专业标准。

美国在职优秀高级体育教师专业标准包括十三个维度，分别是了解学生、专业知识、合理的教学实践、促进学生学习、对学生的期望、学习环境、课程选择、评价、公平公正与多元化、自我反思与专业成长、促进青少年体育生活方式的形成、与同事间的合作、与学生家庭及社区的合作关系。①

第一，了解学生。这一维度要求优秀体育教师与学生交流的方式恰当，了解并承认学生间在体育教学中的差异，明确每个学生在体育教学中的重要性，激励学生，使学生在体育教学中获益。

第二，专业知识。优秀体育教师作为专业人士应具备体育专业知识，深刻理解体育教学的内容、学科的历史与现状，合理使用教学策略。

第三，合理的教学实践。优秀体育教师能够根据学生的发展水平以及个体的实际需要，在体育教学中联系体育理论，并在充分体现体育教学原则的基础上，制订出灵活有效的教学计划和合理的教学实践。

第四，促进学生学习。优秀体育教师通过个人魅力与教学热情，激发学生的兴趣，促进学生积极参与及重视体育活动。

第五，对学生的期望。优秀体育教师创设启发学生发散性思维的体育教学氛围，激励学生参与体育教学活动的主动性，引导并培养学生发现、分析和解决问题的能力，挖掘学生的学习潜能，并赋予学生更高的期望。

第六，学习环境。优秀体育教师应创设一个安全而又富有挑战性的学习环境，使学生进行体育参与、乐于参与，营造出一种有序的学习氛围，促进所有学生更多地掌握体育知识和运动技能。

第七，课程选择。优秀体育教师应时刻关注学生需要，以此进行课程规划、课程评价，以促进学生体育学习，最终获得积极合理且有效的体育教学计划。

---

① 尹志华，汪晓赞．我国体育教师专业标准制订的基础与推进路径探索［J］．武汉体育学院学报，2018，52（07）：88-94.

第八，评价。优秀体育教师应设计合理的教学评价策略，既要符合课程的特点，还要符合学生的实际需求。教学评价的目的是通过学生对教学的评价，了解学生在运动技能和知识方面掌握的实际情况，从而不断改善体育教学过程。

第九，公正公平与多元化。优秀体育教师应构建公正公平的体育教学环境，承认并尊重学生间存在多元化差异，尊重每一位学生并都赋予期望，形成学生之间互尊互爱的教学氛围。

第十，自我反思与专业成长。优秀体育教师应对体育课程具备自我反思和创新能力，在体育教学中不断地更新学科知识和教育理念，促进自身在体育教育领域中的专业成长。

第十一，促进青少年体育生活方式的形成。优秀体育教师应激发学生对体育运动的兴趣，促进学生在体育活动中对身体的认识以及对健康体育生活方式的认识。

第十二，与同事间的合作。优秀体育教师应该加强与同事间的教学交流与合作，通过同事间的合作，激发不同观点的碰撞，形成体育教师的专业学习共同体。

第十三，与学生家庭及社区的合作。优秀体育教师应增强与学生家庭及社区之间的联系和合作，为学生的校外体育活动提供保障的同时，也为学生家长及社区成员提供体育参与和学习的机会。

（2）体育教师的体育学科核心素养国外研究现状

国外体育教师的体育学科核心素养从诸多方面分析和阐释其形成特征，如教学认知能力、教学行为、教学知识、教学经验、教师职业发展、运动技能水平与工作能力、信息技术水平以及反思意识。可以说，国外研究涉及体育教学的各个方面，研究设计系统全面，并对各影响因素进行验证和分析。

第一，教师认知能力。国外研究从教师认识论出发，认为体育教师的学科核心能力是用来沟通教师与学生之间对体育课程的理解，同时也是体育教师专业发展程序的认识论基础。教师认知能力应由较高水平的教学能力、创造性完成教学任务、熟练的专业知识与运动技能、体育教学环境建构，熟练应用教学模式，体育动作的开发与教学文化要素的挖掘和整理等构成。

第二，体育教师的教学行为。体育教师的教学行为与学科核心素养有着密切的关系，体育教师需要对自己的教学行为进行反思，时刻要将培养学生体育学科核心素养作为体育教学的最终目标，体育教师应在体育教学中，甚至个人的生活中，始终保持教学热情。

第三，教学知识的集成。体育教师的体育学科核心素养包含对教学知识的集成。PCK 是教师知识中最有意义的知识，教学知识（PK）体现的是体育教师教学原则、教学方法等体育教学知识。内容知识（CK）体现的是体育学科知识，如体育教师必须掌握的运动解剖学、运动生物力学和体育运动心理学等知识。技术知识（TK）体现的是知识标准技术，包括慕课技术、互联网技术、智能穿戴设备技术。

第四，职业发展阶段。教师的职业发展阶段分为职前、职中和职后，不同的教师职业发展阶段，体育教师的体育核心素养有所不同。国外研究指出职前体育教师的文化能力的重要性，决定文化能力的则是文化自觉力，它决定了体育教师学科核心素养的品质和结构，因此，培养职前阶段体育教师的文化自觉力，形成比运动技能能力更为重要的文化能力。运动技能能力和文化能力这两个因素，尤其是文化能力这一因素在体育教育过程中会伴随体育教师专业发展的全过程。

第五，教学经验。国外研究认为教学经验是体育教师必备的核心素养之一，教师通过自身的教学经验来与学生互动，驾驭体育教学，进一步丰富自身的教学经验结构，最终通过教学反馈，包括反馈的焦点、反馈的内容、反馈的水平等方面，来检验教师体育教学经验的有效性。

第六，运动技能水平与工作能力。体育教师最核心的素养是体育教师自身的运动技能水平，除此以外，工作能力也是体育教师应具备的学科核心素养之一。教师自身素养（身心素养、教育背景、知识技能素养）、价值观与工作态度、工作满意度等要素是体育教师学科核心素养形成的关键。

第七，信息技术。信息技术是培育学科核心素养的重要手段，成为决定体育教学质量的重要因素。体育教师在体育教学中使用信息技术辅助体育教学实践，信息技术水平较高的教师，能有效地将信息技术与运动技术整合，极大地促进体育教学质量的提升。

第八，反思意识。国外研究表明，教师的专业反思意识是体育学科核心素养中重要的因素，同时，专业反思意识也是衡量体育教师教学实践和探索水平的最佳手段。优秀体育教师通过积极的自我反思意识引发深度思考，应用在教学计划、教学实践管理与学校器材设施的使用等方面。专业反思意识具有积极、持久、深度等特点，极大优化了体育教师的专业发展。

2. 体育教师的体育学科核心素养国内研究现状

（1）职前中国体育教师专业标准

尹志华对中国体育教师专业标准性体系进行探索性研究，构建了职前体育专业教师作为“不可替代的体育专业人员”的专业标准，包括 7 个主范畴：知识技能与技术、关注与发展学生、管理与训练、交流与合作、体育课程与教学、专业反思与专业发展、科学研究；在主范畴中细分出 13 个分范畴：促进学生发展、课堂管理、课堂交流、课程教学、教学评价、专业反思与专业发展、信息技术及其应用、多维合作、特殊学生的关注、竞赛管理、学校运动训练、体育与健康课程、科研。①

第一，知识技能与技术。职前体育教师需掌握教师通用知识与专业知识、专业技能与专业技术。相比专业知识、专业技能与专业技术方面，职前教师更应该掌握的是教育学、心理学等适合学校体育教学的相关通用知识。

第二，关注与发展学生。职前体育教师应注重学生个体差异性，并采用有针对性的手段与方法促进学生的全面健康发展；其中还包括对特殊学生的关注，关注非正常学生的体育学习，并能采取针对性且有效的教学策略。

第三，管理与训练。职前体育教师具有在课堂管理、竞赛管理与运动训练三方面的相关知识与管理能力。课堂管理是教师应具备的基本能力，是在实施体育教学过程中发生的有效管理行为；竞赛管理是指教师应了解基本竞赛知识，如竞赛规程及赛制，并具有组织和开展竞赛的能力；运动训练是指体育教师要掌握科学运动训练相关知识，如运动训练学、运动心理学等知识。

第四，交流与合作。课堂交流指职前体育教师促进学生更好地学习师生之间、同侪之间发生的各种信息传递与反馈；多维合作是体育教师与家庭和社区进行多维合作，使学生的体育学习涉及学校、家庭和社区多方面。

第五，课程与教学。职前体育教师需掌握体育课程中的课程目标、教学方法与手段、教学策略与设计、教学内容、教学环境、体育教材等多个方面，通过多元化的评价主体，采用多种评价方式进行体育教学评价，明确体

① 尹志华．中国体育教师专业标准体系的探索性研究［D］．上海：华东师范大学，2014：290-299.

育课程在实际教学中的实施情况，依据课程的基本理念进行体育教学。

第六，专业反思与专业发展。职前体育教师能够通过体育教学和训练实践培养专业反思意识，促进自身在体育教育专业方面的发展。

第七，科研能力是职前体育教师应掌握的基本能力，通过在体育教学实践中发现问题，开展体育学科的相关研究，为体育教学工作更好地开展提供科学依据。

（2）高校体育教师的体育学科核心素养国内研究状况

第一，在职高校体育教师专业发展必要性的研究。

杜俊娟认为："随着时代和社会的发展，学校教育已不能满足人们对知识更新的需求，终身学习是社会发展的必然趋势。"① 面对社会快速的发展，体育教育的需求也在不断更新。学校体育已不能满足学生对体育知识和技能的需求。"为使教师能够应对新变化，务必通过继续教育的形式使其将更新教育观念、丰富教育知识、提高教育能力变为一种常态。"

袁丽认为："21 世纪是'学习化时代'，知识更新日新月异，角色行为的转变对体育教师提出了挑战，是高校体育教师职后教育的应然要求。"②

显然，时代和社会的进步与发展、学生不断更新的需求，都要求在职高校体育教师树立终身学习的观念，主动采取进修或者参与培训的方式拓展自身的专业能力，实现与时俱进，更新体育教育理念，提高教育指导学生发展核心素养的能力。

第二，在职高校体育教师的专业发展教育模式的研究。

在职高校体育教师专业发展的研究价值，主要体现在两点：首先，从高校体育的角度出发，它是国家深化体育教育改革的必然要求，随着体育教育改革的深化，体育教育理念已经从单纯的"知识技能技术"转变为关注人的"核心素养"，这就要求高校体育专业发展教育模式也要跟随体育教育改革的浪潮不断更新；其次，从体育教师的角度出发，高校体育教师作为"不可替代的体育专业人员"，只有对自身的价值理念、必备品格和必备能力的发展有着明晰的认识，才能符合快速的社会发展和学生需求，从而具备指导学生

① 杜俊娟．对体育教师在职培训的理论思考与研究［J］．北京体育大学学报，2003，(01)：87-88.

② 袁丽．高校体育教师职后教育的实然性研究［J］．中国成人教育，2010（06）：87-88.

体育核心素养的能力。事实上，高校体育教师专业发展的模式是其专业化水平提升的过程。

现有的体育专业发展的模式包括研训一体模式、校本培训模式、进修访问模式、巡回流动培训模式等。周雪兰创新性地提出了两种高校体育教师专业发展教育模式：置换顶岗培训模式和基地培训模式。① 陶干臣借鉴诺尔斯成人自导式学习模式理论原则，构建出网络应用于普通高校体育教师继续教育的集讲授、个别化学习、协作学习于一体的模式。② 潘凌云认为，生态取向是体育教师专业发展范式上的突破与超越，在教育生态理论的基础上提出了生态化体育教育发展模式。③ 霍军提出体育教师职前培养和职后培训一体化模式，促进体育教师的职业发展，构建了“三维立交”课程体系，提出阶段实习、能力型培养模式等策略进行体育教师专业的发展。④

第三，高校体育教师专业发展现状与相关解决策略研究。

王晓玲指出：“目前普通高校体育教师专业发展培训在规章制度、培训内容、培训时间、培训次数等方面与高校体育教师的实际需要存在着一定的差距。”⑤ 刘斌等人针对新入职高校体育教师这一群体在公开课中师范性缺失的现象展开研究，认为：“体育教师在公共课中的师范性缺失主要表现为教学组织能力、课堂驾驭能力不够，这些问题和高校体育专业的高学历层次人才培养教育学相关知识缺失、新教师入职教育和职后教育流于形式、部分教师不重视教育理论的科学性等有关。”⑥

面对高校体育教师专业发展现状，高校体育教师分为在职和新入职体育教师目标人群。在高校体育教师专业发展相应的解决策略研究中，王晓玲认

① 周学兰，曹勋．高校体育教师职后教育的创新模式研究［J］．教育与职业，2012（18）：83-84.

② 陶干臣，罗洪．普通高校体育教师继续教育应用模式的网络构建［J］．首都体育学院学报，2006（03）：49-51.

③ 潘凌云，樊莲香，王健．体育教师专业发展的生态转向：理论阐释与路径选择［J］．武汉体育学院学报，2012，46（08）：83-87.

④ 霍军，董翠香．教师专业化背景下体育教师职前职后一体化研究［J］．四川体育科学，2011（04）：120-123.

⑤ 王晓玲．普通高校体育教师职后培训现状及对策［J］．体育成人教育学刊，2010，26（06）：84-85.

⑥ 刘斌，张丽萍，易述鲜．师范性缺失：大学体育教师不容忽视的问题［J］．北京体育大学学报，2013，36（05）：94-99.

为高校体育教师专业发展需要“构建高校体育教师职后培训法规制度，建立高校体育教师职后培训机构，充实高校体育教师职后培训内容，提供多元化高校体育教师职后培训形式与建立高校教师职后培训的激励机制”。①

刘斌针对高校新入职体育教师这一群体的专业化发展，提出“完善新教师入职教育制度，提高新入职体育教师教学水平，构建合理的大学体育教师职前职后教育模式；加强高技术水平学生的教育专业素养”② 等措施。

纵观国内体育教师专业发展的研究，研究对象普遍是高校体育教育专业的职前教育，以及中小学体育教师职后教育这一群体，高校体育教师这一群体的职后教育研究只占少数。但是从对高校体育教师专业发展的相关研究中，不难发现高校体育教师在教师专业发展的进程中滞后，无论是在规章制度还是在培训内容与次数、培训模式等方面，对高校体育教师职后的专业发展的重视程度不高，且与高校体育教师的实际需求不符，再加之高校体育教师自身的动力不足，高校体育教师专业发展本身就有其改革的必要性。随着时代的快速发展、“核心素养”概念的提出，基于体育核心素养的高校体育教师专业发展更应该提上日程。作为人类灵魂工程师的高校体育教师，培养学生核心素养的前提是应具备教师核心素养：价值观念、必备品格与关键能力，关键是自身专业水平的提升。专业水平的提升需要体育教师专业发展的动态发展，在体育教师专业发展的动态过程中，体育教师始终秉承“终身学习”的理念，拥有指导学生核心素养的能力。因此，在高校体育教师核心素养的研究中应开展高校体育教师核心素养内涵及内容的研究，以及基于体育核心素养的高校体育教师专业发展模式等研究，为高校体育教师专业发展提供有力的理论支撑，为提升学生核心素养奠定良好基础。

三、基于核心素养的高校体育教师专业发展的影响因素与发展路径

（一）影响因素

从教育生态学的理论出发，有学者认为“要构建体育教师专业发展的生

① 王晓玲．普通高校体育教师职后培训现状及对策［J］．体育成人教育学刊，2010，26（06）：84-85.

② 刘斌，张丽萍，易述鲜．师范性缺失：大学体育教师不容忽视的问题［J］．北京体育大学学报，2013，36（05）：94-99.

态化养成模式，必须基于体育教师主体与自身、主体与环境、主体之间的多维交互作用进行系统考虑”。① 因此，基于核心素养的高校体育教师专业发展的影响因素可以从教师个体、社会环境、工作环境三个维度进行探讨。

1. 教师个体

高校体育教师始终要保持对高校体育教育事业的社会责任感和使命感。高校教师不仅仅是“术”的传授者，更是“道”的传播者。毋庸置疑的是，大学生体质健康问题是高校体育面临的巨大挑战，高校体育教师要直面挑战，勇于担起促进大学体质健康的重任，通过高校两年的体育课程，以身体教育为中介，对学生的人生观、价值观积极引导，培养德智体美劳全面发展的新时代人才。正是拥有高校体育教育事业的这份社会责任感和使命感，才使得高校教师产生主动寻求自身专业发展需求。

作为成人学习者，高校教师不仅是教师的角色，同样是一名学习者。② 高校体育教师作为成人学习者，在自身专业发展上需要保持终身学习的理念，要有强烈的求知欲望，时刻更新体育知识体系和教育理念，能够把握体育学科知识的前沿。因此，只有通过终身学习，接受终身教育，提升体育专业素养，才能适应社会和时代的快速发展。

学习者自身在工作中进行反思和积极主动地解决问题是成人学习的基本原则。③ 高校教师应具有批评反思的思维，即反思意识。反思带来的是持久、深刻的对自身体育教学实践的思考，通过持续不断的思考，引发自身专业发展的动力。

2. 社会环境

社会环境指的是国家、学校在高校体育教师专业发展上给予的政策上的支持。

2018 年 1 月，中共中央、国务院印发《关于全面深化新时代教师队伍建设改革的意见》，这是中华人民共和国成立以来，党中央出台的第一个专门面向教师队伍建设的具有里程碑意义的文件。文件中提到“大力振兴教师教

---

① 潘凌云，樊莲香，王健．体育教师专业发展的生态转向：理论阐释与路径选择［J］．武汉体育学院学报，2012，46（08）：83-87.

② ［美］布鲁克菲尔德．批评反思型教师 ABC［M］．张伟，译．北京：中国轻工业出版社，2002：1.

③ 郭家骏．我国高校体育教师专业发展研究［D］．东北师范大学，2019.

育，不断提升教师专业素质能力”，明确指出高等学校教师的发展要求：“全面提高高等学校教师质量，建设一支高素质创新型的教师队伍。”① 国家政策对包括体育教师在内的高等学校教师都提出新的要求——专业素质能力。专业素质能力是教师专业化水平的体现，也是构建教师核心素养体系的根本要求。

然而，我国的应试教育造就了重智育、轻体育的观念。在这种“重智轻体”偏颇观念的影响下，在教育学科中，相比其他学科而言，体育教师专业发展受到了很大的影响，在高校环境中也不例外，体育学科的地位“低下”，高校体育教师的专业发展不被重视，甚至没有得到专业上的尊重，很大程度上影响了高校体育教师积极寻求知识和自我实现的追求。与此同时，高校体育教师专业环境也影响着高校体育教师核心素养的发展。我国还没有专门的关于高校体育教师专业发展的研究和培训机构，高校体育教师专业发展平台和路径上的缺失和断裂，使得高校体育教师的现实需求无法满足，教师自身发展受限，教育理念不能更新，又何谈提升培养学生核心素养的能力？因此，高校应创造体育教师专业发展的大环境，应该形成规模化、高质量、高水平的周期培训，不断地激励高校体育教师更强烈的专业发展动机，进而有效促进高校体育教师实现真正的专业素质能力的提升。

3. 工作环境

工作环境指的是高校体育部门为体育教师专业发展创设的制度保障与资金保障，高校体育部门凝聚力等支持性环境。

首先，高校体育部门应对体育教师的专业发展提供制度保障，保障高校体育教师专业发展的权利，构建完善的高校体育教师专业发展规章制度和激励机制。在明确教师队伍结构的基础上，有计划地安排教师接受教育培训，满足每一位体育教师在体育专业发展上的积极需求——完善知识结构，更新教育理念，激励高校体育教师在体育教学工作中的创造性和积极性，保障高校体育教育工作持续朝着有序健康的方向发展。

工作环境还包括体育部门的文化环境。体育部门的文化环境体现在高校体育部门的凝聚力，是影响高校体育教师发展的重要因素。高校体育部门凝

---

① 《关于全面深化新时代教师队伍建设改革的意见》http：//www.moe.gov.cn/jyb_xxgk/moe_ 1777/moe_ 1778/201801/t20180131_ 326144.html。

聚力高，体育教师之间的关系和谐、平等、团结、互助。教师们在平等对话中开展体育专业问题的探讨，通过不同观点的碰撞解决体育教学工作中出现的问题。体育部门是一个专业的体育教学共同体，从而使体育教师专业发展不再是个人孤立的行为。高校体育部门的凝聚力为教师的专业发展提供了文化环境保障。

（二）发展路径

1. 构建核心素养导向的高校体育教师核心素养框架

在世界重要组织和各个国家的重视下，教师核心素养的框架逐渐成熟。我国体育教师核心素养框架也在不断发展，如“中小学体育教师专业素养”①“中学体育教师核心素养”“职前体育教师核心素养”②，但是针对高等教育阶段，体育教师核心素养体系的构建还未落实。因此，有必要对高校体育教师核心素养的内容、结构开展研究，并提出以核心素养为导向的高校体育教师专业发展体系，为高校在职体育教师专业发展提供参考。

体育教师除了要保持传统的专业角色，还应进一步加强基于核心素养的教师核心素养，包括更新专业知识的能力、体育课程实施能力、教学反思能力、创新能力等。李承伟等人以核心素养研究相关成果为基础，在明晰体育教师核心素养价值取向的基础上，采用定性与定量相结合的研究方法，运用扎根理论以 Nvivo11 为工具构建我国中学体育教师核心素养结构模型，并用结构方程模型进行验证。研究表明，我国中学体育教师核心素养的价值取向取决于体育教学工作和个人的成功生活。教师核心素养包含五个维度，分别是职业信念、专业知识与能力、运动技能、反思与自我发展、工作与生活管理。五个维度中还包含 23 个要点。③

2. 建立高校体育教学共同体

专业共同体（Community of Practice），又称专业学习共同体，体现的核心概念是“共同体”。“共同体”这一概念最早出现在德国社会学家斐迪南·

① 高小月．核心素养背景下中小学体育教师专业素养结构体系研究［D］．辽宁师范大学，2020.

② 杨丹，王华倬．职前体育教师核心素养模型构建与探析［J］．高等教育研究学报，2017，40（02）：34-41.

③ 李承伟，姚蕾．基于扎根理论的我国中学体育教师核心素养结构模型构建［J］．北京体育大学学报，2019，42（10）：117-127+156.

滕尼斯于1887年发表的《共同体与社会》一文之中。共同体最早在社会组织建设中应用较多，但随着社会的前进和教育的发展，“共同体”也被广泛应用于教育领域之中。

教师作为专业人员，基于共同体聚集在一起而形成的组织，被称为教师共同体。纽曼认为，教师专业共同体是指学校成员为了达到共同的教育目标互相合作，对共享的教育目标共同承担责任；教师专业共同体是指学校中教师之间有频繁互动，共享的观念管辖着教师的行为，共同体的目的是教师的学习和学生的改进。虽然对教师共同体的理解各有不同，但都强调教师之间为共同的目标开展合作，在本质上都反映出了在平等、对话、协作、反思的基础上，强调学习的持续性、主动性和创新性，这是推动教师专业发展的真正意义。

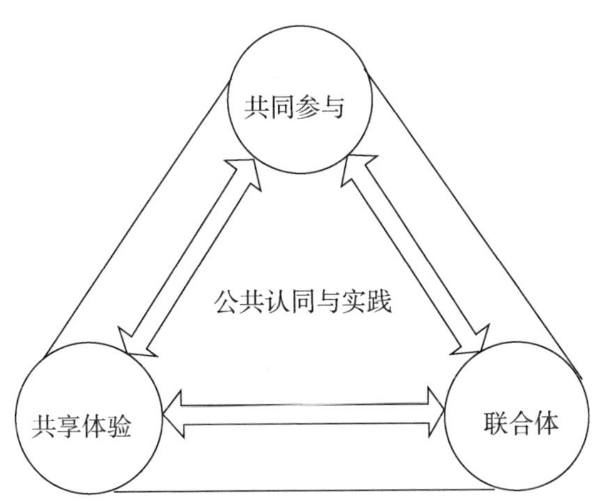

图11　专业共同体框架示意图

核心素养下的高校体育课程具有实践性、综合性的特点，这就要求体育教师能从体育学科核心素养的各个方面组织教学活动，教师要经常在一起进行交流讨论，关键是要与社会联系，要通过教学共同体的参与逐渐形成共识，价值观也越来越接近，最终形成专业教学共同体。专业教学共同体的关键任务是与社会联系，通过教学共同体的参与形成任务实践共同体，而不是简单的对任务长度的拓展和组织规模的扩大。由于专业教学共同体的形成，促进体育教师队伍的凝聚力，促进体育教师专业发展层次水平的提升，使体育教师的专业发展不再是个人行为，而是专业的群体的体育专业发展。在教学共同体中，使用商讨的手段来实现体育学科核心素养培育过程各个环节之间的平衡，实现由体育学科核心素养引发的传统体育教学方式的转变，包括教师角色转变、教学方法、教学评价等，教学实际自主分解体育学科核心素养的内容，逐步将体育学科核心素养落实到体育教学实践中。除此以外，高校体育教师还应在教学共同体中充分发挥能动性、自主性和创新性，在积极开展体育学科核心素养团队合作的同时，坚守自身对高校体育专业的追求与理想信念，能在高校教学实践中明确把握体育学科核心素养的内容和标准，树立“以学生为本”的教育目标，正确处理教与学的关系，积极进行教师角色转变，创造有利于学生发展的教育环境和多元化教学评价，在高校体育课程中展现出独特的教学风格和个人魅力。

体育学科核心素养是体育教学改革的目标和方向，培育体育核心素养依靠体育教师这一转化者的角色，体育教师主动提高自身的体育核心素养，通过专业发展提高对课程改革的认知水平，以全面提高培育学生体育核心素养的能力。高校体育课程改革与高校体育教师专业发展不匹配，高等教育体育教师专业发展似乎被“束之高阁”。因此，应构建国家与社会、高校三者形成的“教学共同体”，形成专门的高校体育教师专业发展组织，提升自身的体育核心素养，并通过合作研修等方式解决高校体育教学在落实体育学科核心素养中存在的问题，使高校体育教师能够积极主动地投身于高校体育学科核心素养体系的构建与实施。

3. 提升教学能力，培养反思意识

体育学科有着自己的学科特性，它以增进学生身心健康为目的，以体育知识和运动技能为载体，通过体育课程学习养成适合社会发展的必备品格和能力。而且体育课程具有空间开放、形式多样、评价多元化的特点，是一门养成教育类实践性课程。体育教师的专业结构中要求运动知识和运动技能，在体育学科核心素养背景下，高校体育教师应充分挖掘在运动知识和技能中所蕴含的体育深意，如体育精神、体育道德等，并将通识类的教育教学类理论和实践知识穿插和编排在体育学科中。这是高校体育教师区别于其他学段教师的教学能力。教学能力作为教师教学理论素养与专业敏锐性的综合体，随着对体育学科核心素养理解的加深，对体育教学实践过程的反思，使之成为一种习惯，进而进行教学方式、方法的转变与创新，保证自身的体育专业知识结构持续更新，教学水平攀升。

4. 增强高校体育教师的科研探究能力

面对核心素养导向教育时代的来临，施行核心素养导向的体育教师教育已势在必行。这就要求我们必须以更积极的态度面对和接受。高校体育课程的培养目标、课程、教学和评价，都要扣紧核心素养导向理念和核心价值。①

面对核心素养教育时代，高校体育教师又担负着培育德智体美劳全面发展的新时代人才的重任，高校体育教师需要接受以核心素养为导向的教师教育。一般来说，高校体育教师核心素养的形成分为三个阶段：第一，参与培训，初步认知。通过参与培训或者研修，高校体育教师要形成初步认知，明确核心素养体系的理念、结构及培育方法，使核心素养理念内化到自己的实际教学行为中。第二，主体反思，认知加工。但是在专业机构和制度不完善的状况下，通过自身专业知识的学习，对体育学科核心素养进行探究和解读，通过对体育教学实践的主体反思，在个人教学理念与教学经历的基础上，对体育学科核心素养进一步思考和理性分析，如何利用体育学科的特点和专项技能进行体育学科核心素养的培育，从而形成体育学科核心素养的主体反思精神。第三，教学实践阶段。即高校体育教师通过将体育学科核心素养内化，通过体育教学实践落实体育学科核心素养的阶段。高校体育教师通过对体育学科核心素养进行探究和自我解读，通过教师共同体的共同参与，充分把握体育学科核心素养的内涵。

高校体育教学改革中采用行之有效的策略，如教师角色积极转变、体育深度教学、支架式体育教学模式、创设体育教学环境等，将核心素养落实到体育教学实践中，建立起培育学生体育学科核心素养的有效路径。

---

① 黄河，程传银，赵富学．核心素养导向的体育教师教育：理念、挑战与应对［J］．体育成人教育学刊，2020，36（01）：67-71.

第五章

高校体育与学生发展核心素养的指标体系与框架建构

第一节 高校体育与学生发展核心素养体系的理论依据

基于“健身育人”的学科本质，依据党的教育方针和立德树人根本任务要求、健康第一指导思想、高校体育的特点与功能、学生发展的特点与需求，从立足体育与健康学科的特殊性、坚持综合性和可操作性、满足社会和时代的需求等原则出发，构建具有中国特色的高校体育与学生发展核心素养。

体育与健康学科核心素养内涵为学生通过学习体育与健康课程，了解并掌握体育与健康课程理论知识、运动技能与方法，增强体质，培养刻苦锻炼、坚韧不拔的体育精神，发展良好的心理品质、合作与交往能力，形成健康与安全的体育意识，养成终身体育锻炼的习惯。

一、国家颁布的一系列文件是对体育学科核心素养的政策支持与依据

2014年，教育部颁布《关于全面深化课程改革　落实立德树人根本任务的意见》（以下简称《意见》）指出，学校教育领域要研究制定符合学生发展的学科核心素养体系和学业质量标准，探讨各学段学生发展核心素养的指标，要明确学生应具备适应终身发展和社会发展需要的必备品格和关键能力。体育学科作为学校教育的一个分支和特殊学科，也起着育人的重要和独特的作用，承担着培养人才的责任和使命，也应积极响应教育部的号召，研制出各学段应发展的核心素养，肩负起发展各学段学生核心素养的担子，配

合其他学科，共同培养时代新人，落实立德树人的根本任务。《意见》明确指出了发展学生核心素养必须符合终身发展和社会发展的需求，而且是发展中必须具备的基本素质和重要能力，遵循这个思路，去探寻高校体育与学生发展核心素养体系构成。

国务院办公厅《关于强化学校体育促进学生身心健康全面发展的意见》中强调："强化学校体育是实施素质教育、促进学生全面发展的重要途径，对于促进教育现代化、建设健康中国和人力资源强国，实现中华民族伟大复兴的中国梦具有重要意义。"文件指出了学校体育的重要性和根本任务，强调了学校体育是实施素质教育的有效路径，它在人才培养方面具有重要的作用和价值，对促进祖国未来的建设和发展发挥着重要的作用。因此，学校体育不可小觑，它对一个人的影响非常大，而且作用深远。它不但对人的身体健康、心理健康起着很大的促进作用，而且对人的品格、意志品质的培养起着更为重要的作用，可谓影响终生，受益终生。

党的十八届三中全会精神也明确提出："强化体育课和课外锻炼，促进青少年身心健康、体魄强健。"《"健康中国2030"规划纲要》也非常重视提高全民健康素养，整个文件围绕着健康这个中心思想制订了一系列计划和方案。由此可见，无论是十八届全运会精神还是27号文件和《"健康中国2030"规划纲要》都把健康放在了首要和重要的位置，以学生健康为首要任务，加强对学生健康知识的普及，正确引导学生的健康行为，保障学生的健康促进。健康促进是高校体育教学的主要任务和目标，也是高校体育工作环节的重中之重，所有体育工作必须围绕健康促进展开，以提高学生的生理健康、心理健康以及社会适应能力。

以上文件为我们发展高校体育核心素养体系的构建提供了政策支持，指明了方向，我们将以"立德树人"为教育宗旨，以"健康第一"为教育方针，围绕着高校大学生应具备的"必备品格"和"关键能力"展开研究，抽丝剥茧，确认核心素养的核心要素。

二、国际上典型的核心素养研究成果、经验与启示

欧盟核心素养框架为学生体育学科核心素养体系建构提供了重要参考。经济合作与发展组织的体系研究为学生体育学科核心素养体系建构奠定了理

论基础。主要国际组织和国家先后研制出自己的核心素养框架：联合国教科文组织提出了“界定二十一世纪社会公民必备的基本素质”——终身学习的四大支柱，包括学会求知、学会做事、学会共处，以及学会发展；经合组织指出了核心素养的三项基本类型——能互动地使用工具，能在异质团体中互动，能自主地行动；美国的彩虹型核心素养模型；新加坡和日本都是同心圆型核心素养模型。

三、国内对核心素养以及体育学科核心素养研究的成果

2016 年 9 月《中国学生发展核心素养》总体框架颁布，指出人文底蕴、科学精神、学会学习、健康生活、责任担当、实践创新是我国学生应具备的核心素养。《中国学生发展核心素养》为学生体育学科核心素养体系建构明确方向。根据《中国学生发展核心素养》的几大核心素养内涵与要求，结合高校学生年龄段以及高校体育的独特功能，剖析出高校体育与学生发展核心素养的核心要素。

基于教育受国家意志影响，指向人的发展，依靠课程实现，故依循“国家—人—课程”三位一体的视角，分别从方法论、本体论、价值论探讨学生体育学科核心素养建构的理论依据，也就是从顶层设计、人的发展和学科价值三个方面探讨体育学科核心素养。

四、体育的内涵、主要功能以及体育教育的内涵与意义

在《现代汉语词典》中将“体育”一词解释为体育运动，是指在人类发展过程中，逐步开展起来地、有意识地对自己身体培养的各种活动，包括身体、心理、情感等。体育的主要功能为体育运动是促进健康的关键要素，主要体现在促进生理健康、心理健康、环境适应和个体健康。

体育教育的内涵为体育教学是学校教育的重要组成部分，是培育美好情感和坚毅品德的基石，是教育的灵魂和塑造健全体格的工程，是最好的生理教育、心理教育和健康教育，是培养德智体美劳全面发展的社会主义建设者和接班人的重要途径。

季浏等认为，体育与健康学科的功能包括增强学生的体能，提高学生的

基本活动能力；发展学生对自然的适应能力；娱乐学生的身心、陶冶学生的情操；规范学生的行为；提高学生的审美情趣和发展学生的智力；提高学生的自我保护能力和人际交往能力；传承与发展体育文化。综观之，体育与健康的主要功能有健身功能、教育功能、个体社会化功能、娱乐功能等，其中健身功能和教育功能是体育与健康课程的本质功能。

体育是一种以身体运动为基本方式，身体和运动有机结合在一起的文化活动，它既可以锻炼身体，增强体质，提高机体抵抗力，从而促进身体健康；亦可以通过体育运动、体育锻炼以及体育竞赛促进人的心理健康。它的最终目的也是促进身心发展以及体适能的极限发展，包括心理极限承受、控制和相应的调试能力。

体育的主要功能具体表现在以下几个方面：

1. 对生理健康的促进作用

通过合理科学的体育活动或锻炼，能提高人的各项身体机能，增强体质，促进生理健康。第一，体育锻炼可以促进血液循环，促进骨骼生长，改善心血管机能；第二，体育锻炼可以提高呼吸系统的机能，加强呼吸肌的工作能力，增大肺活量；第三，体育锻炼改善神经系统的机能，提高大脑的兴奋性和灵活性，提高大脑的反应能力，从而增强记忆力，提高听觉和视觉的敏锐力，进而提高学习和工作效率；第四，体育锻炼能改善消化系统的机能，促进胃肠蠕动，促进消化。

2. 对心理健康的促进作用

体育锻炼不仅能增强人的体质，促进生理健康，对心理健康同样也起着良好的促进作用。通过运动锻炼可以调节心情，改善情绪，让人变得豁达开朗、积极阳光，改变精神面貌。在体育锻炼时，与人愉快地交流、友好地协作、公平地竞争，这对人的心理都是一种考验与锻炼，都有助于心理健康的促进与发展。

随着经济的快速发展，人们的生活节奏和生活方式较之前发生了很大的改变，社会竞争压力加大，人们往往变得紧张、焦躁、不安，生活质量下降，生活品质不高，身体处于亚健康状态，这时候适当的体育运动和锻炼是一剂良药，它能给人带来愉悦，舒缓心情；它能调节情绪，让人变得安静；它能打破人与人之间的障碍与坚冰，让人际关系变得和谐；它能提高睡眠质量和生活质量，进而促进心理健康。体育锻炼可促进智力的发展，可培养和保持良好的情感体验，可帮助确立良好的自我概念，有助于消除心理障碍，促进健全心理的形成。

3. 对社会适应能力的提高

体育锻炼可以提高人的社会适应能力。体育锻炼是一种社会活动。我们在进行体育锻炼的时候，也在与人打交道，与人合作，与人竞争，体育锻炼能够促进人的交往，建构了人与人之间的桥梁，增加了人与人之间的沟通和交流机会，促进了人与人之间的友谊，提高了人的社会适应能力。体育锻炼或竞赛让人更能放下戒备，敞开心扉，展现自我，人与人之间无论是合作还是竞争，都能帮助人更好地交流和成长，彼此互相学习，互相帮助，良好竞争，友好协作，共同参与，共同进步，共同提高。

4. 对意志品质的培养和促进

通过体育锻炼能体会和感受到一种体育精神，这种精神包括努力拼搏、团结协作、挑战自我、胜不骄败不馁、尊重对手、公平竞争、坚持到底、超越自我等，由此也锻炼和培养了自己的良好品质。

体育运动多是集体项目，需要集体团结协作，共同完成，这时候考验的是配合，是补位，是扬长补短，是心灵默契，是相互帮助，是互相成全、互相鼓劲，是气势，是斗志，是坚持，是狭路相逢勇者胜，是智慧，是勇气，是集体荣誉……

体育运动也多是竞争项目，双方比拼的是体力，是技战术，是意志，是拼搏，是智慧，是坚持，是勇往直前，是耐力，是细节，是把控时机，是一鼓作气，是个人心理素质，是个人荣耀，是挑战自我，是完善自我，是集体利益，是国家荣誉……

无论是运动员还是从事体育工作的人，他们都有共同的特征：体质强健、心胸豁达、性格开朗、坚持不懈、不轻言放弃、抗挫折能力强、应变能力强、适应能力强等。这些良好的性格、意志品质和精神都是体育运动赋予的，是在多年的运动锻炼和运动竞赛中锻炼和培养出来的，这对他们的生活和工作有很大的帮助，令他们终生受益。

体育运动包罗万象、项目种类多。就拿 2008 年北京奥运会来讲，比赛项目有 28 大项，有些项目还有许多分项，比如游泳项目有 5 个分项，而田径却涵盖了 47 个小项。这些比赛项目囊括了速度、力量、耐力、灵敏、柔韧、协调和平衡七大身体素质，这些身体素质都可以经过后天的锻炼与培养获得增强和提高。

我国是体育大国，每届奥运会奖牌数位于世界前列，无论是奥运会比赛还是各单项世界体育赛事，都会吸引众多的观众观看，他们看的不仅是一场比赛的巅峰对决、一场比赛的输赢，吸引他们的是运动员在赛场上的那份斗志——不屈不挠，勇于拼搏，挑战体能，挑战自我，胜固然可喜，失败也不可悲，只要全力以赴就没有遗憾。有时候，场下或电视机前的观众比运动员更激动、更兴奋，恨不得自己上场与对手拼搏一番。一场比赛带给我们的不仅是视觉上的享受，也是心灵上的震撼，运动员那种拼搏的精神让我们热血沸腾，让我们对工作和生活充满斗志和向往，给我们坚持走下去的力量，让我们看到努力就有希望、坚持就能胜利，让我们浑身充满了勇气和信心。

因此体育运动的功能是全面的、多样的、发展的，我们应该从小学生抓起，重视体育的强大功能，重视孩子的身体素质，重视体育锻炼，重视体育课的开设方面，重视对孩子的意志品质的培养，重视体育运动的特殊功能。就体育课的开设，应该有连贯性和发展性，不同学龄段培养的任务和目标要有区分，而且学龄段之间要有连续和延续，且培养计划要具有可发展性。切实将体育考核纳入学校综合评估，纳入教师业绩考核，纳入学生评优考核，纳入学生升学考核，纳入学生档案管理，加大体育成绩权重，实现天天运动、人人健康。

五、高校体育的本质、目标与任务

教育家马约翰先生指出：“培养高尚公民，体育是最实用、有效并有趣的手段。”亚里士多德说：“教育的首要作用在于培养人的美观，只有通过这样的教育才不仅可获得身体的完美发展，获得结实的体力，而且可获得智力和美感的修养。”体育是教育中不可或缺的一部分，体育是对人的精神陶冶，没有体育的教育是不可想象的。培养适应 21 世纪现代化建设的社会主义新人，培养大批的高素质人才是高校教育的总体目标，高校体育要发挥其在育人方面的独特作用。

现代体育在社会中起到越来越重要的作用，它是教育的一种特殊手段，通过这种手段，不但可以增强体质、促进身体健康，而且可以育人、塑造人格。大学，是学生迈向社会的最后一站，高等教育对学生的各方面培育起到关键和决定性作用，高校体育作为大学生必修的一门学科，也发挥了其独特的育人功能，对大学生走向社会、走向工作岗位后的人际交往、解决问题、竞争与合作意识和能力、自我健康保护意识和能力等各方面都产生了不同程度的影响。

通过高校体育课、高校体育竞赛、高校体育社团组织的各单项运动，一方面锻炼了身体，增强了体质，提高了运动技术技能，另一方面培养了学生良好的性格以及许多优秀的品质，如活泼开朗、积极参与、竞争意识、团结拼搏、合同协作、胜不骄败不馁、尊重对手、抗挫折能力、集体意识、求知欲等，以上都是素质教育的重要内容，也是社会所需人才素质中不可或缺的部分。

学校体育的本质是健身育人，即通过运动技能与体能的学练发展学生的体能与技能，增进学生健康，促进学生能力与个性品质的全面发展。

高校体育的目标与任务：

第一，通过运动和身体锻炼，提高大学生机体能力，促进身心健康，同时促进德、智、体、美、劳的全面发展。

第二，通过学习，让大学生了解一些体育基础知识、体育健康知识、体育保健知识；掌握一两项体育锻炼方法和技能，学会制订锻炼计划，进行自我锻炼和自我检测评价。

第三，在加强体育锻炼的同时，对大学生进行思想品德教育，培养他们良好的社会公德，爱国、诚信、友善、团结、协作等。

第四，通过体育练习和竞赛，培养大学生的意志品质（勇敢、顽强）以及抗挫折、抗压能力，培养顽强拼搏的作风。

第五，培养学生的个性和创造力，勇于探索，积极进取。

第六，培养大学生的终身锻炼意识，培养体育兴趣，提高体育文化素养，提高大学生对体育比赛的欣赏能力，加强独立从事体育锻炼的意识，养成坚持体育锻炼的好习惯。培养“终身体育”的思想，为身心的全面发展打下基础。

第七，发展学生的高水平能力，提高高水平技术技能，为国家培养优秀体育人才。

六、高校体育的独特育人功能

习近平总书记在2018年教师节召开的全国教育大会上发表重要讲话，强调要树立健康第一的教育理念，开齐开足体育课，帮助学生在体育锻炼中享受乐趣、增强体质、健全人格、锻炼意志。习近平总书记的讲话明确了健康第一的指导思想，体育课的主要任务就是促进健康，健康不但指身体健康和心理健康，还包括社会适应。让学生在体育课上既能锻炼身体、增强体质，又能愉悦身心，培养良好的意志品质，进而完善人格。

体育在学校教育中发挥着独特的教育作用，其地位和其他学科一样重要。长期以来，由于学校、家长、社会都比较重视文化课而忽视了体育课，导致体育课流于形式，体育课采用放养式教学，被主课占用，学生缺乏锻炼的意识和实践的机会，致使身体肥胖、视力下降、体态不端、耸肩驼背、四肢无力、体质虚弱，青少年整体身体素质状况堪忧。近些年，大学生体质健康水平整体持续下滑已是不争的事实。

面对这种现象，教育主管部门和学校具有不可推卸的责任，因为目前的教育尤其中小学唯学分论、唯成绩论，只注重文化课成绩，忽视体育教育的作用，忽视体育运动的益处，严重占用或挪用体育课的时间，体育课程没有实际的教学内容和锻炼内容。事实上，小学每周有三到四节体育课，要是按教学大纲和教学计划严格教学，应该能学不少内容，小学生身体素质应该不错，然而事实并非如此。体育考试也是应付了事，没有统一的评分标准，期末考核结果一律是良好的评价。在学生看来体育课就是放羊，就是摆设，可有可无。因此既不重视，也不锻炼，主要精力用来学习主课，业余时间玩手机、打游戏，导致身体素质差，不是肥胖就是弱不禁风，体形不佳，驼背耸肩，眼睛近视，体格弱，如此状况，怎能不令人担忧?

在教育部印发的《国家学生体质健康标准（2014年修订）》中，身体形态类中的身高、体重，身体机能类中的肺活量，以及身体素质类中的50米跑、坐位体前屈为共性指标。小学有跳绳，初高中和大学有立定跳远，男生引体向上、女生1分钟仰卧起坐，男生1000米跑、女生800米跑的测试内容。该标准适用于普通学校的小学生、初中生、高中生和大学生，每年测试一次，从学生身体形态、身体机能和身体素质等方面综合评定学生的体质健康水平。根据学生体质测试评定结果，成绩达到良好或优秀者，可以参加评优或评奖。对于普通高校，大学四年的体质健康测试标准平均分低于 50 分者，不予毕业，需要补测方能过关。因此，每年的体质测试结果对学生来讲也很重要，这将影响他们的评优和结业，每一名学生必须给予重视。

笔者作为一名大学体育老师，参与了学校每一学年的大学生体质测试工作，亲眼见证了大学生的身体素质现状：大学四年身体素质逐年下滑，一年不如一年。肥胖、身体疾病、身体素质差，测出的身体素质数据很不理想，尤其是男生的 1000 米和女生的 800 米跑，测试过程更是令人担忧和害怕，一半学生测试结果不理想，跑不动、跑不快、不能跑，跑完虚脱，状况百出，让人担惊受怕，素质之差令人担忧。如今的大学生是未来的接班人，肩负着建设祖国的使命，是未来的希望，没有一个强壮的体格，如何能胜任？更有甚者，体测作弊，找人替测，弄虚作假。此类行为反映了大学生的侥幸心理，造假竟然心安理得，这种现象不得不令人忧虑，必须引起学校和广大教育者重视。在测试过程中应该严厉制止这种行为，发现造假应当给予严肃处理，绝不姑息。

因此，学校体育包括高校体育一定要肩负起培养学生包括大学生的体育锻炼意识，提高他们的身体素质的责任，完善他们的人格，培养他们的意志品质的重要使命，发挥高校体育的独特育人功能，把学生塑造成“体魄强健、身心健康、人格完善”的时代新人，以便更好地适应社会，参与祖国建设，为实现中华民族伟大复兴的中国梦贡献自己的一份力量。

习近平总书记指出，“青年兴则国家兴、青年强则国家强”。新时代的高校体育不仅担负着强健全民体质的责任，更肩负着立德树人、实现“健康中国 2030”和“两个一百年”战略目标的责任。青年是祖国建设的中流砥柱、中坚力量，他们是儿童和少年的榜样，他们起着承上启下、一脉相承的作用。

高校体育是学校体育的最后一站，也是大学生由学校体育向终身体育转变的关键期。如何塑造“体魄强健、身心健康、人格完善”的时代新人，发挥好高校体育在培养社会主义建设者和接班人中的独特功能，值得我们每位教育者尤其是高校教育者深思。作为一名大学体育教师，从自己的角色和视角提出几点建议：1. 先从思想上认识体育对大学生的独特育人功能，从思想上重视体育课。2. 明晰当代大学生应该具备的核心素养是什么，什么素养可以通过体育课得到培养。3. 如何进行培养。要有具体的培养计划和目标。4. 如何执行和实施培养计划。需要细化为教学大纲、教学计划和教案等。

七、健康第一的教育理念

2020 年 8 月，由国家体育总局和教育部联合印发的《关于深化体教融合促进青少年健康发展意见的通知》（以下简称《意见》）发布，《意见》指出："树立健康第一的教育理念，面向全体学生，开齐开足体育课，帮助学生在体育锻炼中享受乐趣、增强体质、健全人格、锤炼意志，实现文明其精神、野蛮其体魄。"《意见》为体育课程建设提出了新的要求，规划了具体方向，制定了总体框架，为体育发展学生核心素养指明了方向和道路。我们可以依据《意见》中的总体要求，结合相关的政策支持，根据体育学科的特点及优势，制定高校体育与学生发展核心素养体系，真正实现发展学生核心素养的目的。

随着时代的发展，人们的生活水平提高，健康意识增强，健康得到了人们的重点关注。不仅是身体健康，心理健康也得到了重视。一个人的健康不仅是个人的事，也不单纯是家庭的事，它涉及整个社会和国家，影响着社会的发展、国家的未来，因此，健康是国家的事，是民族的事，一定要切实重视起来。

近些年国家的有关政策和相关文件都在强调健康的重要性，把健康放在第一位，树立健康第一的教育理念。无论个人、家庭、学校或是社会，无论是儿童、青年抑或是老年人，都要把健康放在第一位。那么有了健康的意识还要有健康的行动、健康的生活饮食和作息方式、健康的体育锻炼习惯、健康的锻炼环境等。

2016 年全国卫生与健康大会提出了大健康的观念，即经济健康、社会健康、环境健康和人的健康。对于人的健康提出了全健康的观念，即躯体健康、心理健康、道德健康、社会适应良好。改革开放以来，随着经济的发展，人们对大自然的过度开采和利用严重破坏了自然环境，造成环境污染，其破坏是不可逆的，环境健康产生了问题，人类健康受到了威胁，于是大健康概念在全国卫生与健康大会上被提出，得到人们的普遍关注和重视。

健康第一的教育理念瞄准的是人的健康，针对的是学生健康的短板。

2018 年全国教育大会上就提出了“要树立健康第一的教育理念”。2018 年 9 月 10 日，我国第三十四个教师节之际，习近平总书记在全国教育大会上强调：“要树立健康第一的教育理念，开齐开足体育课，帮助学生在体育锻炼中享受乐趣、增强体质、健全人格、锤炼意志。”

原浙江大学校长竺可桢说“健全的体格是大学教育的目标”。当前，高校体育教育不仅承载着增强体质、掌握技能、培养习惯的任务，更承载着传承文化、传播思想、塑造人格的时代重任。健康是促进人的全面发展的必然要求，是经济社会发展的基础条件，是民族昌盛和国家富强的重要标志，也是广大人民群众的共同追求，为新时期我国普通高校体育事业的发展指明了方向。

随着社会的发展、经济水平的提高，人们的生活质量和生活品质大幅度提高，但随之而来的却是人们的健康受到了困扰和威胁，人们对健康的意识和重视程度仍不足，国民身体素质没有相应地增强，这就需要国家和社会给予重视，采取切实可行的方法和手段提高人们的健康思想认识和行动，把健康作为基本的任务和目标，树立健康第一的理念，以便更好地参加祖国的建设，创造美好的未来。

八、终身体育锻炼意识

终身体育是体育改革中出现的一个新的概念和名词，它是指终身进行体育锻炼和接受体育教育。生命不止，锻炼不息，让体育锻炼成为我们生活中的一部分，就像渴了要喝水、饿了要吃饭、困了要睡觉一样，把体育锻炼当作一种良好的习惯，每天坚持，终身坚持。

学校体育尤其是高校体育，是终身体育的基础，是培养终身体育的关键时期，它决定着未来的体育发展和终身体育意识。学校体育培养有目的、有计划且多样化、系统化，尤其是高校体育，无论从教学管理、师资力量还是场地设备，都很严格、正规和完善，学生可以根据自己的兴趣爱好选择喜欢的体育老师和项目，而且高校体育是一学年的系统学习，比较容易培养良好的锻炼习惯，更容易养成终身体育意识。所以，学校体育在终身体育的体系中起着承上启下的作用，是终身体育的重要一环，是人们奠定终身体育基础的关键时期。

我们要放眼未来，首先要从现在做起。大学期间，充分利用优越的体育资源，根据自己的需要和爱好兴趣，选择一两项喜欢的体育项目，跟随体育老师进行系统的学习，学习体育专项的知识、技术、技能，掌握正确的锻炼方式方法，制订科学的锻炼计划，养成锻炼习惯，培养自我体育意识。

怎样才能树立正确的自我体育意识呢？以学习游泳为例：首先，我们要对游泳感兴趣，有迫切的心情和愿望去探知游泳的神秘与奥妙，有挑战困难的勇气和决心。其次，我们要理性看待游泳，正确认识游泳的功能、目的和意义。再次，我们要充分了解自我，每个人的身体素质、运动能力和水平都不一样，在学习过程中会遇到各种各样的问题，我们要学会自我分析、认清自我、理性看待。根据自己的长处和短板，发挥优势，弥补不足，有针对性地进行学习和锻炼。最后，学习或游泳是一个量变到质变的过程，需要在实践中不断反复，加深对水的了解，对游泳的体验，不断提高自己的游泳技术和技能，自觉主动地练习，养成良好习惯，培养自我体育意识。

培养体育意识首先要重视健康、了解体育，健康是我们的首要任务，要把健康放在第一位，要知道健康不单指身体健康，还包括心理健康和社会适应，只有了解了健康的内涵，具备了健康的意识，才会想着如何促进健康。而体育就具备这方面的功能，要正确理解体育的价值，了解体育的主要功能，把体育锻炼作为促进健康的最佳方式，持之以恒，形成终身体育锻炼意识。

终身体育锻炼意识要从学生时代开始培养，尤其是高校阶段，原因是高校学生有较多的自由时间，可以根据个人爱好和兴趣选择自己喜欢的运动项目。此外，高校体育课比较正规，学习项目比较丰富，学生比较容易找到自己喜欢或擅长的运动项目，也更容易坚持，进而养成体育锻炼的习惯，有助于终身体育意识的养成。

九、《普通高中体育与健康课程标准（2017 年版）》课程设计的宗旨和理念

教育部于 2017 年颁布的该课程标准，以落实立德树人根本任务和健康第一指导思想，强调促进学生健康与全面发展，围绕新时代国家对人才培养的要求，以“学科核心素养”为总目标，以“运动能力”“健康行为”和“体育品德”为分目标，以“五个学习领域”（运动参与、运动技能、身体健康、

心理健康和社会适应）为主线，以“高质量学习”为要求，引领课程内容进一步着力实现学生的个性完善和潜能发展这一学校体育孜孜以求的价值目标与发展理念。

该课程标准的发布，进一步强调了发展学科核心素养的重要性和紧迫性。从属性上看，总目标是课程存在的价值表征，具体目标呈现总目标对世界把握的方式与态度，“五个学习领域”则是具体目标运行的基本途径。从定位上看，三者的关系如下：“学科核心素养”总目标是图景，践行着学校体育的价值旨归；具体目标“运动能力”“健康行为”和“体育品德”是反映总目标本质属性具体特征的方式，集中彰显了三个方面的内容与规定性；“五个学习领域”是途径，定位着具体目标从哪些方面做选择。可以说，“五个学习领域”使具体目标的知识学习有了组织体系，因而它是指引教师在具体教学活动中完成“学科核心素养”培养的载体，也是评价学习质量与结果的规准。同时，三者之间负载着体育与健康课程为什么做（目的）、如何做（选择）、怎样做（实施）的使命与任务，隐含着一个外部知识如何被学习者获得、占有并转化为学习者个体内在能力的问题。

十、学生发展的特点与需求

作为普通高校大学生，已经是年满十八岁的成年人，能自己做主，为自己的行为负责，他们正值青春，活力四射，探索欲、求知欲正处于旺盛时期，需求也多样化，是接受高等教育以及体育教育的最好时期，学校应该抓住这一关键时期，帮助学生掌握一两门体育专项技术、技能，培养他们的体育锻炼习惯和意识，从而让学生养成终身体育锻炼的意识。

大学生对体育锻炼项目的选择主要有两个考量，一是兴趣，二是需求。兴趣是最好的老师，有需求才有动力，兴趣和需求让他们渴望学习或练习自己喜欢的体育项目，大学体育项目丰富多样，能够满足他们的不同需求。而且大学体育课比较机动灵活，学生可以自主选择体育项目，自主选择体育老师，因此在选课时，他们可以根据自己的爱好和需要选择自己心仪的老师和项目，进行一年两个学期的系统学习。

要想让学生积极参加体育锻炼，培养学生对体育锻炼的兴趣和习惯尤为重要，有了锻炼的兴趣才能养成良好的锻炼习惯，有了好的锻炼习惯，才能养成终身体育锻炼意识。经常参加某项运动的人都深有体会，因为对这个运动项目有强烈的兴趣，自然而然就想着去锻炼，去研究，去琢磨，去实践，最终与这项体育项目建立了情感，并伴随终身。我们都知道，面对一个新的事物，一开始我们都是无知的、迷茫的、毫不感兴趣的、被动的，然而我们都有一颗求知的心，随着对这一事物的深入了解和接触，我们会慢慢产生兴趣，人们都有好胜心和征服欲，越是一知半解，越想搞明白，越是遇到拦路虎，越是要战胜它、克服它。人们会积极主动地了解其中的原理和机理，探寻其中的奥妙，一点点熟悉它、克服它，想方设法把它弄明白，了解透彻，熟练掌握，灵活运用，最后成功战胜它，获得心理的满足。

因此，学校体育课以及体育老师在注重传授学生体育技术、技能的同时，更应该重视对学生体育兴趣和情感的培养，一旦学生对体育运动产生了浓厚的兴趣，他们会积极主动地参与锻炼，了解该运动项目的相关知识和技战术，观看教学和比赛视频，课堂上认真听讲，积极向老师咨询和请教。学生一旦对体育运动感兴趣了，课堂教学也会事半功倍，学校体育任务更容易完成，目标更容易实现。这就需要课堂教学思想和方式方法进行转变与改革，适应学生的身心发展，符合学生的内心需求，激发他们的练习兴趣，培养他们的体育情感。

高校体育只针对大一、大二学生开课，大三、大四没有体育课，学生可以利用学校体育资源自主锻炼。高校体育开设的项目比较齐全，有十多种，包括球类（足球、篮球、排球、乒乓球、网球、羽毛球、台球）、武术、跆拳道、体育养生、健美、健身操、瑜伽、拓展、游泳等项目，都是专业体育老师授课，师资队伍主要由高学历（研究生学历）教师、专业运动员和退役运动健将组成，他们都具有丰富的体育理论知识以及专业的专项技术技能，而且高校体育课正规严谨，学生能够得到专业的帮助和学习，终身受益。

高校体育设施也很先进和齐全，有室外田径场、羽毛球场、足篮排球场，室内有游泳馆、羽毛球馆、健身健美馆、乒乓球馆等，满足了学生的各种需要。平时除了体育课，每年学校还会组织全校运动会、二级学院运动会、趣味运动会，绳、毽比赛等活动，学生参与锻炼的机会很多，有利于培养学生的体育锻炼习惯以及终身体育锻炼意识。有优秀的师资团队，有先进齐全的体育设施，有良好的参与机会，这些都是天时、地利，最后还差人和。“人和”一是指学校，二是指学生。学校要重视体育教学，学生要重视体育学习和锻炼，学校要实现高校体育教学目标，学生要完成体育教学任务，达成学习和锻炼的目标，只有这样，高校体育才能不辱使命，完成对学生的坚持体育锻炼、实现终身体育意识的培养。

随着高科技的发展，一部手机在手，订餐、购物、看视频等都非常方便，人们习惯于这种方便，变得懒惰起来，不愿意多走一步。学生除了上课，便是宅在宿舍上网、打游戏、看视频、逛淘宝、游京东，没有时间或是懒于参加体育锻炼，再加上熬夜，体质越来越差。作为一名体育教师，笔者参加工作已经十多年了，每年都会参与全校学生的体质测试工作，对学生的身体素质现状比较了解。由大学四年的体质测试数据和实际情况可以看出，大学四年，学生身体素质一年不如一年。大一、大二学生测试时，思想上还比较重视，唯恐测试成绩不过关，影响学业或毕业，学生们都认真对待，跑步时发挥自己最大的水平，女生 800 米、男生 1000 米及格率 90%左右；到了大三、大四学生测试时，学生就没那么重视了，跑步也不尽心尽力，只求及格就行，女生 800 米、男生 1000 米及格率 70%左右，差距显著。

如何让学生放下手机，调动学生热情，积极参与课外锻炼，参加运动，是我们学校、教师、学生应该深思的问题。大三、大四的学生是否也应开设体育课，或者学校对他们有体育任务，督促他们参与锻炼，或者定期开展形式多样、有竞争、有趣味的体育竞赛和活动，让学生广泛参与，定期活动，以达到督促学生积极锻炼的目的。又或者将体育成绩纳入优秀三好学生或奖学金评比标准，体育成绩优秀者才有资格参加优秀三好学生的评选，才能参加奖学金的评定。抑或大学四年体育成绩不达标者，不予发放毕业证等。方法不止一种，路径不止一条，目的和结果只有一个，那就是让学生动起来，坚持体育锻炼，增强体质，强壮体格，强健体魄，身心健康，适应社会，终身体育，开启美好生活。希望学校相关部门、教师、学生给予关注和认真思考，研究制订可行的体育锻炼和考核方案，真正做到高校体育培养大学生核心素养。

第二节 高校体育与学生发展核心素养的关键要素

一、中国学生发展核心素养

2014年，教育部印发《关于全面深化课程改革落实立德树人根本任务的意见》，提出“教育部将组织研究提出各学段学生发展核心素养体系，明确学生应具备的适应终身发展和社会发展需要的必备品格和关键能力”。赵富学等人在研究中指出，体育学科核心素养的内涵可以理解为面向学生成长全程的必备道德品质和关键运动素质与能力。①

学生发展核心素养具备以下特征：共同性和发展性。共同性是指学生发展核心素养普及到每一名学生，是所有学生迈向社会、适应社会、融入社会、成功生活的必需素养，也是共同素养，不能缺少。发展性是指学生发展核心素养是一个连续持续的过程，具有一定的阶段性和延续性。从小学、初中、高中、大学直至工作，不同的阶段，学生发展核心素养的必备品格和关键能力都不同，是一个不断发展的过程，但每个阶段中的重点有所不同。有些素养是天生的，有些素养是通过后天的学习获得的，有些素养是小学阶段培养的，有些素养是中学阶段培养的，有些素养是整个学习阶段进行培养的，有的素养需要延续终生。

如图12所示，中国学生发展核心素养以培养“全面发展的人”为核心，分为文化基础、自主发展、社会参与三个方面，综合表现为人文底蕴、科学精神、学会学习、健康生活、责任担当、实践创新六大素养，具体细化为国家认同等18个基本要点。其中涉及体育学科发展素养的主要是自主发展的学会学习和健康生活两个素养和社会参与方面的责任担当和实践创新两大素养。

---

① 赵富学，程传银．体育学科核心素养的内涵及其生成维度［J］．体育文化导刊，2019，6（6）：53-57.

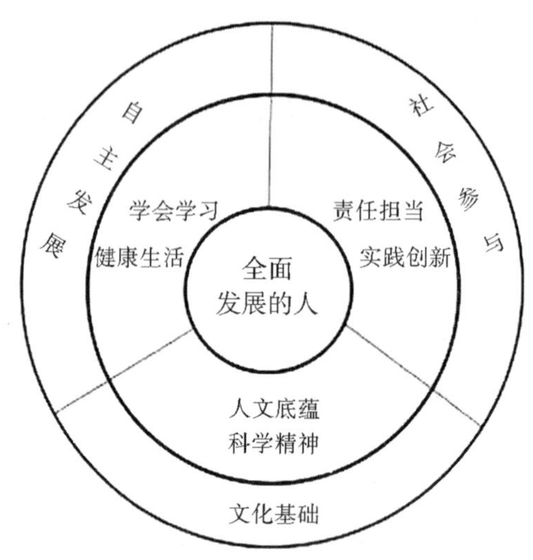

图 12 中国学生发展“核心素养”

（来源：教育部学生发展“核心素养”研究协作组，2016 年 9 月）

（一）学会学习

在体育学科里，学会学习主要是指能够跟随课堂教学，在老师的指导和帮助下，熟练掌握一种或多种体育技术和技能，通过课下多加练习、思考和反思，正确评估学习过程及效果，并能随时调整和调控练习方法和方式，以达到学习更优化。

（二）健康生活

健康生活是指具有良好的生活和行为习惯，在情绪方面能很好地自我管理和自我调控，爱惜身体，珍惜生命，人格健全。人格健全主要包括具有良好的心理素质和品质，自尊自爱，积极乐观，坚韧不拔，胜不骄败不馁，能经受住挫折等。

（三）责任担当

责任担当主要是指对自己应该做的事情要负责任，对自己做的事情要有担当，勇于承担。责任有社会责任和个人责任，社会责任主要是指尊敬师长、敬老爱幼、诚信友善、礼貌待人、敬业奉献；个人责任指敢做敢当、积极主动、尽职尽责、明辨是非、团结互助、维护正义等。

（四）实践创新

运用所学知识解决问题的能力以及创新、发展的能力。学习要求举一反三，要有积极探索和创新的精神。在知识海洋里遨游，去探索未知的奥妙的世界，为社会的发展、科技的进步、祖国的美好未来贡献自己的力量。

二、体育学科核心素养研究的国际经验

赵富学等人概括归纳了几个先进国家的关于体育学科核心素养的模式与结构，其中美国体育课程改革体系中遴选的体育学科核心素养，体育与健康相互融合，突破了不同学段的限制，主题非常明确，就是以促进学生的身体健康为主；英国国家体育课程鼓励学生通过体育学习，在竞技比赛或其他体育活动中取得身体与自信心上的成功和超越；加拿大学校教育领域中，体育学科核心素养主要包含三大要素——积极的生活、动作技能、安全公平参与和领导力；澳大利亚提出体育学科核心素养的价值在于使学生获得更多的健康知识、使学生形成在体育运动中的自信心和成就感，有终身参与体育活动的意愿和能力。①

三、国内体育专家、学者以及体育人士对体育学科核心素养研究的成果

著名研究学者赵富学从三个方面解析和挖掘体育学科核心素养内涵的生成维度：维度一，从我国传统体育文化中发掘；维度二，从国际经验比较中推衍；维度三，从课程改革的实际需求中凝练，确定体育品德与修养、运动兴趣与能力、健康行为与习惯、运动品质与意志为体育学科核心素养的结构要素，它们相互之间存在一种镶嵌式的程序性关系。②

姜勇根据经合组织（简称 OECD）“素养的界定与遴选”研究项目，将

① 赵富学，程传银，储志东．体育学科核心素养研究的国际经验与启示［J］．体育学刊，2019，1（1）：89-99.

② 赵富学，程传银．体育学科核心素养的内涵及其生成维度［J］．体育文化导刊，2019，6（6）：53-57.

核心素养划分为人与社会（社会适应、迁移能力、体育道德）、人与自己（健康体能、心理健康、体育意识）、人与工具（体育理论知识、运动技能、体育创新）三个维度、九个要素。于永晖把体育知识素养、体育能力、体育意识、体育情感、体育品行五要素作为体育学科的核心素养。①

汤万松以马斯洛需要层次理论为依据构建学生体育学科核心素养体系并划为四个维度：体质素养、社会素养、专业化素养、人文素养。②

赵富学等在体育学科核心素养的研究进展及其启示中指出，体育学科核心素养体系构建需要关注学生健康素养的形成，美国、英国、澳大利亚、芬兰等国在培养学生体育学科核心素养的过程中，注重从健康的角度解析体育学科核心素养的结构，将健康素养作为学生体育学科核心素养体系建构中的主要因素。③

杨远都等在《“大中小学一体化”学科核心素养体系的构建》中认为，党和国家的教育方针政策是宏观的教育目标，要落实到具体教育教学过程中，需要将它们具体化和系统化，转化为学生应该具备的、适应终身发展和社会发展需求的素养要求。④

我国的“核心素养”正是宏观的教育目标的体现，它是在《关于深化体教融合促进青少年健康发展的意见》的指导下，经过国际比较研究、国家教育政策研究、课程标准的分析、传统文化分析研究、实证调查研究等过程构建出来的。它既是国家教育总目标的具体化和系统化，又具备国际经验、国家政策、传统文化及课程标准的合理元素。它是连接宏观教育目标与各学科、各学段、各学段课程体系的桥梁。而各学科核心素养体系，则统领某一学科各学段的课程，成为连接“核心素养”与某一学科各学段课程标准的桥梁。正是由于“核心素养”处在由教育目标到各学科核心素养体系的桥梁位置，决定了构建学科核心素养的逻辑进路是一条下行推演的主线。也就是

① 于永晖，高嵘．体育素养的概念与内容构成辨析［J］．山东体育学院学报，2019，35（04）：111-118.

② 汤万松．试论人本关怀下体育课程改革的三维立体框架［J］．湖南科技学院学报，2016，37（12）：182-185.

③ 赵富学，魏旭波，李莉．体育学科核心素养课程化现状检视及机制设计［J］．体育学刊，2019，26（4）：32-34.

④ 杨远都，汤宇锟，李佑发．“大中小学一体化”学科核心素养体系的建构［J］．教学与管理，2019（31）：1-4.

说，处于逻辑下位的“学科核心素养体系”，只需要依据“核心素养”的具体表征，提炼出某一学科所承担的那部分“核心素养”，再结合学生身心发展特点和学科特性，最终构建出本学科的学科核心素养体系即可。

四、体育学科核心素养结构要素

赵富学将体育学科核心素养结构要素分为四个部分：体育品德与修养、运动兴趣与能力、健康行为与习惯、运动品质与意志。体育品德与修养反映的是体育学科核心素养的基础与指向；运动兴趣与能力反映的是体育学科核心素养的目标与追求；健康行为与习惯体现出培育学生体育学科核心素养的路径与要求；运动品质与意志则是培育学生体育学科核心素养的条件和保障。①

《普通高中课程方案和全部学科课程标准（2017 年版）》中提出的体育品格是指个体在参与体育运动的过程中，通过与多方互动而体现出来的一种正面向上的稳定特征或表现，具有可塑性、主体性和积极性等特性。例如，顽强拼搏、积极进取、勇攀高峰、坚持不懈、团结协作、以礼待人、尊重对手等一些健康的正向的举止与行为，也可以称之为体育精神。

不同的专项运动采用不同的培养方式培养不同的技能和体育品格。比如游泳运动，它可以培养学生多方面的能力以及许多优秀的品格。一开始来到一个陌生的环境，需要练习闭气和呼吸，需要练习漂浮和站立，需要练习各种技术，这个过程身心都要经历一番考验，有体力的付出，有心理的折磨，随时都可能要放弃，但是如果坚持下去，经过一道道难关，最终会柳暗花明，不仅学会了游泳，而且锻炼了意志品质，懂得了付出就会有收获，坚持就会胜利。而且以此作为锻炼身体的方式，可以终身坚持下去，养成终身体育锻炼的意识，促进身体健康。集体项目锻炼和培养的更多是团结协作、精诚合作、顽强拼搏、开拓进取、勇往直前的体育品格。

健康知识主要是健身的相关知识，如运动后不能立即大量饮水、运动后不宜吹冷风和洗澡、饭后不宜立即运动、运动前要做热身运动、运动后要做

---

① 赵富学，程传银．体育学科核心素养的理论基础及结构要素研究［J］．沈阳体育学院学报，2018，12（6）：104-112.

放松整理运动等。又如，健身练习时，要注意正确运用器材器械，要注意练习方式方法，要量力而行，要合理安排运动时长和运动负荷，要注意安全等。游泳前要做热身练习，将全身肌肉关节活动开，以免下水抽筋；当游泳过程中鼻腔呛水、耳朵进水、四肢抽筋时要及时上岸采取正确的处理方法，切忌盲目行事。游完泳，要进行全身淋浴，漱口，清理鼻腔。

五、高校体育与学生发展核心素养指标和要素提炼思路

1. 由核心素养内涵分析得出，人的素养体系有两个维度，即必备品格和关键能力。

2. 从《普通高中体育与健康课程标准（2017 年版）》、体育学科的特点、学生身心发展的特征、社会发展对人才的要求，提炼体育学科核心素养要素。

3. 学科核心素养体系，只需要依据“核心素养”的具体表征，提炼出某一学科所承担培养的那部分“核心素养”，再结合学生身心发展特点和学科特性，最终构建出本学科的学科核心素养体系。

4. 学科的独特性是建构的内容依据。体育学科的独特性在于培养学生身体运动性认知和科学的健康意识。

5. 从“培养什么样的人”的角度而言，我们应该在核心素养的指引下，紧扣体育学科的特性，提炼出“一体化”的体育学科核心素养的指标内容。

6. 由《“健康中国 2030”规划纲要》的中心思想：健康中国，健康第一，可以提炼出“健康促进”这一重要维度。

7. 随着国家及人们对“终身体育”思想的倡导与推广，培养终身体育意识成为了高校体育与学生发展核心素养体系建构的理念支撑和发展学生核心素养的最终目标。

六、高校体育与学生发展核心素养的构建原则

高校体育与学生发展核心素养的建构不仅要考虑其学科特点与本质、高校体育教育的功能与地位，还要考虑学生的体育锻炼的应用领域、需求、习惯与养成，体育锻炼对学生积极幸福地生活的意义，考虑学生的终身体育

发展。

1. 立足高校体育学科的特殊性

高校体育学科不同于其他专业学科，有其特殊性和独特功能，它以身体练习为主要手段，以增进学生身心健康为主要目的，体育不是一种单纯的思维活动，它是一项身心都可以得到锻炼和发展的活动。高校体育作为素质教育的重要组成部分，其作用越来越明显，不但要传授学生运动技术、技能，传授体育与健康知识，增进学生的身体健康，更要提高学生的心理健康水平，增强学生适应社会的能力。通过体育锻炼，对学生的有效学习、工作和幸福生活产生积极的影响，进而达到终身体育的目标。

2. 坚持综合性和可操作性

高校体育课程的开展要具有综合性和可操作性，既要多方位考虑，即考虑课程的开设项目种类、运动项目难易程度、场馆和场地设备条件、师资力量状况，又要考虑学生的兴趣和爱好以及实际需求，还要结合当前素质教育培养的任务和目标以及社会的需求，要综合考虑，全方位衡量。在可操作性上，要考虑学校管理、师资队伍、教学资源以及学生便利简单易行等方面，计划和目标切实可行。

3. 满足社会和时代的要求

现代高科技的发展要求“科技兴国”，“科技兴国”也对当代大学生提出了新的要求。当代大学生的责任和使命是挑起振兴祖国科技事业，迎接新技术革命挑战的重担，成为祖国振兴的中坚力量。新的使命也要求大学生要有一个健康的体魄，要有良好的身体素质和心理素质，要具备一种团结协作、奋力拼搏、挑战自我的体育精神，拥有勇敢坚强、不屈不挠的意志品质，还要具备一种创新意识和创新精神。这些都可以通过开展高校体育课程实现，以开展不同的体育项目和采取不同的教学方式实现对大学生必备的品格和关键能力的培养，以符合社会的需求和时代的发展。高校是培养人才的摇篮，根据人的发展特点、社会的需求，高校体育也应顺应形势，发挥自己独特的育人功能。

第三节 构建高校体育与学生发展核心素养的框架指标体系

核心素养不似过去那样把所有的文字理论大包大揽，纳入范畴，而是把所有的理念、方法、目的指导去除糟粕、纳其精髓，融合成最核心、有实用性和时效性的新体系。体育学科的独特性对学生体育学科核心素养体系建构提出了明确要求。

一、高校体育与学生发展核心素养的框架指标体系建构依据

于素梅在《学生体育学科核心素养及其培育》一文中主要依据以下四点来建构体育学科核心素养：第一，世界许多国家研究核心素养都共同指向“全面发展的人”；第二，体育学科承担着培养具有“终身体育锻炼能力的人”的重任；第三，OECD（经济合作与发展组织）研究提出：素养=知识+能力+态度；第四，国务院印发的《全民健身计划（2016—2020年）》关于加强学校体育教育，将提高青少年的体育素养和养成健康行为方式作为学校教育的重要内容。①

因此，我们可以借鉴于素梅研究员关于体育学科核心素养体系的建构依据，结合高校体育的任务与目标及功能价值，从高校学生对未来发展的意义两个角度来建构高校体育与学生发展核心素养的框架指标体系。建构高校体育与学生发展核心素养的框架指标体系应该符合以下三点原则：第一，从全面发展的角度提炼核心素养指标。第二，从终身体育的理念提炼核心素养指标。第三，以健康第一的思想为指引提炼核心素养指标。最后，遵循以上三点原则再结合高校体育教育的任务与目标、功能与价值甄选和确认一级指标和二级指标。

① 于素梅．学生体育学科核心素养及其培育［J］．中国学校体育，2016（07）：29-33.

二、高校体育与学生发展核心素养的框架指标体系提炼思路

从核心素养的内涵上分析可以得出，人的素养体系有两个维度，“必备品格”和“关键能力”，涉及三个领域，即“道德、能力和情意”。借鉴相关专家、学者及一线体育教师的研究成果，结合 2011 年《体育与健康标准》、体育学科的特点、学生身心发展的特征、社会发展对人才的要求，提炼体育学科核心素养要素。①

高校体育与学生发展核心素养的框架指标体系提炼思路要从以下几点来考量：

第一，整体性和全面性。体育可以促进人的全面发展，它不仅对人的身体和心理起着重要的作用，对个体的社会适应性也起着促进作用。体育教育是一门综合性教育，有它自身的优势与特点，因此我们可以提炼出人必备的品格与关键能力，通过高校体育进行培养。

第二，实用性和发展性。发展要素要切合实际，易于操作和实施，通过具体的教学方法和手段能够实现培养计划和目标。此外还要考虑核心要素的持续发展和永久发展，实现终身体育。

第三，广泛性与时代性。核心要素不仅包括知识与能力，而且还包括情感与态度，内容更加宽泛并侧重于学生品德修养、习惯养成和情感的发展。

三、体育学科核心素养体系的具体指标构建

基于体育学科核心素养的内涵和提炼思路，罗芬将体育学科核心素养体系分为四个一级指标：运动认知、健身健康行为、情意表现、社会适应，每个一级指标下包含若干二级指标。运动认知包括体育知识、运动能力和学习能力三个二级指标；健身与健康行为包括珍爱生命、健康生活、终身体育三个二级指标；情意表现包括责任担当、心理调节、中华体育精神三个二级指标；社会适应包括交往与合作、环境适应、创新精神三个二级指标。

① 罗芬．体育学科核心素养体系构建及评价［J］．当代体育科技，2017，7（10）：240-242.

于素梅将学生体育学科核心素养归纳为三个主要维度：体育精神、运动实践和健康促进。体育精神包含体育情感（喜爱体育、有体育情怀等）和体育品格（守规则、能吃苦、乐观、创新、进取、善合作等）；运动实践包括运动能力（基本运动能力、专项技能等）和运动习惯（有规律的跑步、打球）；健康促进包括健康知识（伤病防治、饮食营养知识等）和健康行为（按时作息、运动前做准备活动等）。

分析前人对体育学科核心素养指标体系的构建思路，结合国家和教育部门对发展学生核心素养的理论依据和政策支持导向，本书提出了高校体育与学生发展核心素养的指标体系。

1. 提炼第一维度“运动能力”及其要素

高校体育教育的基本目标与发展目标：第一，以人为本，引导和教育大学生主动、积极地锻炼身体，掌握现代体育科学的基本知识、技能、技术和科学锻炼身体的方法；第二，提高体育文化素养；第三，加强独立从事体育锻炼的意识；第四，培养“终身体育”的思想，为身心的全面发展打下基础；第五，创造条件，提高有发展前途的学生的运动水平，为国家培养和输送优秀体育人才。

国务院印发的《全民健身计划（2016—2020 年）》中明确指出：加强学校体育教育，将提高青少年的体育素养和养成健康行为方式作为学校教育的重要内容”“使青少年提升身体素质、掌握运动技能、培养锻炼兴趣，形成终身体育健身的良好习惯。”由此可以看出，培养学生的运动兴趣、健康行为、健身习惯、运动技能等是学校体育教育中的重要内容。

由此可得出“运动能力”这一维度包括三个要素，分别是“运动知识”“运动技术、技能”和“运动兴趣”。

（1）运动知识

运动知识包括很多方面，可以归纳为三类：

第一，体育理论知识和体育锻炼方法。以游泳为例，与游泳相关的运动知识包括游泳对身体的积极影响、在水中快速游进的原理、在水中闭气和呼气的方法、耳朵进水的处理办法、腿部抽筋的处理方法、游泳项目的分类。

第二，某项具体运动技术、技能知识。以游泳为例，包括四种竞技游泳的名称，腿部和手臂的具体动作要领，滑行路线和运行轨迹，技术重点和难点，手臂、腿部与呼吸的配合等。

第三，竞赛组织与编排、裁判规则与执行。这类体育知识主要涉及体育组织者和体育骨干，他们需要适当了解一些比赛项目的组织与编排规则与方法，需要培训裁判或担任裁判，了解相关的裁判知识。

（2）运动技术、技能

运动技术是指完成体育动作的方法，参加不同体育项目的活动，需要不同的学习和练习方法，也就是掌握不同的动作技术。运动技能是指通过学习形成的有法则的操作活动方式，调节、控制着操作动作的执行。前者是方法，后者是能力；前者是基础，后者是提升，只有方法正确，能力才有可能得到锻炼和提高，反过来，运动技能的提高也有助于运动技术和技巧的学习和掌握，两者相辅相成。

（3）运动兴趣

运动兴趣是人们积极地认识、探究或参与体育运动的一种心理倾向，是获得体育与健康知识和技能，促进身心健康的重要动力。兴趣是参与体育运动和锻炼的主要动力，兴趣是学习最好的老师。夸美纽斯说："兴趣是创造一个欢乐和光明的教学环境的主要途径之一。""没有丝毫兴趣的强制学习，将会扼杀学生追求真理的愿望。"

对学习或运动有了兴趣，就有了动力，随之就有了求知和探索欲望，也就有了运动和锻炼的自觉性和主动性，也就有了克服困难的勇气、勇攀高峰的决心和意志，养成坚持锻炼的好习惯，甚至是终身体育。

任何学习都要先培养学生的学习兴趣，运动也不例外。学习一项体育项目之前，先培养学生对运动的兴趣，激发他们的练习热情，这样才能达到良好的教学效果。

2. 提炼第二维度"健康促进"及其要素

健康促进是参与体育锻炼和学习追求的第一目标。作为发展学生体育学科核心素养的首选要素，健康是基础，是前提，它不但指躯体健康，还包括心理健康，包括健康的知识和行为。健身与健康行为主要是指爱惜身体、规律生活、科学健身和终身体育。"健康第一、终身体育"的理念是近年来国家积极倡导的，随着近些年来经济的迅猛发展，人类的健康面临着巨大的威胁和挑战，健康是头等大事，是发展学生核心素养的关键要素。

2018 年 9 月 10 日，习近平总书记在我国第三十四个教师节全国教育大会上强调："要树立健康第一的教育理念。"党的十八届三中全会精神也明确提出："强化体育课和课外锻炼，促进青少年身心健康、体魄强健。"《"健康中国2030"规划纲要》围绕着"健康"提出了一系列要求，制定了一系列举措，以健康为宗旨实行全方位覆盖，为将"健康促进"纳入高校体育与学生发展核心素养维度提供了重要的政策依据。

世界卫生组织也指出"健康不仅是躯体没有疾病，还要具备心理健康、社会适应良好和有道德"的三维健康观。由此可见，"健康促进"包括三个要素，分别是"生理健康""心理健康"及"社会适应"。

（1）生理健康

体育锻炼可以促进人体生理健康的发展：首先，体育锻炼可以促进血液循环，促进骨骼生长，改善心血管机能；其次，体育锻炼可以提高呼吸系统的机能，加强呼吸肌的工作能力；最后，体育锻炼可以改善神经系统的机能，提高大脑的兴奋性和灵活性，提高大脑的反应能力，从而增强记忆力，提高听觉和视觉的敏锐力，进而提高学习和工作效率。总之，体育锻炼能够活动筋骨、锻炼体质，增强各组织和器官的机能，延年益寿。

（2）心理健康

相对于生理健康，心理健康同样重要，它影响着人们生活的质量和长远发展。现代社会的快节奏高压力，容易让人紧张、急躁、压抑、不安，甚至抑郁，许多人处于亚健康状态，严重影响了生活的质量与品质。而体育运动与锻炼能很好地调节心理状态，舒缓紧张情绪，陶冶美好情操，提高精神面貌，促进心理的健康发展，让人终身受益。

（3）社会适应

体育锻炼是一种社会活动，体育锻炼可以提高人的社会适应能力。社会适应能力主要包括：1. 交往与合作：互相理解、有效沟通、互相尊重、集体团队意识；2. 环境适应：适应环境、适应挑战、适应变化、完善自我、提升自己；3. 创新精神：学会思辨、学会分析判断、学会综合运用、学会创造和发展。我们在进行体育锻炼的时候，也在与人打交道，与人合作，与人竞争。体育锻炼能够促进人与人之间的交往，体育锻炼架构了人与人之间友谊的桥梁，增加了人与人之间的沟通与交流、竞争与合作的机会，人与人之间相互学习，共同进步，共同探讨人生，结下深厚的友谊，提高了人的社会适应能力。

人对环境的适应主要是人对社会的适应，包括两个方面：一方面是生理的适应，身体适应当地的环境和气候、饮食与生活；另一方面是心理的适应，适应周围的人，能和谐地与人相处，积极地与人交往，与现实世界形成良好的关系。良好的适应能力是心理健康的主要表现，心理健康是良好社会能力的前提和基础。

因此，“健康”是体育的最终目的，是体育的终极目标。我们不仅要生理健康而且要心理健康，更要适应环境、适应社会，始终贯彻“健康第一”的指导思想，执行“终身体育”理念，坚持科学锻炼，全面发展，共创和谐的社会，共享美好的未来。

3. 提炼第三维度“体育精神与品德”及其要素

体育精神是体育的精髓，是体育学科在培养学生方面所特有的目标和价值所在，具有其他学科不具备的独特功能，是培养学生终身体育锻炼意识和终身健康发展必须具备的要素之一。发展学生体育学科核心素养，运动实践是前提，要想培养体育精神，达到健康促进，必须先运动实践，掌握一定的运动技能，养成运动习惯，在此基础上增进身体健康，完善体育品格，培养体育精神，实现质的飞跃。

体育教育的内涵：体育教学是学校教育的重要组成部分，是培育美好情感和坚毅品德的基石。就其功能而言，学校体育不仅能增强学生体质，提高运动能力，而且能提高学生的行为、品质、个性情感等诸多素质，培养学生的竞争意识与团队协作精神，争取胜利的信心和勇气，承受失败和挫折的能力，还能培养学生严密的组织性、纪律性、集体责任感、荣誉感、民族进取心和探索精神。而这些是素质教育的重要内容，也是社会所需人才素质中不可或缺的一部分。

学校体育的本质是健身育人，即通过运动技能与体能的学练发展学生的体能与技能，增进学生健康，促进学生能力与个性品质的全面发展。学校体育目标是有效地增进学生的健康，使学生能较熟练地掌握和应用基本的体育与健康知识和运动技能，形成运动的兴趣、爱好和坚持锻炼的习惯，培养和形成良好的心理品质，提高人际交往的能力与合作的精神；提高对个人健康和群体健康的责任感，树立健康的生活方式；形成积极进取、乐观开朗的生活态度；提高少数学生的运动技术水平。

由上，可以提炼出“体育精神与品德”这一维度包括三个要素，分别是

“体育精神”“体育品德”及“意志品质”。

梁启超在《少年中国说》中讲道：“故今日之责任，不在他人，而全在我少年。少年智则国智，少年富则国富，少年强则国强，少年独立则国独立，少年自由则国自由，少年进步则国进步，少年胜于欧洲则国胜于欧洲，少年雄于地球则国雄于地球。”体育表象是锻炼身体、增强体质、促进健康，但实质内涵却是一种体育精神，这种体育精神就是体育的整体面貌，它是一种信念更是一种道德，是体育的支柱和灵魂。

（1）体育精神

《世界反兴奋剂条例》开篇写道，体育精神即通过完美呈现个人自然禀赋来追求人类卓越，体育精神是人类灵魂、身体、心灵的体现，也是奥林匹克精神的精髓。体育精神包括道德、公平竞赛与诚实 、健康 、优秀的竞技能力、人格与教育、趣味与快乐、团队协作、奉献与承诺、尊重规则与法律、尊重自己、尊重其他参赛者、勇气、共享与团结。

精神，是一个人的内在支撑力，是一种信念，它让我们的内心强大，支撑着我们顽强拼搏，努力奋斗；是一束光，照亮我们前方的道路，指引着我们前进；是一种心灵寄托，是奋斗的动力源泉。体育精神不分种族、不分国界，它带给我们力量，激励着我们不断挑战、不断前进、不断完善，追求卓越、追求完美，激发人类潜能，挑战人类极限，促进人类的团结与共同进步。

有一种精神，叫女排精神。“天行健，君子以自强不息；地势坤，君子以厚德载物。”《周易》里的这两句话用来解读中国女排精神再合适不过。从1981年到1986年，中国女排“五连冠”，举国上下心潮澎湃。38年来，中国女排十次荣膺世界排球“三大赛”冠军，影响力早已超越体育本身的意义。女排姑娘们在赛场上展现出的祖国至上、团结协作、顽强拼搏、永不言败的精神面貌，成为激励国人接续奋斗、自强不息的精神符号。女排是我们学习的榜样，各行各业，举国上下，都可以用女排精神来激励自己，激励团队，长此以往，我们全国人民将齐心协力、团结协作，共创祖国盛世，共同实现伟大民族的复兴梦。

有一种精神，叫奥林匹克精神：更高，更快，更远，更强。奥林匹克是体育精神的代名词，是现代社会文明的标志。体育是一种国际语言，人们甚至不需要翻译、不需要解释，就可以自由交流。它为世界和平做出了自己的贡献，奥运会承载了友谊与团结、和平与公平、关爱与尊重等精神内涵。能体现体育精神的四字成语有很多，诸如坚持不懈、百折不挠、千锤百炼、争先恐后、坚韧不拔、顽强拼搏、勇往直前、锲而不舍、重在参与、永不放弃、永不气馁、永不低头。

因此，我们应将体育精神纳入高校体育与学生发展核心素养的框架体系中，通过体育课堂学习和体育竞赛来培养学生的各种体育精神：百折不挠、精诚合作、坚持不懈、勇攀高峰等，这些体育精神将激励着他们勇往直前，在生活中克服困难，在工作中战胜困难，成为时代的佼佼者，成为社会的建设者和接班人，成为祖国的栋梁之材。

（2）体育品德

体育品德也可以称为思想品德，思想品德教育在我国一直被放在教育的首位，它是培养大学生形成正确的人生观、价值观的基础。大学生思想品德教育是指运用中国传统优秀文化、社会主义核心价值观等内容来对大学生进行教育，提升大学生群体的思想品德素质水平。

大学阶段是大学生道德学习和道德建设的重要时期，是养成道德观念和道德行为的关键时期。大学生是我们未来事业建设的主力军，是实现中华民族伟大复兴的希望，他们的思想品德状况直接影响着国家的发展与未来，要使大学生成长为中国特色社会主义事业的合格建设者和可靠接班人，不仅要大力提高他们的科学文化素质，对他们的思想品德教育和培养尤为重要。

因此，我们可以以体育为载体，通过体育教学、体育锻炼、体育竞赛实现对大学生体育品德或是思想品德的培育，培养他们团结协作、互帮互助、和谐友爱、尊重他人、诚信友善、公平竞争等良好的思想品德，以更好地融入集体，适应社会，实现人生的最大价值。《周易》里有一句话："地势坤，君子以厚德载物。"只有道德高尚的人才能承担重大任务。学校在培养学生成才的同时还应培养他们的德，为国家和社会培养德才兼备的人才，是学校的重要目标和任务。

（3）意志品质

毛泽东同志在《体育之研究》中说："体育之效，至于强筋骨，因而增知识，因而调感情，因而强意志。筋骨者，吾人之身；知识、感情、意志者，吾人之心。身心皆适，是谓俱泰。"

拥有强大的信念、顽强的意志和良好的品质是当代大学生应当必备的，也是不可或缺的。只有具备顽强的意志品质，才能在学习中不畏困难，勇攀高峰；在工作中克服一道道难关，取得成功；在生活中经受一次次挫折，实现人生的价值。

而体育是培养一个人顽强意志品质的最佳方式。在体育锻炼中，学会了坚持，面对耐力锻炼项目，我们要咬紧牙关，坚持就是胜利；面对强负荷锻炼，我们要挺住，丝毫不能松懈，否则将功亏一篑。在体育竞赛中，我们要全力以赴，不到最后一刻绝不放弃，勇于坚持才能胜利，才能实现逆转，才能在逆境中翻盘。一场比赛，不但考验运动员的技战术，更是运动员顽强意志品质的较量，差之毫厘，谬以千里，一丝的松懈可能会失去成功的机会。因此要尽最大的努力，坚持到最后才能突破重围，登上高峰。

无论是奥运会的比赛项目，还是单项体育联合会的比赛项目，每个比赛项目都包含着对运动员意志品质的考验，每一场比赛都是体力与智力的较量、意志与品质的比拼，笑到最后的人都是勇者。他们经受了一次次挫折、一道道关卡，他们用顽强的意志品质克服了一次次困难，经受了一次次艰难的洗礼，最后完成涅槃，成功摘冠。

每一名国家级乃至国际级运动员都堪称具有坚强意志品质的代言人，他们的每一次成功、每一个荣誉、每一个奖牌或奖杯都是用汗水浇铸而成，在训练场上，在竞技场上，他们顽强拼搏，咬牙坚持，以钢铁般的意志坚持到底，永不认输。他们挑战了自我，挑战了人类极限，实现了突破。成功的背后都是默默的付出，成就的背后是奋斗、是坚持、是辛苦、是泪水，只有如此，才能站在领奖台上，才能迎来万众瞩目，才能为自己为家人为国家增光。当五星红旗在运动场上冉冉升起，当中华人民共和国国歌在运动场上空响起，那一刻，是运动员的自豪，是祖国的骄傲，值得我们敬佩和学习。

记忆深刻的一件事是2004年的雅典奥运会，中国女排和俄罗斯女排的夺冠之战，前两局中国女排均以两分之差落后，第三局和第四局，女排姑娘们放下了思想包袱，甩开了手臂，团结一致，顽强拼搏，连下两局，把比赛带到了决胜局。观众都屏住了呼吸，甚至捂住了眼睛，紧张得心脏都要跳出来了。决胜局，女排姑娘们个个都拼了，打疯了，多点开花，而俄罗斯只靠主攻一点拿分，到最后也是精疲力竭，难以抵抗中国的多点以及快速变化的进攻，这场比赛打得惊心动魄。女排姑娘们咬牙坚持，顽强拼搏，最终，中国女排在先输两局的情况下，连扳三局上演大逆转。类似雅典女排夺冠的场景比比皆是，数不胜数，都诠释了拥有顽强意志品质的可贵，在迈向成功阶梯的路上，顽强拼搏、坚持不懈是成功的基石，是胜利的法宝。

世界经典名著《钢铁是怎样炼成的》通过记述主人公保尔·柯察金的曲折成长道路，向我们展现了一个拥有理想、不畏困难、意志坚定、不屈不挠的具有顽强意志品质的人，他凭借着坚定的人生信念和顽强的生命力战胜了一个个困难，克服了身体的各种疾病困扰。依靠坚定的信念以及顽强的意志，谱写了一部壮丽的诗篇，为世人奉献了一部伟大的著作。他成了钢铁战士，成了人们心目中的英雄，成了许多人学习的楷模。这部不朽名著一直被传诵至今，被奉为经典，教育和激励着一代又一代年轻人，使得年轻人更具热血，更加无私，更具有战胜困难的勇气与决心，为了祖国的伟大事业奉献自己的青春和力量。

这些运动员、名人所展现的精神为我们树立了良好的榜样，是我们学习的楷模。一个人只有具备了坚定的信念和顽强的意志品质，才能不畏艰难，才能勇往直前，才能有一番作为，才能取得一番成就。对当今大学生而言，意志品质的培养尤其重要。心理学上定义，意志品质是指一个人在行动中具有明确的目的，不屈从于周围人的压力，按照自己的信念、知识和行为方式行动的品质。因此意志品质具有一定的自我性和主观性。好的意志品质可能成为一个人受益一生的财富。意志品质分为自觉性、果断性、坚持性和自制力。自觉性要求我们自立自主、遵守纪律、执行准则、坚持真理、修正错误、胜不骄败不馁、排除诱惑、抗拒干扰等，果断性要求我们在动机斗争时能当机立断、迅速而坚决地做出决定；在需要行动时敢作敢为；在行动或情况发生变化时又能根据需要立即停止已做出的决定。坚持性要求我们在困难面前不退缩，在压力面前不屈服，在引诱面前不动摇。所谓“富贵不能淫，贫贱不能移，威武不能屈”，自制力则要求我们要善于驱使自己去执行所采取的决定，并且要善于抑制与自己的目的相悖的愿望。

这些意志品质的培养可以通过体育锻炼来实现。现代大学生身体素质逐渐下降，意志薄弱，品质欠缺，忽视体育锻炼、缺乏体育锻炼为主要原因。不论是沉迷学习抑或是耽于享乐，都使得大学生放弃体育锻炼。单凭每周一节体育课的活动量，并不能满足大学生对良好身体素质的需求。学校开展的早操或课外打卡可能也是杯水车薪。当代大学生应该主动走出寝室，走出教室，走向运动场，走向体育馆。做一些简单的球类运动、健美、瑜伽或是慢跑，既可以放松心情，又有益于身体健康，进而培养良好的意志品质。所以，大学生应当做适时的运动，不仅仅可以提高身体素质，也可以有意识地培养意志品质。

首先，要从体育锻炼中培养良好的心理素质。胜不骄败不馁是千古流传的名言，也是教导后人的警句。但是进行体育比赛就一定会分出胜负，因此我们可以进行竞技类体育比赛，通过直面胜负提高心理素质，培养自制力，善于克制自己的情绪，有意识地调节和支配自己的思想。其次，我们可以在各类体育运动中挑战自己。不管自己是否擅长，只要我们有兴趣、有意愿，就可以从中获得乐趣。接着，我们还可以从部分团体竞技体育中，体验团队合作带来的乐趣。不管我们处于团队的核心，还是团队里的小透明，都可以在团队中发挥自己的特长，为团队做贡献。像足球、篮球、排球等集体项目的体育锻炼，就充分彰显了团队合作的重要性。通过这类体育锻炼，我们还可以培养自己团结合作、乐于助人的意志品质，并且可以通过团队训练改正自己的缺点，完善自己。

所以，当代大学生在体育锻炼中应当做到以下几点：1. 要正视成功与失败。胜不骄、败不馁，不自大、不自卑。锻炼良好的心理素质。不能被一两次的失败打倒，要有重新再来的勇气与决心。体育运动本身就不是一蹴而就的，需要经过长期锻炼一步步达到目标期望。所以只要我们在体育锻炼中不断尝试、不断突破，最后一定能取得满意的成绩。2. 要勇于挑战自己，不能仅仅安于现状，要有更上一层楼的信心与决心。像田径、游泳等类型的比赛，本身就以速度决定输赢，以速度决定名次。这就对体育锻炼有了要求。我们可以从日常锻炼中不断挑战自己，使自己变得更强大。3. 要注重团队配合，要主动虚心请教别人，完善自己。4. 绝不轻言放弃。体育锻炼不仅仅对我们的肢体协调有要求，还对我们的身体素质、柔韧度、爆发力等有要求。每个人的身体先天条件不同。有些人对一些体育运动有很强的天赋，但是大多数人并不擅长这些运动。因此我们需要在体育锻炼中克服这些困难。虽然过程中可能充满泪水和汗水，但是我们决不能轻言放弃。

四、高校体育与学生发展核心素养框架体系

（一）学生体育学科核心素养框架体系

赵凤霞将体育核心素养模型总结为：人与工具、人与自身发展以及人与社会、人与工具包含体育物质利用开发（体育场地、体育器械开发与利用）、体育知识（体育学科知识、体育安全知识、体育保健与体育锻炼知识）、体育信息素养（信息探索、技术利用、多媒体技术运用）和体育交流沟通素养（语言沟通、非语言沟通）；人与自身发展包含体育技能（基本运动能力、专项技能等）、体育健康素养（身体健康、心理健康）、体育态度（体育行为、体育认知）和体育精神（更高更快更强，胜不骄败不馁，公平竞赛，团结协作）；人与社会包含体育公共服务（体育宣传与指导、体育管理与组织）、体育文化传承与交流（体育文化传承、体育文化交流）和体育社会价值（社会道德、多元社会意识）。①

罗芬在研究中将体育学科核心素养体系构建及评价分为四个主要部分：运动认知（体育知识、运动能力、学习能力）、社会适应（交往和合作、环境适应、创新精神）、情意表现（责任担当、心理调节、中华体育精神）和健康行为（珍爱生命、健康生活、终身体育）。②

（二）构建高校体育与学生发展核心素养的框架体系

框架多指结构形式，而体系重在完整性。因此，考虑到各维度与要素的相互关系，下面以图示的方式呈现高校体育与学生发展核心素养的框架体系。

① 赵凤霞，程传银，张新辉，李菊红．体育核心素养模型构建研究［J］．体育文化导刊，2017（01）：154-159.

② 罗芬．体育学科核心素养体系构建及评价［J］．当代体育科技，2017，7（10）：240-242.

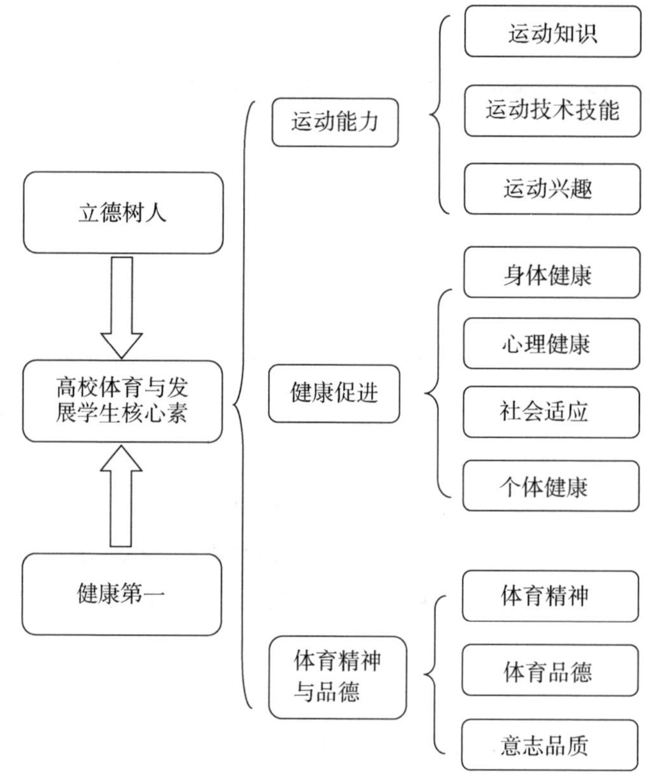

图 13　高校体育与学生发展核心素养的框架体系

从图 13 可以看出，高校体育与学生发展核心素养框架体系中，运动能力、健康促进、体育精神与品德三个维度既有一定的层次性又协调统一。从运动能力到精神层面，最终指向健康，但又各有侧重，运动能力表达的是能力与兴趣相互影响，强调具备了能力和兴趣才能形成运动习惯，达到促进健康的目的；健康促进表达的是生理、心理、社会适应相互促进，重在“合”，共同促进健康；体育精神与品德表达的是精神、品德、意志三育，重点在通过运动实践对学生进行精神层面的教育，突显育人价值。

高校体育与学生发展核心素养框架结构，不只是几种指标的简单叠加，而是包含着运动能力、健康促进、体育精神与品德三大维度的完整体系，它们之间既相互影响又互相促进，缺一不可。只有这三个维度及其包含下的九个素养共同发展，才能形成合力，使学生逐步掌握并形成有利于学生终身健康发展所需和必备的运动能力与习惯、健康知识与行为、体育情感与品格。

小结

本章内容主要从高校体育与学生发展核心素养的指标体系与框架建构的理论基础、政策支持、相关研究成果等方面进行分析，从而得出高校体育与学生发展核心素养的具体指标并构建出指标体系。

高校体育与学生发展核心素养体系的理论依据主要包括：第一，国家颁布的一系列文件是对体育学科核心素养的政策支持与依据；第二，国际上典型的核心素养研究成果、经验与启示；第三，国内对核心素养以及体育学科核心素养研究的成果；第四，体育的内涵、主要功能以及体育教育的内涵与意义；第五，高校体育的本质、目标与任务；第六，高校体育的独特育人功能；第七，健康第一的教育理念；第八，终身体育锻炼意识；第九，《普通高中体育与健康课程标准（2017 年版）》课程设计的宗旨和理念；第十，学生发展的特点与需求。

高校体育与学生发展核心素养的关键要素主要包括：第一，中国学生发展核心素养；第二，体育学科核心素养研究的国际经验与启示；第三，国内体育专家、学者以及体育人士对体育学科核心素养研究的成果；第四，体育学科核心素养二维指标体系的解析；第五，高校体育与学生发展核心素养指标和要素提炼思路；第六，高校体育与学生发展核心素养的构建原则。

构建高校体育与学生发展核心素养的框架指标体系主要包括：第一，体育学科核心素养体系建构主要依据；第二，体育学科核心素养提炼思路；第三，体育学科核心素养体系的建构及高校体育核心素养；第四，构建高校体育与学生核心素养框架体系。

基于“健身育人”的学科本质，依据党的教育方针和立德树人根本任务要求、健康第一指导思想、高校体育的特点与功能、学生发展的特点与需求，构建出高校体育与学生发展核心素养的框架体系：高校体育与学生发展核心素养有三个维度，每个维度各包含三个指标，共九个指标。维度一是运动能力，包含运动知识、运动技术与技能、运动兴趣；维度二是健康促进，包含生理健康、心理健康、社会适应；维度三是体育精神与品德，包含体育精神、体育品德、意志品质。

第六章

高校体育核心素养的培养

第一节　体育核心素养培养的路径

一、转变教学观念，坚持以学生为中心

高校体育教学的对象是大学生，他们在经历了三个阶层的教育之后，对学习和运动有了自己的认知。在现代体育课程教学中大部分教师采用的仍然是“教师讲—学生练”的教学模式，这种传统意义上的教学模式是运动知识和运动技能的强行灌输，没有真正做到以学生为中心，更没有有意识地培养学生的体育核心素养和通过体育培育学生的综合核心素养。

随着当今世界的迅速发展和我国国情的变化，作为一线的体育教师应该能够紧跟时代步伐，在体育课程教学过程中转变教学观念，做到以学生为中心，真正关注知识背后的人，在体育课程改革过程中力求将体育核心素养融入新的课程中，以培养学生的核心素养为导向，从课程中挖掘能够让学生提升能力的办法和思路。

（一）明确体育教学目标，以发展学生核心素养为根本任务

体育教学目标的具体化是为了在体育运动中能够充分培养学生的核心素养，具有较强的指向性和方向性，由于目标在具体实施过程中具有较强的可操作性，体育教学活动的展开要以教学目标为基本指向。要想落实培养目标，首先要制订具体明确的课堂教学目标，在一步步完成课堂目标的同时最终实现培养目标。其次，要想培养学生的体育素养，需要一线教师结合对应

学情进行分析，正确地把握、了解教学全过程、课堂活动的各方面，发现在教学活动中存在的问题及有效的改进措施，以培养学生的核心素养为导向，从课程中挖掘能够让学生提升能力的办法和思路，这样才能制订出适合学生的教学目标，对于学生体育素养的提升也大有裨益。

（二）优化体育教学内容，合理设置标准

设置体育教学内容标准即明确学生在该领域应该掌握的基础体育知识和基本体育能力。体育课堂教学的展开要以教学内容标准作为具体指向。目前，促进学生培养体育核心素养的内容还没有确切的标准，也没有完善的体育教材提到该如何培养学生的核心素养。因此，教学目标的编写需要生活素材，对每个教材所要培养的体育素养主体要有针对性，这样才能让整个学科目标更加明晰。那么对于高校的体育教学目标，要摒弃一开始的灌输式教学，而接受新的、开放的、探究式的深度教学，要尊重学生身心发展规律，循序渐进地推进教学内容，把教学内容的标准落实到是否真正能培养并发展学生的体育核心素养上来。

（三）以提高学生核心素养为重要保证，归纳恰当的体育教学建议

对学生体育核心素养是否提高的反思评价要始终贯穿于教学活动的全过程，这样有利于总结归纳教学内容的不当之处，保证教师的教学活动始终处于正确的轨道上。当然，对学生的核心素养评价不能仅仅依靠一线教师，家长、社会、学校的其他工作者，甚至包括受教育的学生主体都能成为评价学生体育核心素养是否提高的参与者和建议者。教师对于在教学活动中获取的各方面的建议，都有助于优化其课堂质量，为学生体育核心素养的提升提供重要保证。那么，一线教师作为实施教学活动的主体，必然就是直接接受意见并且改进课堂教学活动的主体，对于来自教师课程内容的建议、教学方法的建议和教学内容的建议等方面，教师要勇于、敢于并乐于接受，再结合学生学情、课堂教学目标和课堂内容、教学标准，使这些意见最终成为推进课堂质量优化的动力，对培养学生的核心素养更加有意义。

二、突破学科束缚，整合体育课程与多门课程内容相融合

众所周知，21 世纪是世界经济快速发展、科学力量迅猛加强的时代，而

我国正处于时代旋涡的中心，为早日实现“两个一百年”的奋斗目标，我国迫切需要源源不断的精尖人才，需要他们在不同的领域大显身手。当今社会对于复合型的人才需求很高，而教育就是培养人才的阶梯。我国教育的根本任务就是立德树人。教育要培养什么样的人，首先要从“德”谈起，此“德”要求学生树立社会主义核心价值观，培养学生的时代精神和创新精神，这也是国家对于复合型人才应具备的品质的集中要求，也是期望教育培养的人才品质的集中体现。所以，除了能够掌握相关的体育知识和技能，学生是否能够树立正确的三观，成为合格的社会主义建设者和接班人，是对体育课程和思政课程融合的考验。培养高校学生的体育核心素养，应该以教材为着力点，打破单一学科的束缚，加强思政课程的融入，平时教学中要注意多学科的综合培养，也没有必要就课程而谈论课程，融合其他学科的知识，开阔学生的眼界，培养学生思考和灵活运用的能力。教师也应引导学生牢记使命，帮助学生树立正确的三观，传播正能量，鼓励学生在体育锻炼过程中提升自己的修养和品格，在促进学生体育核心素养发展的同时又有助于学生核心素养的全面发展。

那么如何整合体育课程内容呢？这是所有体育教学者和相关研究者应该认真思考、不断探究的重要课题。笔者认为，首先应该了解现在的整体学科体系和相应教学资源，了解学生现阶段身心发展规律和想法，以及掌握体育课程教学方面现状、优势及不足之处，对体育核心素养的培养目标和标准要有明确的认识和定位。其次就是体育课程与其他学科课程的融合，教师要在编写教案时有明确的培养目标，应具体且有实操性，再将所想要培养的体育核心素养目标放到大的核心素养背景下，结合其他学科知识，在课堂中巧妙运用教学方法将其相融，无论是整体上还是细节上都要体现对培养学生核心素养的关注。最后，在教学课堂讨论、课后小结、课外锻炼过程中可以对培养学生核心素养提升状况进行观察或进行测评，以待改进。

三、提升体育教师专业素质，转变教育观念

学生核心素养的培养不仅对学生主体提高了要求，在一定层面上也对教师的专业能力和业务能力提出了新的挑战和要求。首先，教师要转变教学意识，改变其固有的教育教学理念，认识到培养学生核心素养对其成己成人、

成长成才、适应未来社会的挑战、全面发展及体育学科的发展具有重要意义，认识到学生培养核心素养的重要性和必要性后，开始进一步思考并探索如何提升自身的专业素养。可以通过多种方式，比如业余时间增强自身专业技能的学习、在教研室与其他资深教师进行专项研讨活动、积极参加学校组织的相关培训学习。作为体育教师，当然也要注重每日体育项目的锻炼，提升技能与实力。为了贯彻体育与其他学科融合，综合培养学生核心素养的理念，体育教师不能局限于体育相关专业能力的提升，要敢于打破舒适圈，尝试接触新的不同领域和不同学科的知识，增加知识储备。这不仅对增强其自身软实力大有裨益，也使其在融合其他学科进行体育教学时游刃有余，减轻压力。以上的这些建议，需要体育教师自己归纳总结、反思评价，以及付出辛苦努力进行实践。如果能真正做到这些，对于优化体育课堂教学、帮助学生培养体育核心素养具有重要意义。

课程是教师与学生之间连接的桥梁，也是教师将知识传授给学生的媒介。教学目标是由课程的主要内容和意识形态决定的，体育课程的教学水平决定着体育教学是否具有意义。教师是课程的教授者和传播者，教师的专业能力和水平直接决定了体育课程质量的高低。提升课程质量的前提是让体育教师加强专业素养，提升专业素质，只有教师的教授水平提高了，才能在培育学生核心素养的体育教学中充分发挥教育指引作用。

（一）转变传统体育教学理念，从重视体育技能到重视核心素养

核心素养对体育教学来讲属于外来的新鲜事物，难免会给体育教学带来冲击和挑战，但是有挑战就有机遇，正确解读核心素养，让核心素养概念的出现在体育教学改革中发挥重要作用是对体育教学的要求。想要从传统的教授体育技能向重视核心素养发展，则需要对体育课程进行大的全方位的变革，这种变革涉及体育教学的诸多方面。一是传统的体育课程教师观。以教师为中心，强调教师的主要作用，认为教学就是教师传授、学生接受的简单过程，教学内容局限于教材，是一种简单的信息传递式教学。在核心素养教学的情境中，教师不再完全是知识的传授者，而应该对学生的学习起到辅助作用。二是传统的体育课程教学观，在传统的体育课程教学中，重视体育知识的讲解、体育运动技能的传授，体育教学简单地把课堂、技术作为课程的中心，把学生学习后技能水平的高低作为评价学生的唯一标准，教师对体育

技能的讲解也局限于体育技能本身，没有做到引导学生发散思维，培养学生创造力，这种教学是为了教学而教学，忽视了教学的对象——教学背后的人，这样也导致学生运动能力得不到提升。三是陈旧的师生观。教师教学方法陈旧，学生被动接受知识，导致思想僵硬、思维固化、缺乏批判精神，长此以往导致教师和学生关系不和睦融洽，教师和学生交流不足，教师只是在“教书”并没有达到育人的效果。

（二）转变体育课堂教授内容，从教会技能到学会方法

体育运动中所有的运动技能都是可迁移的，因此体育教学在课程内容讲解过程中，应该注意学生学习方法的培养，不能只是让学生简单地学会某项运动技能。教师在体育教学中主导课程，充分引导学生在运动技能学习过程中与同学合作探究，从方法入手尊重学生的主体性，激发学生的主动性和创造能力。在体育课堂教学中教师要通过特定情境的引入，让学生充分发挥想象力。在教师的引领下学生的发展性思维才能够不断拓展，学生在体育技能学习过程中能够通过自己的判断分析和解读进行学习，进而提高自身体育核心素养。

在引导式教学中，可以利用多种教学策略来发挥作用。首先，合理引入，通过提出问题引起学生的注意和兴趣；其次，在教学过程中结合现实生活，将理论与实践相结合；再次，在教学中正面引导和反面教育相结合。在教学过程中，根据实际情况进行体育教学，在特定情境中培养学生判断形势、分析问题、解决问题的能力。作为核心素养重要组成部分的发散性思维和创新能力在体育教学中可以通过多种途径来培养，如在技能传授过程中运用引导式教学，以技能的重难点和技术动作要领为中心，引导学生发散思维充分想象，围绕教材进行教学。在教学中应当保持足够的弹性教学，不能一成不变，拘泥于一种形式，争取在教学目标的大框架下寻找最为贴切的教学方法，激发教学效果。

（三）教师角色观念转变：从教师教学到教师育人

基于培养学生核心素养教育理念以及指标体系的具体内容，对教师的教学方法和学生的学习方式均提出了新的要求。优化教学的方式有很多种，其中至关重要的一点是教师观念的转变。曾经，教师的课堂授课方式免不了灌输式的“教书”，学生是一种接受式的学习，教学过程中教师起主导作用。

而在当代的教学过程中，主张探究式的、抛锚式的、非指导式的教学模式，学生是一种发现式的学习状态，而这一过程，是以学生为主体，教师是学生学习的引导者和学生发展的促进者。在此基础上，帮助学生树立正确的人生观、世界观和价值观。在教学过程中教师要做到正确引导，充分指引学生解读问题，提高解决问题的能力。在教学活动中，追求自主、健康、智慧和兴趣的发展，以生命关怀为核心价值取向，因材施教，尊重、爱护学生。这样有利于实现以人为核心，实现“掌握知识—提高技能—培养能力—健全心理”的教学目标。

核心素养指标体系是对我国传统双基目标、三维目标的继承、发展与完善。为了更好地培养学生的核心素养，教师在日常的教育教学过程中首先要注重直观性原则，运用直观的教具与清楚的语言帮助学生观察分析后得出科学的结论。其次，注重启发性原则，调动学生学习的主动性，启发他们独立思考，培养逻辑思维能力，发扬教学民主。另外，注重因材施教，了解学生，从实际出发进行教学，善于发现每个学生的兴趣爱好，为每个学生的发挥特长尽可能地创造条件。最后要注重理论联系实际，学以致用，重视培养学生运用知识的能力，并且贯穿始终的是一定要注意对学生进行品德教育。

四、提高教师教学能力，运用多种教学手段

在运动技能学习过程中运用多种教学手段培养学生的体育精神。因材施教在体育教学中能够帮助水平参差不齐的学生掌握运动技能，对体育课堂产生兴趣，从内心出发发挥主观能动性，学习体育技能与知识，进而不断培养学生体育精神，帮助其塑造和形成核心素养。

多样化的教学手段有助于学生体育精神的养成，在体育教学中可以运用分层次教学法、个别指导、集中纠错、合作探究、启发引领、特定体育情境等多种教学方法。无论哪种教学方法的应用都要考虑到高校学生的身心发展特点和他们已经具有的认知状况，在立德树人教学目标的指引下，结合学校学生实际情况综合考量合理运用。在体育精神的培养过程中，合作学习是其中的重要途径。大多数的体育技能都是需要团队配合协调合作来完成的，学生在合作的基础上解决学习过程中的重难点，克服练习过程中的障碍，纠正技术动作中的易犯错误，强化技术动作，团队合作上场比赛，相互鼓励赢得

比赛，在学习过程中不断提升和进步，不断培养体育精神，淬炼核心素养。

讨论焦点体育事件以树立体育意识。随着国家、学校以及学生自身对锻炼身体的重视，越来越多的学生开始关注热门体育赛事，在与学生的交流过程中，教师可以选择一些当前热门的焦点体育事件让学生发言讨论，在这样的教学过程中，可以充分激发学生的学习热情，提升学生对体育的认知，有利于在讨论的过程中形成自己的价值观。课堂交流的内容选择对教学目标的实现、教学进度的推进起着决定性作用。一个好的主题能够充分激发学生的学习兴趣，推动教学的进行，有助于教学目标的实现。所以，体育教师可以认真选择一些即时的体育新闻、比赛案例、比赛战术方法等展开讨论。

学习的热门体育事件涵盖体育的各个层面，如篮球 NBA、CBA，如足球世界杯、欧洲杯欧冠，网球四大满贯等。通过这些和体育相关的事情的讨论和学习，让学生树立正确的竞争意识、合作意识，进而更主动地学习体育知识和技能，不断提升自身体育修养，促进体育核心素养的发展和形成。

五、端正学生学习态度，促进个体发展

（一）正确认识高校体育课程

对于高校体育课程，学生应该有正确的认知，高校体育课程不再是简单的广播体操和跑步。大学是学生学习的新的阶段，有着更高的要求，同时对学生的发展也起着很重要的作用。体育课程在教授基本体育技能的同时，还应该通过教学活动来潜移默化地影响学生的心理建设，关注学生的心理健康发展，激励学生不断追求更高、更快、更远的体育运动目标，在培育体育目标的基础上增进学生的道德修养，是学生成长成才道路上的思想引领。只有学生从自身出发，形成对体育课程的正确认知，明确体育课程在高校教学中的意义，才能改进对体育课程的学习态度，发挥其主观能动性，促进能力的发展和素养的形成。

（二）明确体育课程学习目标

在我国传统体育教学课堂中，无论是在哪个教育阶段，学生对体育课的认知都是可有可无，或者简单地认为体育课就是跑步运动，长时间的思想误

区导致学生对体育课程意义的认知缺失，认为体育课可有可无，没有将体育课程的意义与自身核心素养的发展相联系，没有意识到体育课程的学习对将来进入社会的积极作用。这种认识是学习目标不明确导致的，让学生日积月累形成了错误的认识。

体育课程的学习目标是指通过体育教学后，学生能够学习到什么东西，意识形态有什么样的变化的具体的表达。在体育教学过程中体育教师应该把体育教学的目标弄明白、搞清楚，做到心中有数，心中有目标。教师自身对体育教学目标意识增强之后就要引导学生认知课堂学习目标。教学不是教师或者学生单方面的事情，只有教师和学生充分明确体育课程教学目标和学习目标，才能在教学中形成合力，为达到课堂教学目标而共同努力。

因此，在教学过程中教师应让学生充分了解学习目标。师生明确学习目标是有效课堂的主要因素，在此基础上让学生从思想上正确认识体育学科的目的和体育教学的意义也是相当重要的，只有学生对体育教学有了正确的认识，才能使学生端正自身学习态度，明白学习的责任感。

（三）积极参与课堂学习讨论

课堂讨论的目的是让学生积极发表自己的看法，在相互讨论中交流总结，找出对某项体育技能难点学习的好的策略，或处理好某项运动技能中大家对技战术的争议，或找出体育课程的教学重点，让学生积极参与体育课堂，从而获取新的知识。体育课堂讨论的过程是学生凝聚班级力量，也是学生素养培养的重要部分。

根据我国高等教育阶段学生心理发展的基本特点，发挥课堂讨论的功能，能更好地改善教学效果。体育教学的讨论是在一种开放的场地而非密闭的教室中进行的，这样更有助于学生发散思维、活跃课堂气氛。在运动过程中教师与学生的沟通更加自由便利，课堂教学内容在讨论和交流过程中逐步自由化，课堂教学推进稳中有序，课堂讨论对培养学生的体育学科核心素养具有重要意义。

在体育课程教学中，教师要有能力控制教学活动的方向，要时刻注意观察学生的心理活动和身体健康情况；鼓励学生在体育课堂中融入集体，在教学比赛中积极参与，不要考虑技术水平的高低，要勇于上场，积极展示自己，教导学生只有不断开拓创新，才能在这个过程中不断发展和进步。讨论式教学是一种非常契合体育课程的教学方法，无论是场地还是教学环境都能够给老师和学生一种乐于讨论的氛围。在体育教学中运用讨论式教学能够体现学生之间的竞争，有助于学生之间的交流合作，对培育学生核心素养具有积极作用。

课堂讨论在教学过程中对教师也无形中提出了新的挑战，在讨论过程中优化了传统的教师和学生的关系，把体育教学活动推向师生对话交流。师生之间的关系更加平等，教师不再是权威的代表，学生也不再是被动地接受，更有利于学生的学习和身心健康发展。课堂讨论使得课堂氛围变得更加轻松，教学方式灵活多变，在这种轻松愉快的氛围下更有助于激发学生的创新思维。因此，合理有效的课堂讨论对教师和学生都有帮助，教师可以提高自身教学能力，学生学习变得轻松有趣，在学习过程中提升自身学科素养。

（四）发挥主观能动性寻找感兴趣的体育项目

主观能动性在学生学习的过程中具有不可忽视的作用。意识在体育教学中至关重要，虽然不是放在眼前能够触摸的，但意识却是一种无形的力量，所有的体育运动都需要意识的支撑，强大的意识是学生掌握运动技能的关键。在现实体育学习中，意识能够潜移默化地干预学生运动技能的学习，控制学生的发展方向。主观向上的意识可以加快事物的发展，这就是人的主观能动性。

在端正态度提高认识的基础上，充分发挥学生体育学习的主观能动性，指引学生寻找体育教学中对自己有吸引力的方向。对在校学生来讲，只有他们自己感兴趣的知识，他们才会主观地去认知，才能够发挥自己的主观能动性，积极寻求，主动探索。不局限于学习的表层，能够深入研究课程中更深层次的知识。将学生的主观能动性合理有效地和体育教学相结合，是引导学生培养体育核心素养的重要途径。合理地激发学生主动学习，是体育课堂教学的重要方面。体育教师在教学过程中要注意充分关注学生学习和探索的能力，更好地培养自身的核心素养。

第二节 教学策略对体育核心素养的培养

一、整体化策略

知识的整体化是针对知识的碎片化而言的。整体化教学策略是从宏观的角度强调知识的整体框架结构，从整体全面的角度学习知识，这种教学策略避免了知识的片面化，是学生核心素养培养的基本策略。

整体化有三个方面的内涵：一是联系，联系强调的是关联而不是孤立；二是组织，组织强调的是建构而不是复制；三是整合，整合的重点是将零碎化、孤立的知识进行有效的融合而不是简单的拼凑。

1. 从知识的内涵考虑，整体意味着关联性

事物的关联性是世间万物生存和发展的基础条件。我国古代学者认为：(1) 关系决定事物。事物本身对自身的影响是微小的，事物的存在和发展都和其他的事物有着千丝万缕的联系，以至于事物的存在也不是完全独立的。世界上不存在完全独立的事物，事物之间都是相互联系相互促进发展的。因此，事物的存在和发展取决于它与其他事物的关系。(2) 事物之间的和谐相处、相互促进是每个事物赖以生存的必需条件。独立的事物自身不可能生存，必须与另一个事物互相依靠才能共处共生，于是，共存成了存在的首要条件。(3) 事物的发展离不开和谐有序的特定情境和相互作用，和谐的关系促使事物发挥其最大价值，进而达到最佳状态。同理可得，社会中人们之间的发展也是依赖于和谐相处的环境和相互作用。万物的存在和发展是这样，知识的存在和发展也一样。孤立的知识不仅没有活力，甚至不能存活。只有相互联系共生的知识才能够稳定地进步发展，才能够在社会的变迁中逐步更新自身体系，适应社会的发展，因此整体性策略在知识传授中起着关键作用。

2. 从学生学习的方向来讲，整体意味着建构

学习的实质就是学生认知结构的更新、重组和意识形态构建，知识的更新和重新组织的过程就是新旧知识相互联系相互发展的过程。那么这种相互

联系、相互作用的过程又是如何实现的呢?

新旧知识相互作用首先是学生原有知识发挥的基石作用，在学习新知识时原有知识根据头脑中的学习经验探寻其相似之处，进而将新知识同化吸收，在这一过程中新旧知识相互联系相互作用。学习过程中学生学习效果如何，主要看原有知识结构中有无与新学习知识相联系相契合的方向，如原有知识掌握较为深刻且与新学习知识存在较多的相似处，学生学起来就会比较得心应手。因此学生认知的程度、原有知识基石的掌握是影响学生学习的关键因素，在教学过程中我们应该掌握学生的认知基础来进行有效教学。

在这里我们需要注意的是，事物或知识的相似是其在发展进程中存在的相同与变异的矛盾统一和有机结合。我们把新知识看作一个有机的整体，学习过程就是利用已学知识中的相似点和这个整体进行有效结合，在结合的过程中新旧知识相互发展、相互作用，在这个不断发展进步的过程中，学习者对新知识的理解逐渐深入，与旧知识的联系越发紧密，原有的认知基石得以丰富。从新旧知识的联系和学习新知识的过程我们可以进一步说明整体性意味着事物的建构。

组织就是建构，学习就是知识的建构过程。有些学者认为体育教学过程中就是将体育技能进行分化、讲授、整体的教学，这样能够有助于学生更好地理解和掌握技术动作的原理和知识结构。但是实际上，体育教育教学讲授的知识，不只是简单的分化、讲授、重组和整体教学，这个过程还要经过体育教师和学生的改造和转变。实际上，教育知识的形式与科学知识哪怕是实践中的、生活中的知识的形式都是有本质区别的。其中最主要的区别体现在知识技能本身的或者说原有的教学意义、学习方式、内容要素和结构形式等方面。因此，体育教学过程中整体性指的是技能与知识的分化、重组、整合、改造和转换，从而形成的富有教育意义、适合学生理解和掌握的知识和技能。

3. 从课程的方向而言，整体意味着整合

从整合的性质和层次来说，我们可以把整合分为以知识联系为纲的整合、以主题为纲的整合和以核心素养为纲的整合三个层级。

(1) 以知识联系为纲的整合

以知识联系为纲的整合，主要充分考虑学科知识之间的关联性，不能故步自封，要打破传统教学的束缚，和其他学科有效联系、有机结合，让学生在学科之间探索自身发展所需要的核心素养。体育教学不是独立的，与其他学科是可以相互融会贯通的。例如，体育课程与思政课程的结合，可以让本来毫无关系的两门学科相互渗透，为学生的发展提供更好的教学环境。体育界的顽强拼搏、女排精神、中国武术与思政的相融，将会是体育教学的正确延伸方向。从而可以深化教学，使得学生的学习氛围生动活泼，从而体现出教师深入发掘、举一反三、旁征博引的教学风格。学生通过延伸拓展、比较鉴别、同中求异，得以加深理解、训练思维、丰富知识、获益匪浅。

（2）以主题为纲的整合

以主题为纲的整合，不是简单地将所有课程进行叠加，也不是简单地拼凑。整合应该从学科本身出发深入探索学科的内涵，细化思考学科的分类，整合构建新的课程内容。不再简单地以学科为界限进行课程设置，而是根据学生的现有认知水平、知识基础，依据特定情境与问题进行课程的整合。以主题为纲的整合是理论与实践、知识与生活的有机整合，这样更好地关注了学生、社会、自然的有效结合和发展，让学生体验到了知识之间的联系。

（3）以核心素养为纲的整合

以核心素养为纲的整合，整合的是学生作为社会中的人的核心素养，而不再是简单的学科教学。也就是说，以核心素养为纲，让课程真正回归学生本位，回归发展本位。以核心素养为纲的整合不是简单的教师与学生的转变，而是突破上面我们所提到的学科和课程的范围，在国家课程和校本课程的统领下，整合校内外资源，从而形成社会、学校、国家多方面育人的合力，构建育人新生态，促进学生学习方式的根本性改变。

在体育教学过程中，为了有效地培养发展学生的核心素养，体育教师首先要做到的是体育学科各技能项目之间的掌握和融会贯通；其次教师专业能力与专业素质应该过硬，能够做到理论与实践的结合、技能与知识相辅相成；再次体育教学应该结合学生生活实际进行，而不是简单的技能传授；最后体育教师要让学生在学习过程中将体育核心素养形成有机的统一。

二、情境化策略

知识的情境化指的是将知识赋予特定的情境中，知识的情境化可以很好地将学生学习的知识转化为核心素养。将知识束缚于课本上、教材上，用固化的符号、文字来学习知识，会使知识失去其活性，从而丢失其该有的价值。整体化策略是研究和解决知识、学科之间的问题，而情境化策略探索的是知识与生活、理论与实践的具体关系。从学科化的角度说，整体化对应的是内部学科化，情境化对应的是外部学科化。

1. 情境化的理论依据

体育教学中知识的情境化指的是教师在教学中将体育的理论或技能引入特定的情境中，进而通过形象的描述和讲解让学生更好地理解和学习。情境化教学的手段包括让学生能够感受到在固有情境中知识或机能的价值，进而更直观地理解掌握；在特定情境中发现问题，再遇到此类问题时，可以迅速地联想到特定的情境，回忆知识、解决问题、总结学习经验。将所学知识应用于情境之中，能够提高学生学习知识的速度，让学生更好地了解知识或技能的丰富内涵。抽象知识脱离了特定情境，理解起来将晦涩难懂，导致学生学习效率不高，也无法将所学知识转化为素养。

情境化教学让学生脱离书本，不再局限于固有的抽象知识，在特定情境中让学生自己感知世界，通过自己的所见所闻来认知自然、认知社会，并且进一步学习自身与它们的相互关系、相互作用。情境化教学要求教师利用生活中的情境、通过学生的亲身体验来给学生形成刺激，让学生通过身体的互动激发自身内在的学习兴趣，提升自我的主观能动性，培育学生融会贯通、发散思维的能力，让学生在学习中提升自己的情感价值观，提高学习质量。

2. 情境化的教学价值

情境化教学使知识变得更加具体形象，让学生的认知更加简单且丰富，激发了学生学习的兴趣和主动性，提高了学习效率和学习效果。可以说情境是学生认知的桥梁，是知识转化为素养的桥梁。情境化教学对体育教学产生了积极的促进作用：首先，情境可以吸引学生的注意力，使技能的学习不再反复枯燥；其次，情境教学能够引起学生的认知共鸣，让教学具有更加深刻的意义；最后，情境教学让知识学习更加直观，让技能学习更加具有乐趣，能够让学生做到理论联系实际、理论支撑技能，真正在情境中理解知识和技能，提升自身能力，培养核心素养。

3. 情境化的特质和要求

情境的设置可以让学生更好地发散思维、整理认知、学习知识、培养能力、提升情感，情境的设置目的就是设立一个与学生息息相关，与学生的学习生活、情感世界、处世经验相融合的课程知识，进而使之充分融合，提升学生素养。为此，情境的创设要体现以下特质与要求。

（1）基于生活

情境的创设要具有真实性，要源于生活而不是虚假构建，创设情境的目的就是强化现实生活与科学世界的紧密联系。因此创设教学情境要合理联系学生的现实生活，通过学生的生活与学习探究合适的情境资源，让情境能够更好地贴近学生的生活，学生能够更好地进入情境，学习知识；创设情境要挖掘和利用学生的经验。

（2）注重形象化

教学情境的创设要形象具体，目的是让学生了解掌握形象思维和抽象思维的区别和联系。因此，在体育教学中创设教学情境源于生活，是在社会生活中可见的，这样能够让学生直观地进行认知；情境的设定应该能够让学生产生丰富的联想和思考，并促进形象思维与抽象思维的互动发展。

（3）体现学科特点

情境化教学要和学科紧密结合，密切联系教学主题，准确贴合学习重点。情境化教学也要遵循学科发展的基本规律、学科的科学价值、学科的实际应用等，只有和学科紧密结合，情境教学才能充分地阐述知识在现实生活中的意义，有助于学生完整地掌握学科知识的基本内涵，激发学生的学习兴趣。

三、深度化策略

所谓深度化是指学习事物内部的本质的程度。作为一种学习方法，深度学习也称之为深层学习，是相对于浅层化、表层化而言的。倡导深度教学、深度学习，防止知识的浅层化和学生思维的表层化，是学科教学和学生学习走向核心素养的一个突出表现。

1. 学科知识的表层化

学科知识的表层化指的是教师对本学科的理解和掌握不够深入，局限于学科知识和教学内容的表面，对学科的本质和内涵缺乏深入的研究和探讨。主要表现在：（1）偏重知识的表层，而不是知识的深层和本质。（2）偏重知识的数量，而不是知识的质量和内涵。（3）偏重知识点，而不是知识的结构。（4）偏重知识本身，而不是知识蕴含的思想方法。（5）偏重教学进度的推进，而不是教学的深度。

2. 学生思维的浅层化

思维的浅层化是指认识事物或者学习过程中局限于表层，没有深入地理解。它存在以下几种缺陷：（1）依赖性。浅层的思维往往都是依据他人的言语或指导而进行的，学生学习过程中没有自己的见解和思考。（2）单一性。不善于全面的、多层次、多角度地处理问题，表现出思维的单一性，思维没有全面性和思辨性。（3）无序性。学生浅层的思维没有对自己学习过的知识的通盘整理，呈现出散漫的状态。

3. 深度教学的特征与要求

（1）学科的角度

从学科教学的角度来剖析深度教学的特征：首先深度教学应该是从根本上对学科的分析和理解，能够得出本学科最本质核心的知识。在深入研究学科本质的基础上，去探索学科的特点，去构建学生的学科核心素养体系，用学科专属特征吸引学生的专注度，激发学生的学习兴趣，这才是深度教学的本质和核心。学科教学要致力于培养学生发现问题、解决问题的能力，把学科核心素养的培养真正落到实处。

（2）知识的角度

学科知识根据结构可分为表层结构知识和深层结构知识。从知识的角度来剖析深度教学的特征：首先深度教学教的是深层的知识而非表层结构的知识。表层结构的知识我们可以理解为知识字面的本义，深层结构则是指知识的内涵特征、意识状态以及知识背后的意义和价值观。

（3）教师的角度

从教师教学的角度来剖析深度教学的特征：有深度的教学应该是教师深入理解了本学科的教材且能够突破学科的束缚，打破学科界限，对学生进行深入而全面的教学。从教师的角度理解深度教学应该是教师对本学科的教学有自己的思考和探索，并能够深入浅出地进行教学。

（4）学生的角度

从学生的角度来剖析深度教学的特征，可以从两方面来理解，一是对学生进行深入的教学，二是学生对教学内容有自己深入的思考。深度教学的核心是教会学生在学习过程中发散思维有自己的思考和见解，能够挖掘知识背后的深层含义。

四、自主化策略

自主化策略指的是学生能够发挥自主性，不再是由教师的教引领，而是能够自己独立地进行学习和思考。自主学习对应的是教授学习。教授学习是一种依赖、跟随、被动、复制的学习，它从根本上背离了学习的本性，从而异化了学习的功能，导致学习丧失了学生的主动性。

1. 自主学习是一种主动学习

自主学习应该是学生自觉的发自内心的学习。自主学习是“我要学”，而不是传统的“要我学”。学生能够发出我要学的声音是学生对学习的渴望，是一种内在的需求。学生对获得知识有强烈的渴望，是能够对学生学习起到促进作用的一种思维状态。自主学习是学生认识到了学习知识的意义和价值，能够明确自身对社会应尽的责任和义务，由此树立目标产生动力，这是学生自主学习的社会性。

2. 自主学习是一种独立学习

独立性是相对于依赖性而言的。从学生的发展角度来讲，自主学习是摆脱依赖走向独立的新的学习观的确立。独立性是主体性中最核心的特性。在教学过程中教师要能够引发学生的独立思考、独立学习的能力，正确教导学生发挥自己的独立性，在此基础上教会学生独立思考、独立学习和独立解决问题的能力。

3. 自主学习策略的要求

自主学习的核心和基础是让学生学会学习和学会思考。这是促进学生自主学习的前提。教师必须根据自身学科特点、教材建设和学生基础水平，合理有效地进行学习方法的指导，让学生学会学习。

为了让学生坚持自主学习，教师要从课堂教学和课外活动两方面保证学生自主学习的时间，课上教学要做到精讲多练，课外活动要保证学生独立进行。要充分相信学生的自主能力，不断培养学生分析问题、解决问题的独立思考能力。要把教学建立在学生自主学习的基础上，使教学成为推进学生自主学习活动和巩固、深化其自主学习效果的一种学习活动。切实落实教学的针对性，把教学用在解决最近发展区的问题上，真正实现少教多学。

参考文献

1. 廖英莉．高校落实立德树人根本任务实践体系及实践路径研究［J］．才智，2020（15）：141.

2. 钟启泉．基于核心素养的课程发展——挑战与课题［J］．全球教育展望，2016（1）：3.

3. 林崇德．21世纪学生发展核心素养研究［M］．北京：北京师范大学出版社，2016：22.

4. 林崇德．学生发展核心素养：面向未来应该培养怎样的人［J］．中国教育学刊，2016（6）：1-2.

5. 于素梅．中国学生体育学科核心素养框架体系建构［J］．体育学刊，2017，24（4）：5-9.

6. 姜勇，马晶，赵洪波．基于具身认知的体育与健康学科核心素养意蕴与培养路径［J］．体育学刊，2019，26：80-93.

7. 赵凤霞，程传银，张新辉，李菊红．体育核心素养模型构建研究［J］．体育文化导刊，2017（1）：154-159.

8. 陈杰．高等教育现代化视域下大学生核心素养及培育［D］．河北科技大学，2019.

9. Monique Canto—Sperber. Search for Autonomy in Motor Task Learning in Physical Education University Students［J］. European Journal of Psychology of Education. 2010，25（1）：37 - 47.

10. Philippe Perrenoud. Succeed Together or Fail Alone：Going from Good to Great In Physical Education［J］. Journal of Teaching in Physical Education. 2014，33（1）：28 - 52.

11. Frank Levy. The Attitudes of Physical Education And Sport Students To-

wards Information and Communication Technologies [J]. Tech Trends. 2012, 56 (2): 22 - 30.

12. 刘新阳，裴新宁. 教育变革期的政策机遇与挑战——欧盟“核心素养”的实施与评价 [J]. 全球教育展望，2014，43 (04): 75-85.

13. 辛涛，姜宇，刘霞. 我国义务教育阶段学生核心素养模型的构建 [J]. 北京师范大学学报 (社会科学版)，2013 (1): 5-11.

14. 王烨辉，辛涛. 以社会主义核心价值观为中心构建我国学生核心素养体系 [J]. 人民教育，2015 (7): 26-30.

15. 核心素养研究课题组. 中国学生发展核心素养 [J]. 中国教育学刊，2016 (10): 1-3.

16. 中华人民共和国教育部. 普通高中体育与健康标准: 2017 版 [M]. 北京，北京教育出版社，2018.

17. 褚宏启. 只讲“核心素养”是不够的 [J]. 中小学管理，2016 (09) : 61.

18. 张娜. DeSeCo 项目关于核心素养的研究及启示 [J]. 教育科学研究，2013 (10): 39-45.

19. 张艳. 基于语文学科核心素养的中职语文综合实践教学策略研究 [D]. 扬州大学，2019.

20. 余文森. 关于教学改革的原点思考 [J]. 全球教育展望，2015 (5): 3-13.

21. 辛涛，姜宇，王烨辉. 基于学生核心素养的课程体系建构 [J]. 北京师范大学学报 (社会科学版)，2014 (1): 5-11.

22. J. H. Park Technology Use, Technology Views: Anticipating Professional Use Of ICT For Beginning Physical And Health Education Teachers [J]. Issues in Informing Science and Information Technology, 2007 (4): 261 - 266.

23. D. K. Deardorff Formative Assessment for the Common Core Literacy Standards [J]. Teachers College Record, 2014, 116 (11): 40-56.

24. 袁振国. 核心素养对学科中心的挑战: 大学变革的历史轨迹与启示之五 [J]. 中国高等教育，2016 (22): 31-34.

25. 褚宏启. 核心素养的概念与本质 [J]. 华东师范大学学报 (教育科学版)，2016 (1): 14-16.

26. 黄峥．历史教学中的学科渗透与文科综合能力的培养［D］．福建师范大学，2003.

27. 蒋红霞．体育价值研究［D］．浙江大学，2017.

28. 韩丹．论体育概念之研究［J］．体育与科学，2012，33（06）：1-11.

29. 韩志勇．体育教学对大学生社会性发展的促进探赜［J］．少林与太极（中州体育），2015，（12）：40-43.

30. 李海燕，毛振明．体育教学培养学生社会性发展的途径研究［J］．首都体育学院学报，2015，27（05）：437-439.

31. 冯林．协同学视野下竞技体育与全民健身协同发展的机制研究［D］．吉林体育学院，2017：138-166.

32. 贾志强．改革创新背景下我国竞技体育可持续性发展研究［J］．北京体育大学学报，2017，40（02）：1-9.

33. 刘剑波．体育改革背景下“体教”结合模式的可持续发展的思考：以丽水市为例［J］．才智，2017（22）：191-192.

34. 杨惠雯．核心素养理论建构的人本论取向：德性伦理学的启示[J]．中国教育学刊，2019（08）：22.

35. 亚里士多德．尼各马科伦理学［M］．杨泽，译．北京：中国社会出版社，1999：36.

36. 江畅．德性论与伦理学［J］．道德与文明，2010（4）：8-15.

37. 麦金太尔·阿拉斯戴尔．追寻美德：道德理论研究［M］．宋继杰，译．南京：译林出版社，2011.

38. 蔡清田．论核心素养的课程发展［J］．中小学教师培训，2019（09）：32-36.

39. 蔡清田．国际视野下核心素养教育理念之研究及其实现［J］．当代教育科学，2019（03）：19-23.

40. 邵朝友，韩文杰．学科核心素养与核心素养的关系辨析——基于学科核心素养逻辑起点的考察［J］．教育发展研究，2019，39（06）：42-47.

41. 曹培英．“核心素养”的学科落实路径［J］．当代教育家，2016（09）：51-53.

42. 邵光华，顾泠沅．中国双基教学的理论研究［J］．教育理论与实践，2006（03）：48-52.

43. 汪潮，吴奋奋．“双基论”的回顾与反思［J］．课程·教材·教法，1996（12）．

44. 邝孔秀，张辉蓉．双基教学：摒弃还是发展［J］．教育学报，2013，9（03）：42-48.

45. 姚林群，郭元祥．新课程三维目标与深度教学——兼谈学生情感态度与价值观的培养［J］．课程·教材·教法，2011，31（05）：12-17.

46. 教育部．《基础教育课程改革纲要（试行）》．中国教育报，2001-07-27（2）．

47. 白晋荣，杨翠英．质疑《基础教育课程改革纲要（试行）》中的“情感态度与价值观”［J］．中国教育学刊，2006（05）：55-56.

48. 赵富学．课程改革视域下体育学科核心素养研究［D］．南京师范大学，2018.

49. 乔鹤，徐晓丽．国际组织全球教育治理的路径比较研究——基于核心素养框架的分析［J］．比较教育研究，2019，41（08）：52-58.

50. 杨惠雯．核心素养的谱系学考察——基于OECD的分析与反思[J]．比较教育研究，2019，41（02）：53-59.

51. 联合国教科文组织国际教育发展委员会．学会生存——教育世界的今天和明天［M］．华东师范大学比较教育研究所译．北京：教育科学出版社，2006：173.

52. 滕珺，朱晓玲．学生应该学什么？——联合国教科文组织最新基础教育学习指标体系述评［J］．比较教育研究，2013，35（07）：103-109.

53. 蔡清田．论核心素养的国际趋势与理论依据［J］．东北师大学报（哲学社会科学版），2018（01）：149-158.

54. 夏尔·提于斯，林静．法国中小学生核心素养要求及评价——夏尔·提于斯与林静的对话［J］．华东师范大学学报（教育科学版），2018，36（01）：149-154+167.

55. 李湘．基于核心素养的澳大利亚国家课程标准研究［J］．教育与教学研究，2017，31（08）：79-85.

56. 魏戈，俞蓉，巫锐．核心素养的教学实现：德国教学论传统的启示［J］．基础教育，2019，16（05）：41-48.

57. 张紫屏．基于核心素养的教学变革——源自英国的经验与启示[J]．全球教育展望，2016，45（07）：3-13.

58. 蔡清田．核心素养在台湾十二年国民基本教育课程改革的角色[J]．全球教育展望，2016，45（02）：13-23.

59. 林崇德．中国学生发展核心素养：深入回答“立什么德、树什么人”[J]．人民教育，2016（19）：14-16.

60. 褚宏启．核心素养的国际视野与中国立场——21 世纪中国的国民素质提升与教育目标转型［J］．教育研究，2016，37（11）：8-18.

61. 方健华．中职学生职业核心素养评价及其标准体系建构研究［D］．南京师范大学，2014.

62. 毛红芳．从素质教育到核心素养：全面发展教育的中国实践与理论发展［J］．国家教育行政学院学报，2018（03）：44-49.

63. 第斯多惠．德国教师培养指南［M］．袁一安，译．北京：人民教育出版社，2001：6.

64. 于素梅．核心素养背景下“乐动会”体育课堂建构［J］．体育学刊，2018，25（2）：63-67.

65. 朱琳，党林秀，董翠香．美英澳新韩加体育学科核心素养特征分析及启示——基于六国现行体育课程标准文本的分析［J］．体育教学，2018，38（03）：54-57.

66. 刁玉翠，李梦欣，党林秀，董翠香．澳大利亚健康与体育课程标准解读．体育学刊，2018，25（2）：85-90.

67. 党林秀，董翠香，朱琳，刘兴石，刘超，刘素红，苏银伟．加拿大安大略省《健康与体育课程标准》的解析与启示［J］．北京体育大学学报，2017，40（06）：79-87.

68. 中华人民共和国教育部．教育部关于全面深化课程改革落实立德树人根本任务的意见（教基二［2014］4 号）［EB/OL］．http：//old. moe. gov. cn//publicfiles/business/htmlfiles/moe/s7054/201404/167226. html.

69. 林崇德．中国学生核心素养研究［J］．心理与行为研究，2017，15（02）：145-154.

70. 杨文轩．课程改革背景下学校体育改革与发展研究［J］．体育学刊，2018，25（05）：1-4.

71. 于素梅．学生体育学科核心素养培育的基本思路与多元途径［J］．体育学刊，2017，24（05）：16-19.

72. 赵富学，程传银，储志东．体育学科核心素养研究的国际经验与启示［J］．体育学刊，2019，26（1）：89-100.

73. 张细谦，张仕宜．核心素养导向下体育与健康课程实施路径的优化［J］．体育学刊，2018，25（2）：76-80.

74. 季浏．我国《普通高中体育与健康课程标准（2017 年版）》解读［J］．体育科学，2018，38：3-20.

75. 姜勇，王梓桥．对体育与健康学科核心素养内涵特征与构成的研究［J］．中国学校体育，2016（10）：39-43.

76. 罗伟柱，邓星华．体育深度教学：体育学科核心素养培育的应然进路［J］．体育学刊，2020，27（02）：90-95.

77. 尚力沛，程传银．超越技能：基于发展学生核心素养的体育深度教学［J］．沈阳体育学院学报，2018，37（03）：96-103.

78. 褚宏启．学生核心素养及其培育：教育发展方式的转变［J］．教育视界，2019（01）：4-7.

79. 杨志成．核心素养的本质追问与实践探析［J］．教育研究，2017，38（7）：14-20.

80. 尹志华．论核心素养下体育品格与体育品德的关系［J］．体育教学，2019，39（12）：4-7.

81. 尹志华．论核心素养下体能与运动能力的关系［J］．体育教学，2019，39（02）：7-10.

82. 姜勇，仝梦梦．身体素养与体育学科核心素养的异同辨析及启示［J］．山东体育科技，2020，42（04）：11-15.

83. 季浏．聚焦前沿热点问题、关注体育教育发展、共探学生成长未来：2019 国际体育课程与教学大会综述［J］．成都体育学院学报，2019，45（5）：27-34.

84. 季浏．增进学生身心健康是我国学校体育发展的根本和方向——学习贯彻习近平总书记在全国教育大会上的重要讲话精神［J］．吉首大学学报（社会科学版），2020，41（01）：28-37.

85. 齐立斌．立德树人：大学体育的时代使命、价值基础、实践进路

[A]．加快“双一流”建设 实现内涵式发展——“2018 高等教育国际论坛年会”论文集，2018：1.

86. 中共中央、国务院“健康中国 2030”规划纲要［R］．http：//news. xinhuanet. corn/health/2016 -10/25/c-1119786029. htm．2016-10-25.

87. 伍波．新时期大学生体育素养的缺失与重构研究［J］．广州体育学院学报，2017，37（04）：126-128.

88. 王宗平．强化体育锻炼：增强青少年体质［N］．中国体育报，2020（01）：007.

89. 国务院办公厅．关于强化学校体育促进学生身心健康全面发展的意见［Z］．2016-05-06.

90. 陈宝生．发挥课程标准的龙头作用［J］．基础教育课程，2018（1）：1.

91. 尹志华，孙铭珠，汪晓赞．核心素养视域下发达国家体育课程标准比较与发展趋势分析［J］．天津体育学院学报，2020，35（06）：626-632.

92. 许祎玮，刘霞．基于核心素养的课程教学改革——基本模式、国际经验及启示［J］．北京师范大学学报（社会科学版），2017（05）：40-48.

93. 张文学．美国基础教育课程内容更新机制及其启示［J］．湖南第一师范学报，2006，6（3）：53-55.

94. 般荣宾，季浏，蔡赓．美国 K-12 年级学校体育课程内容体系解析及启示［J］．体育学刊，2016，23（03）：94-99.

95 赵富学，程传银，尚力沛．体育学科核心素养研究的问题及其破解之道［J］．体育学刊，2019，26（06）：88-93.

96. 岑艺璇，张守伟．国外核心素养框架下体育教育改革的探索［J］．体育学刊，2018，25（01）：104-109.

97. 钟启泉．基于核心素养的课程发展：挑战与课题［J］．全球教育展望，2016，45（1）：3-25.

98. 赵富学．体育学科核心素养的内涵及其生成维度［J］．体育文化导刊，2019，6（6）：53-57.

99. 王为民．哲学视域中人的素质及其教育意蕴［J］．教育理论与实践，2003，（23）：1-5.

100. 臧玲玲．国际视野下的大学生核心素养研究：基于文本分析的视角

[J]．现代教育管理，2017（12）：102-106.

101. 毛振明．面向未来，学校体育该如何改［J］．人民教育，2017（1)：72-74.

102. 尚力沛，程传银．基于发展学生核心素养的体育单元教学设计［J］．体育学刊，2018，25（1)：98-103.

103. 季浏，钟秉枢．普通高中体育与健康课程标准（2017 版）解读［M］．北京：高等教育出版社，2018：16.

104. 侯士瑞，尹志华，汪晓赞．学科核心素养背景下引导发现式体育教学风格的内涵及其实施途径［J］．体育师友，2020，43（02)：4-6.

105. 黄美蓉，张艳平，SUN，Haichun. 基于社会生态模型的我国大学生体育生活化促进机制研究［J］．天津体育学院学报，2019，34（01)：14-22.

106. 王潇晨，张善超．教师核心素养的框架、内涵与特征［J］．教学与管理，2020（03)：8-11.

107. 曾文茜，罗生全．国外中小学教师核心素养的价值分析［J］．外国中小学教育，2017（07)：9-16.

108. 张光陆．教师核心素养内涵与框架的比较研究［J］．宁波大学学报（教育科学版)，2018，40（05)：101-106.

109. 刘丽强，谢泽源．教师核心素养的模型及培育路径研究［J］．教育学术月刊，2019（06)：77-85.

110. 王光明，张楠，李健，杨蕊，张胜．教师核心素养和能力的结构体系及发展建议［J］．中国教育学刊，2019（03)：81-88.

111. 尹志华，邓三英，汪晓赞，季浏．美国 NCATE 不同级别新体育教师专业标准的比较研究［J］．北京体育大学学报，2010，33（07)：95-98.

112. 赵富学，王相飞，汪全先．德国课程改革进程中体育学科核心素养的构建及启示［J］．西安体育学院学报，2020，37（05)：523-531.

113. 尹志华，汪晓赞．我国体育教师专业标准制订的基础与推进路径探索［J］．武汉体育学院学报，2018，52（07)：88-94.

114. 尹志华．中国体育教师专业标准体系的探索性研究［D］．上海：华东师范大学，2014：290-299.

115. 杜俊娟．对体育教师在职培训的理论思考与研究［J］．北京体育大学学报，2003（01）：87-88.

116. 袁丽．高校体育教师职后教育的实然性研究［J］．中国成人教育，2010（06）：87-88.

117. 周学兰，曹勋．高校体育教师职后教育的创新模式研究［J］．教育与职业，2012（18）：83-84.

118. 陶千臣，罗洪．普通高校体育教师继续教育应用模式的网络构建［J］．首都体育学院学报，2006（03）：49-51.

119. 潘凌云，樊莲香，王健．体育教师专业发展的生态转向：理论阐释与路径选择［J］．武汉体育学院学报，2012，46（08）：83-87.

120. 霍军，董翠香．教师专业化背景下体育教师职前职后一体化研究［J］．四川体育科学，2011（04）：120-123.

121. 王晓玲．普通高校体育教师职后培训现状及对策［J］．体育成人教育学刊，2010，26（06）：84-85.

122. 刘斌，张丽萍，易述鲜．师范性缺失：大学体育教师不容忽视的问题［J］．北京体育大学学报，2013，36（05）：94-99.

123. ［美］布鲁克菲尔德．批评反思型教师ABC［M］．张伟，译．北京：中国轻工业出版社，2002：1.

124. 郭家骏．我国高校体育教师专业发展研究［D］．东北师范大学，2019.

125.《中共中央国务院关于全面深化新时代教师队伍建设改革的意见》http://www.moe.gov.cn/jyb_xxgk/moe_1777/moe_1778/201801/t20180131_326144.html.

126. 高小月．核心素养背景下中小学体育教师专业素养结构体系研究［D］．辽宁师范大学，2020.

127. 杨丹，王华倬．职前体育教师核心素养模型构建与探析［J］．高等教育研究学报，2017，40（02）：34-41.

128. 李承伟，姚蕾．基于扎根理论的我国中学体育教师核心素养结构模型构建［J］．北京体育大学学报，2019，42（10）：117-127+156.

129. 黄河，程传银，赵富学．核心素养导向的体育教师教育：理念、挑战与应对［J］．体育成人教育学刊，2020，36（01）：67-71.

130. 赵富学，程传银．体育学科核心素养的内涵及其生成维度［J］．

体育文化导刊，2019，6（6）：53-57.

131. 于永晖，高嵘．体育素养的概念与内容构成辨析［J］．山东体育学院学报，2019，35（04）：111-118.

132. 汤万松．试论人本关怀下体育课程改革的三维立体框架［J］．湖南科技学院学报，2016，37（12）：182-185.

133. 赵富学，魏旭波，李莉．体育学科核心素养课程化现状检视及机制设计［J］．体育学刊，2019，26（4）：32-34.

134. 杨远都，汤宇锟，李佑发．“大中小学一体化”学科核心素养体系的建构［J］．教学与管理，2019（31）：1-4.

135. 赵富学，程传银．体育学科核心素养的理论基础及结构要素研究［J］．沈阳体育学院学报，2018，12（6）：104-112.

136. 于素梅．学生体育学科核心素养及其培育［J］．中国学校体育，2016（07）：29-33.

137. 罗芬．体育学科核心素养体系构建及评价［J］．当代体育科技，2017，7（10）：240-242.